山海经里的神奇动物

五色神石　编著

①

羽门馆

GUANGXI NORMAL UNIVERSITY PRESS
广西师范大学出版社
·桂林·

人物介绍

大奇、小遇的父母

喜欢带孩子们到户外活动，支持孩子们的探索行动。愿意和孩子们一起读书，理解孩子们内心的想法。

大奇

男孩，懂得一定的动植物常识，喜欢去野外观察动植物，更喜欢读经典古籍，《山海经》是他的最爱。

小遇

女孩，喜欢阅读各种绘本和奇幻类的故事书，更喜欢跟着哥哥去野外探险。

小山

男孩，古代人物，与大奇兄妹俩年龄相仿，性格幽默，爱搞怪，喜欢出其不意。

小海

男孩，古代人物，与大奇兄妹俩年龄相仿，对事物观察细致，博学，喜欢天文地理。

大眼睛老师

男讲解员，帅气、阳光、幽默、风趣、博学多才。负责带领孩子们参观山海经野生动物园，给孩子们讲解参观的安全常识、如何保护野生动物的生存空间，以及每种动物的生活习性和特点。

序言

这套书叫作《山海经里的神奇动物》。小朋友们可能最先会提两个问题：什么是《山海经》？什么是神奇动物？

先来回答“什么是《山海经》”。

《山海经》是一本从古代流传下来的奇书，最早被人们当作记录上古时期山川、河流和物产的地理志，但阅读它的人们逐渐发现，这本书所展现的世界是如此奇幻，到处是奇异的植物和动物，和现实世界完全对不上啊！同时，人们还在书中发现了原始版本的神话故事，例如夸父追日、精卫填海、大禹治水等。看来《山海经》不仅记录地理，还记录了神话、历史、天文、历法、民俗等。虽然有人认为其中的一些记载是荒诞不经、无法被证实的，然而正是这份荒诞不经，为我们打开了想象之门，让这个书中描绘的世界充满了奇思妙想，显得生动而鲜活。

既然《山海经》的价值那么高，为什么很少有人去阅读呢？这是因为《山海经》写成的年份太久远了，一般认为是在春秋至东汉之间，那时候人们用的语言和文字都与今天有很大差别，加上历经很多年的流传和转抄，存在一些错漏和散佚的地方。以今天小朋友们的知识储备，是很难直接阅读原文的，甚至许多学富五车的老前辈也不敢说自己能完全理

解《山海经》。

可我们为什么仍然要推荐小朋友们去认识、阅读《山海经》呢？因为阅读《山海经》时，不同的人可以享受到不同的阅读乐趣。小朋友们不仅可以了解《山海经》里记录的神奇动物，还能以童心童趣与懵懂天真的上古人类进行心灵交流。我们就是想让小朋友们知道，中国的经史子集，不仅有严肃的创作态度，还有天马行空的浪漫想象。

接着回答“什么是神奇动物”。

我们在生活中会看到各种各样的动物，例如陪伴人们的宠物猫、宠物狗，动物园里的大象、狮子，随处可见的小昆虫，等等。正因为我们在生活中能够观察到、接触到这些动物，产生了一定的熟悉感，所以不觉得它们神奇。而《山海经》里记载的动物，往往是多种常见动物的融合体，习性也很特殊，这就打破了我们的熟悉感，使我们不免要惊叹，要发问：“世界上真的存在这么神奇的动物吗？”这样惊奇的感觉，很能激发人们对学习动物知识的热情。

这套书要展示什么呢？

我们想展示《山海经》世界中的神奇动物，除此之外，还想介绍虎、狼等现实中的动物，从而构建一个奇幻的野生动物园。小朋友们在里面畅快地“游览”，既能体验到《山海经》里记载的动物的神奇之处，又能获得关于动物的科学知识。

为了贴近现实中的动物园，我们把所有需要介绍的动物做了分类。不同于现代生物学上纲目科属的分类方法，我们借用古代的五虫纲思想，按照《大戴礼记》中的“毛羽昆鳞蠃”来

分类，使其分别代表五类动物。毛虫类就是身上被毛的动物，以麒麟为代表；羽虫类就是有翅膀、带羽毛的鸟类，以凤凰为代表；昆虫类是指带甲壳的动物，除了今天我们熟悉的一些节肢动物以外，贝类、螃蟹等水生动物也归为此类，以玄龟为代表；鳞虫类指的是身上带鳞的动物，主要代表为鱼类；而嬴虫类也称为裸虫类，指的是没有毛也没有鳞，裸露着皮肤的动物，包括青蛙、蚯蚓等，也包括人。

在《西游记》中，如来佛祖曾说：“周天之内有五仙：乃天、地、神、人、鬼；有五虫：乃嬴、鳞、毛、羽、昆……又有四猴混世，不入十类之种。”加上孙悟空大闹地府的时候，一口气把猴类的名字都勾了，也让猴子成了神话中别样的门类，志怪小说和民间传说中都常见它们的身影。因此我们把这些神通广大的猴子也单独分了一类，称为禺。

不过，经过这样分类，各类动物的数量悬殊，我们只好再加一条分类标准，那就是动物的栖息环境：森林、冰原、荒漠、溪流、海洋等。让拥有相似习性的动物生活在同一环境中，形成一个完整的模拟生态系统。这样一来，我们构建的山海经野生动物园，就被分为了嬴门馆、鳞门馆、毛门馆、羽门馆、昆门馆和禺门馆。

了解完以上内容，相信各位小朋友已经准备好了，那就开始我们这趟特殊的“游览”旅程吧！

中国科学院动物研究所
程超源 博士

初遇山海经野生动物园

第一次来野生动物园，大奇和小遇兄妹俩特别兴奋，这里一点儿也不像平时爸爸妈妈带他们去的动物园，没有冷冰冰的高墙与铁笼，放眼望去，远山起伏，森林隐现，眼前的动物们在广阔的土地上自由走动，时不时停下脚步，好奇地望向闯入它们栖息地的人们。坐在观光车里的兄妹俩开心极了，不时将手中的食物投向可爱的动物们，那是入园前管理员发给他们的专用投喂食物。

直到下了车，兄妹俩仍然雀跃不止，不停地谈论着刚刚喂过的长颈鹿、斑马，还有羊驼。见兄妹俩意犹未尽，妈妈告诉他们，先把自己喂饱，然后再去步行区，那里还有许多小动物等待着和他们来一场美丽的邂逅。大奇和小遇听完立即欢呼起来，急匆匆地吃完午饭，迫不及待地向步行区进发了。

“嘎，嘎，嘎……”不远处隐约传来野鸭的叫声，伴随着潺潺的流水声，前方似乎有一片雾气缭绕的湖泊。

小遇拉拉妈妈的衣角，说：“妈妈，我想和哥哥去看鸭子。”

妈妈说：“去吧，别走太远！”

“哥，咱们过去看看吧！”小遇立即拽起大奇的手，蹦蹦跳跳地便要出发。

“小遇，你慢些走。”大奇拉着她。兄妹俩一路上有说有笑，畅想着步行区中的动物小世界。

走了好久，两个人却没有遇到任何动物，但“嘎嘎”声仍在耳边响着，他们不愿半途而废，依旧循声走去。终于，在小路尽头出现了一扇样式奇特的大门，上面雕刻着各种各样的动物图案，小遇问道："哥，这就是步行区的大门吗？"

大奇走上前，仔细地打量这扇门，发现门上雕的动物图案特别奇怪，有三头六脚的鸡，有人脸兽身的鸟……这些动物图案颜色鲜艳，一点儿也没有风吹日晒的痕迹，逼真得仿佛马上就要从门上跳下来一样。然而，正当大奇津津有味地研究这些图案的时候，小遇已经风一般地跑进大门了。

大奇急忙呼唤小遇，小遇却没有停下脚步。大奇只好追上去，只见白光一闪，他们已经身处门后的世界了。他俩谁也没想到，眼前竟是一大片森林，薄雾缭绕，空中仿佛飘浮着轻柔的白纱，树木笔直地伸向天空，而阳光穿过枝叶，轻巧地洒落下来。很快，雾气退去，阳光给周围的树木穿上了金色的罩衣，连脚下的小草也投进了阳光温柔的怀抱。他们觉得身子暖暖的，一切都似在梦中一般。兄妹俩赶紧你拍我一下，我拍你一下，这才找回了一些真实感。

"啾！啾！啾！"这是小鸟的叫声。不远处的树丛中传来窸窸窣窣的响动，似乎有动物在走动。枝头上停歇的鸟儿突然受惊腾起，兄妹俩顿时感到有些紧张。小遇不由得拉紧了哥哥的手，小声说："哥，我有点儿害怕。"

大奇也感到害怕，可是看着身旁的妹妹，顿时挺起胸膛，大声地对妹妹说："别怕，有我呢！"

话音刚落，他们便看见一头小鹿慢悠悠地穿过树丛走了出来，它周身雪白，只有鼻头和蹄子是黑的，像兄妹俩冬天堆的雪人。它头上顶着硕大的鹿角，又圆又湿润的眼睛里闪烁着温柔的光。小遇立马不害怕了，她只想伸手摸摸这头漂亮的白鹿。为了示好，小遇从口袋里摸出一小根上午喂动物时剩下的胡萝卜，递到小鹿面前，可是小鹿像是受了惊吓一样，一转身，飞快地朝森林深处跑去了。

大奇和小遇紧追过去。奔跑中，兄妹俩谁都没有注意到，他们的脚步声惊起了森林中许多五彩缤纷的大鸟，这些大鸟纷纷怪叫着飞向天空。兄妹俩也不知跑了多远，路边突然出现了一块木牌，上面刻着“山海经野生动物园”八个大字，下面是一幅园区地图。

小遇兴奋地叫起来：“看，山海经野生动物园！原来我们跑进了一座新的动物园，今天可真是太幸运了！”

大奇却有些迟疑，喃喃自语道：“山海经……”

小遇问哥哥：“怎么了？”

大奇说：“我读过《山海经》，书里讲了一些长相奇异的动物，但据说它们都不是真实存在的。难道这个野生动物园里会有书里描绘的那些动物吗？”

“我们去看看不就知道了。”小遇指着木牌上的地图说，“哥，地图上的名字我都没见过，这里的动物肯定和外面的不一样！”

正说着，一大群人涌了过来，看起来像是一个观光团，领队戴着圆圆的帽子，一双眼睛大而有神。大奇和小遇快步跟了上去，悄悄拉住一个年纪相仿的男孩，问道：“你知道哪里可以找到一只漂亮的白鹿吗？”

“白鹿？”名叫小海的男孩挠挠头，回答道，“白鹿喜欢森林，大概要绕到禺门馆后面才能找到。”

“哪里是禺门馆？离这儿很远吗？”小遇一脸失望。

这时另一个男孩小山凑了过来，对他们说：“不远不远，我们马上要去羽门馆。从羽门馆穿过去，没一会儿就到了。这一路上还有数不清的神奇动物，大眼睛老师会挨个儿给我们讲解的！”

“真的？太好了！我们能和你们一起参观吗？”小遇的眼睛亮了，大奇也来了兴趣。

“当然可以，我们欢迎每一个热爱动物的小朋友。”

这时，带队的大眼睛老师走了过来，发给他们每人一顶小帽子：“小朋友们，我们即将参观的是山海经野生动物园的羽门馆，‘羽门’的意思是长着羽毛的动物分类，也就是说，我们马上会看到许多漂亮的鸟儿，它们有的温和，有的凶猛，有的甚至还会吃人呢！所以，在参观的过程中，首先，我们一定要保护好自己；其次，我们要讲文明礼貌，不要拥挤，避免发生意外；最后，在乘车的路上，我们不要与司机交谈，更不要将头、手、脚伸出窗外。在肉食性动物的眼中，你们可是它们的美味大餐呢！”

坐上观光车后，兄妹俩才发现前方并没有道路。兄妹俩还没来得及提问，就见车门关闭了。众人只觉得身体一沉，车身竟然飞了起来，仿佛长了翅膀，往空中开去。

“太神奇了！”小遇大声赞叹。

“这里可是山海经野生动物园，我们的参观方式当然也会与众不同。”大眼睛老师解释道。

风轻柔地吹拂着，地面上河流弯弯，花草摇曳，鸟儿们有的正衔枝筑巢，有的正引吭高歌，更多的正展翅翱翔，不时出现在这些参观者的车旁……

目录

01

luó luó
罗罗

原文

又西三百五十里，曰莱山，其木多檀、楮（chǔ），其鸟多罗罗，是食人。

——《山海经·西山经》

译文

再往西三百五十里是莱山，山中的树大多是檀树和楮树，山中的鸟以罗罗鸟居多，这种鸟能吃人。

翱翔在天空中的感觉真好啊！大奇靠着车窗，目不转睛地望着地面上的一切。一群聚集在一起筑巢的小鸟引起了他的兴趣，他往下一指，问道：“那是一群喜鹊吧？”

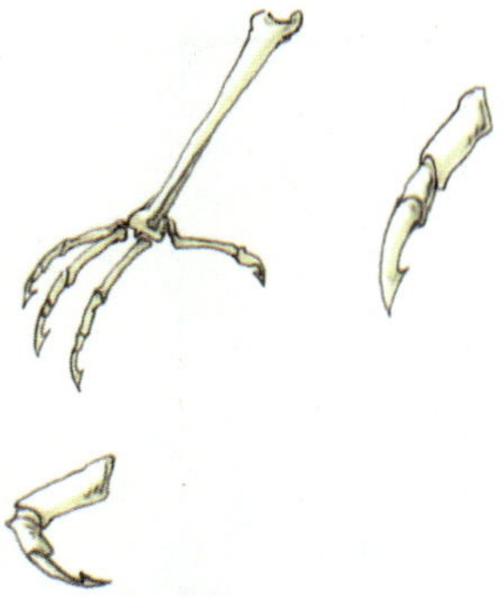
罗罗足趾倒钩细节图

大眼睛老师说：“那可不是喜鹊，它们的名字叫罗罗，虽然外表和喜鹊有些相似，但它们的羽毛颜色比喜鹊的浅得多。”

“它们小小的、圆圆胖胖的身体真可爱。”小遇说。

大眼睛老师笑着说：“大家可不要被罗罗圆滚滚的外表迷惑了。罗罗看着小巧，却是凶猛的捕食者。你们仔细看，罗罗的爪子非常锋利，趾尖呈鱼钩状，杀伤力非常强。而且它们非常有智慧，为了弥补与猎物体形上的差异，罗罗一直采取群体行动，进行群体捕猎。”

天色不早了，鸟儿们都要回巢睡觉吗？

大部分鸟类的夜视能力比较差，因此会选择在夜晚休息，但有些鸟类不会回巢睡觉，而是在树枝上或其他地方站立着睡觉，例如火烈鸟会单脚站立着睡觉。另外，还有一些鸟类在非繁殖季是不筑巢的，自然也无法回巢睡觉。

鸟巢的外观都一样吗？

不同的鸟的生活习性不同，相应产生了各种外观不同的鸟巢。有些猛禽的巢比较原始，大而简单；有些鸣禽的巢则显得精巧复杂。许多鸟类会把巢筑在非常隐蔽的地方，并且加以伪装，这样就增加了鸟巢的安全保障。

02

tuó
橐

féi
𩇯

原文

又西七十里，曰羭（yú）次之山，漆水出焉，北流注于渭。其上多棫（yù）、橿（jiāng），其下多竹箭，其阴多赤铜，其阳多婴垣（yuán）之玉……有鸟焉，其状如枭，人面而一足，曰橐𩇯。

——《山海经·西山经》

译文

再往西七十里是羭次山，漆水发源于此，向北流入渭水。山上有茂密的棫树和橿树，山下有茂密的竹丛，山的北面有丰富的赤铜，山的南面有丰富的婴垣玉……山中有一种禽鸟，外形像猫头鹰，长着人一样的面孔，只有一只脚，名字叫橐𩇯。

“那边只有一条腿的大鸟叫橐𩇯，像它这样的单足动物在《山海经》里还有很多。”大眼睛老师介绍说，“橐𩇯的面部很像人，喙两旁还长出了獠牙，看起来非常凶恶。它们的习性也很奇特，喜欢在寒冷的环境中生活，因此会在夏天休眠。每年到了惊蛰，春雷阵阵的时节，它们就好像受到召唤一般，聚集到一起，开始向北方迁徙，并在北方的雪山上度过整个夏季，直到冬季到来才飞回来。它们喜欢在夜晚飞行，没人能看见它们迁徙的队伍，也听不到它们扇动翅膀的声音。”

鸟儿飞行时，真的可以不发出任何声音吗？

一些鸟儿飞行时，如果它们的振翅频率小于每秒15次，那么大部分动物就听不到它们飞行的声音，因此在这些动物看来，这些鸟儿的飞行就是无声的。

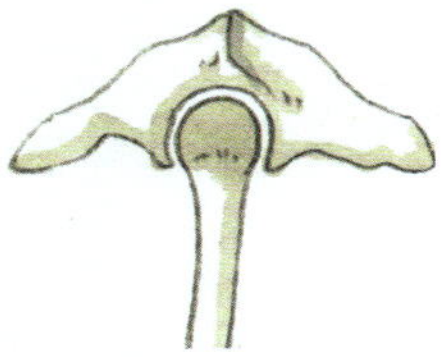

橐𩇯腿骨连接处

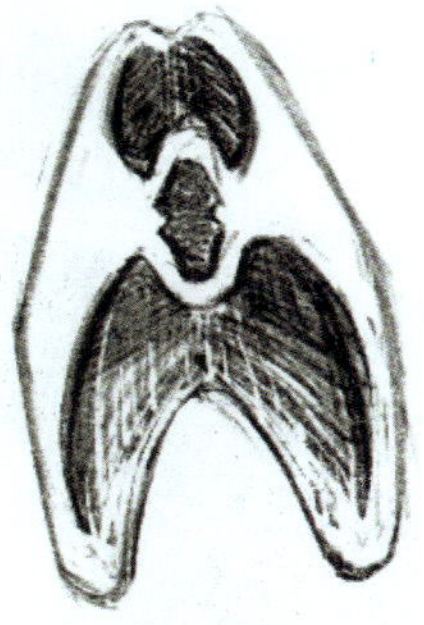

橐𩇯盆骨图

03

chī

鸱

原文

又西二百二十里，曰三危之山，三青鸟居之。是山也，广员百里……有鸟焉，一首而三身，其状如䴅（lè），其名曰鸱。

——《山海经·西山经》

译文

再往西二百二十里是三危山，三青鸟栖息在这里。三危山方圆百里……山中有一种禽鸟，长着一个脑袋、三个身子，外形与䴅鸟相似，名字叫鸱。

“看，一个巨大的球形鸟巢，里面铺着兽皮和羽毛，上面还有蛋呢！”小山喊道。

大眼睛老师说：“那是鸱的家。鸱有三个身子，它的巢也就格外大。鸱很有领地意识，会占领一大片森林，不允许其他同类涉足。”

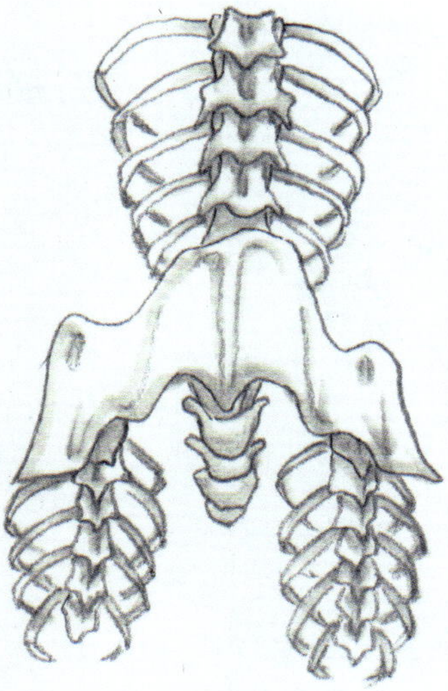

鸱连接三个躯干的骨板

雏鸟由谁来喂养呢？

雏鸟一般由双亲喂养，但有一些鸟会将卵产在其他鸟类的巢中，让其他鸟类来孵化及喂养自己的雏鸟，例如雌杜鹃会把卵产到其他鸟类的鸟窝里，这样孵出来的雏鸟就有了一对养父母。

鸱飞行状态示意图

04

qí
鵸
yú
鵌
①

原文

西水行百里，至于翼望之山，无草木，多金、玉……有鸟焉，其状如乌，三首六尾而善笑，名曰鵸鵌。

——《山海经·西山经》

译文

往西行一百里水路，便到了翼望山，山上没有花草树木，却有丰富的金和玉石……山中有一种禽鸟，外形像乌鸦，长着三个脑袋、六条尾巴，喜欢嬉笑，名字叫鵸鵌。

小遇看见了一只站在树枝上的鸟，它看起来像是一只变异乌鸦。大眼睛老师笑着说：“那不是变异乌鸦，那是鵸鵌，它有三条颈椎，各连接一个头。三个头的重量改变了身体的重心位置，使其在飞行时经常失控，很难平稳降落，所以它的尾羽很长，可以展开、合拢，帮助它保持平衡。”

鸟类的羽毛都有哪些种类和功能呢？

鸟类的羽毛按构造可分为正羽、绒羽、半绒羽、纤羽和粉䎃（rǎn）。羽毛是表皮的角质化衍生物，主要功能是保护鸟类皮肤不受损伤，保持和调节体温，同时也是鸟类完成飞翔的独有飞行工具。有的鸟类羽毛还具有触觉功能。

鵸鵌尾羽展开（左）与合拢（右）对比图

05

qí yú

鵸鵌 ②

原文

又北三百里，曰带山，其上多玉，其下多青碧……有鸟焉，其状如乌，五采而赤文，名曰鵸鵌，是自为牝（pìn）牡。

——《山海经·北山经》

译文

再往北三百里是带山，山上盛产玉石，山下盛产青碧……山中有一种禽鸟，外形像乌鸦，浑身长有带红色斑纹的五彩羽毛，名字叫鵸鵌，雌雄自为一体。

大眼睛老师指着一只五彩斑斓的鸟，说："那是另一种鹟䴓，两种鸟儿虽然名字一样，外形却有很大差异。这种是雌雄同体，自己就可以产卵，不过孵出来的雏鸟是灰扑扑的，要经过换毛才会慢慢长出漂亮的羽毛。"

鸟类换羽有什么样的规律？

不同鸟类的换羽规律不尽相同。有些鸟类会在每年秋季换羽一次，有些则在春秋两季各换一次，部分鸟类还会一年换三次甚至更多次。通常，鸟类的秋季换羽是比较彻底的全部更换，而其他时候的换羽则是部分更换。

在换羽方式上，雕等猛禽的羽毛是逐渐更换的，而鸭等游禽换羽时，全身羽毛则是几乎同时脱落，然后在短时间内重新长出来。

鹟䴓成年后的羽毛

鹟䴓雏鸟

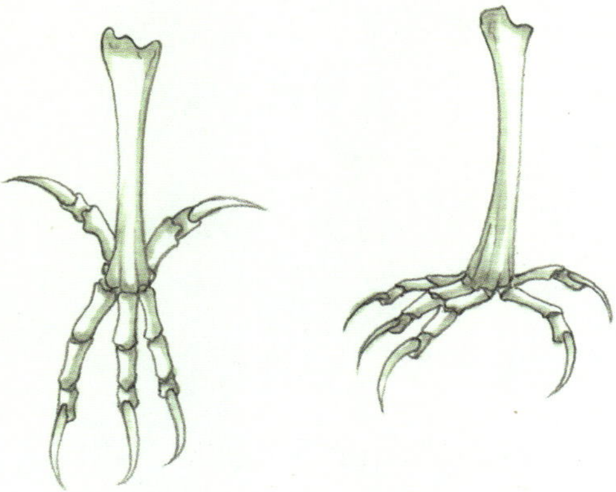

鹟䴓足爪骨骼图

06

sǒng sī

竦斯

原文

又北三百二十里，曰灌题之山，其上多樗（chū）、柘（zhè），其下多流沙，多砥……有鸟焉，其状如雌雉而人面，见人则跃，名曰竦斯，其名自呼也。

——《山海经·北山经》

译文

再往北三百二十里是灌题山，山上是茂密的臭椿树和柘树，山下到处是流沙，还盛产磨刀石……山中有一种禽鸟，外形像一般的雌野鸡，长着人的面孔，一见人就跳跃，名字叫竦斯，叫声就是自己名字的读音。

一只非常漂亮的鸟闯进了大家的视野，它身体娇小，足肢很细，羽毛颜色鲜艳，有橙、黄、绿、黑等多种颜色。更神奇的是，它的面部如同一个美丽的女人的脸，只是多了一个漆黑的喙。大眼睛老师说："这种鸟叫竦斯，它们非常爱美，连产的卵上也长着花纹。"

卵上的花纹

鸟类的喙有哪些功能？

鸟的嘴巴称为喙。由于进食方式和食物种类的不同，鸟喙的形状千差万别。喙最重要的功能当然是吃东西。除此之外，因为鸟类没有手，喙还承担起了大部分手的功能，例如遇到危险时，可以用喙打斗；羽毛乱了，可以用喙梳理。

通过观察鸟类的喙，能判断出它们的饮食偏好吗？

当然可以。一般长有锋利弯钩状喙的多为食肉鸟类，这样的喙适合撕碎猎物。捕鱼的鸟类，它们的喙一般是扁扁的，有的两旁还长有一些齿梳结构，这种喙可以帮助它们捉鱼，同时防止捉到嘴的鱼逃脱。喙长得尖而细长的，是吃虫子的鸟类，这样的喙让它们更容易把虫子从枝干、地面的缝隙中捉出来。圆锥形的喙属于吃种子的鸟类，这种喙可以像老虎钳一样咬碎种子的硬壳。现在你们可以根据竦斯的喙的形状推断出它爱吃什么吗？

07

bān

䳊

mào

鶹

原文

又北三百里，曰北嚻之山，无石，其阳多碧，其阴多玉……有鸟焉，其状如乌，人面，名曰䳊鶹，宵飞而昼伏。

——《山海经·北山经》

译文

往北三百里是北嚻山，那里没有石头，山的南面盛产碧玉，山的北面盛产玉石……山中有一种禽鸟，外形像乌鸦，长着人的面孔，名字叫䳊鶹，在夜里飞行，在白天隐伏。

“快看，那只鸟也长着人一样的面孔！”大奇喊道，小遇赶紧扭头看去。真的！它通体青蓝色，除了喙，整个脑袋都好像和人的差不多。

鸴鹃骨骼图

鸟类长在不同部位的羽毛会有不同的名称吗？

鸟类的羽毛可根据结构的不同大致分为正羽、绒羽、半绒羽、纤羽和粉䎃。正羽是指结构完整的大型羽片，生长在翅膀位置的正羽被称为飞羽，生长在尾部的正羽被称为尾羽，而生长在其他地方的正羽则叫作覆羽。翅膀上不同区域的飞羽又可划分为初级飞羽和次级飞羽。还有一些鸟类头部长有突出的羽束，通常被称为冠羽。

08

jiāo

䴔

原文

又北二百里，曰蔓联之山，其上无草木……有鸟焉，群居而朋飞，其毛如雌雉，名曰䴔，其鸣自呼。

——《山海经·北山经》

译文

再往北二百里是蔓联山，山上没有花草树木……山中有一种禽鸟，喜欢成群栖息，结队飞行，羽毛与雌野鸡的羽毛相似，名字叫䴔，叫声就是它名字的读音。

“快看，那些鸟的鸟巢是连在一起的。”大奇向下一指，那里有一群灰褐色的小鸟正在土砾和灌木丛中觅食。

大眼睛老师说：“那是鸡，它们是群居鸟类，在聚成大群的前提下，又成双成对组成小家庭。它们飞行的方式十分奇特，需要两两组合，一侧翅膀重叠，两者合为一体配合飞行。到了繁殖季节，它们会成群结队飞去树木茂盛的远方筑巢。鸟巢也是两两相连，两对鸡中的雌性会同时产卵并抱窝孵化，而出生的雏鸟会在邻窝选择一个伙伴，共同成长。”

鸟群飞行的时候，为什么总会排成整齐的队形？

就像大雁那样，鸟群飞行时会由经验丰富的头领带队，当它扇动翅膀时会形成一股叫尾涡的气流，排在它身后的个体借助这种气流就能飞得更省力、更持久。整齐的飞行队形不但能帮助鸟群长时间地飞行，而且能保护体弱或幼小的成员，让它们不容易掉队。

两两相连的鸟巢

鸡两两合作飞行

鸡的飞行队形

09

bēn

鵸

原文

《北次三经》之首，曰太行之山。其首曰归山……有鸟焉，其状如鹊，白身、赤尾、六足，其名曰鵸，是善惊，其鸣自谈。

——《山海经·北山经》

译文

《北次三经》所记录的北方第三列山系中排在首位的，叫太行山系。太行山系的第一座山叫归山……山中有一种禽鸟，外形像喜鹊，长着白身子、红尾巴、六只脚，名字叫鵸。这种鸟十分警觉，它们的叫声就是自己名字的读音。

“这是什么鸟，怎么长了六条腿？”小遇好奇地问。

大眼睛老师回答道：“这是鹈，别看它有三对脚爪，但真正能够抓握的只有一对前爪。你看，那只小鹈鸟没能抓牢树枝，跌落到地上了。”

看到雏鸟意外掉落，我们要不要把它放回鸟巢？

如果发生这种情况，我们要先看一下它的妈妈是不是在附近。雏鸟掉落受伤的情况主要发生在它刚刚学习飞行的阶段。如果我们随意靠近，鸟妈妈只能等我们离开才能来救护雏鸟，这期间雏鸟有可能发生意外。另外，在野外如果看到不熟悉的鸟类意外掉落，我们最好不要轻易上前实施救助，因为它们可能携带有害病菌。

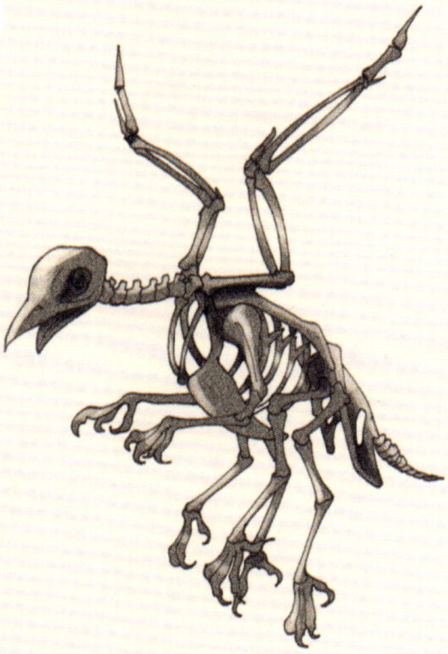

鹈骨骼图

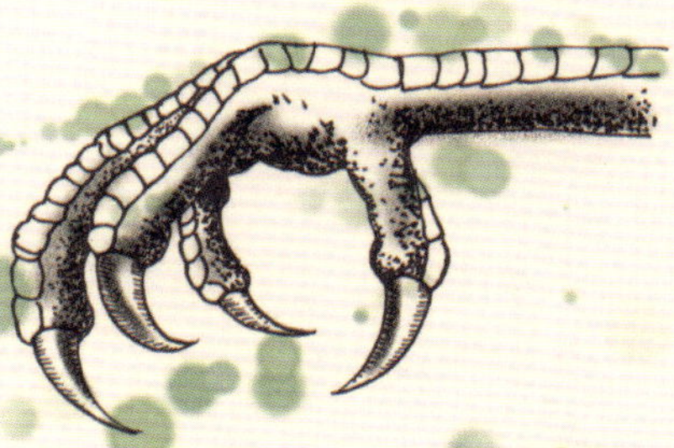

鹈前爪图

鹈后爪图

10

qū jū

鸜鹆

原文

又东北二百里，曰马成之山，其上多文石，其阴多金玉……有鸟焉，其状如乌，首白而身青、足黄，是名曰鸜鹆，其鸣自詨。

——《山海经·北山经》

译文

再往东北二百里是马成山，山上盛产有纹理的石头，山的北面盛产金玉……山里有一种禽鸟，外形像乌鸦，长着白色的脑袋、青色的身子和黄色的脚爪，名字叫鸜鹆，叫声就是自己名字的读音。

“那只鸟的羽毛是渐变色的，看上去很漂亮，它在做什么？”小遇问道。

大眼睛老师说：“它巢里的卵马上就要孵化了。你看它正在用爪子刨开地面，为即将出世的孩子找东西吃呢。”

雏鸟出生后一定要靠喂食长大吗？

有些鸟类会在地势较低的地方筑巢，例如鸵鸟和鸭子。由于它们的巢穴容易受到天敌的袭击，为了提高雏鸟的存活率，这些鸟类的生存策略是让雏鸟在卵中就发育得较为完善，在破壳后很短的时间内就能够行走，并跟随母鸟觅食。这类鸟被称为早成鸟，它们不需要母鸟的喂养。

而巢穴位置较为隐蔽的鸟类，例如一些猛禽，它们的雏鸟在破壳时发育得尚不充分，没有活动能力，因此需要母鸟的喂养。这类鸟被称为晚成鸟。它们虽然需要母鸟的喂养，但相较于早成鸟有更高的成活率。

鹧鸪巢图

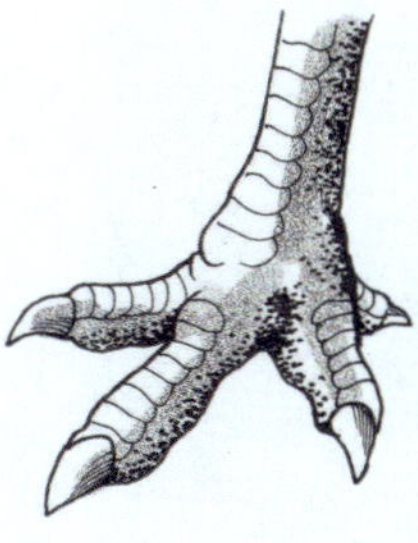

鹧鸪爪部细节图

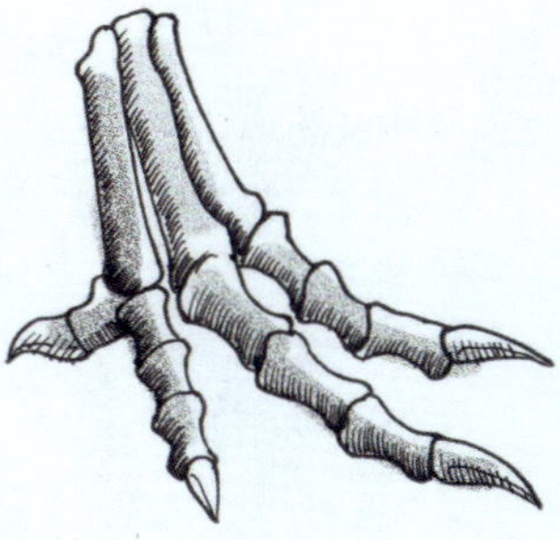

鹧鸪爪部骨骼图

11

xiàng shé
象蛇

原文

又东三百里，曰阳山，其上多玉，其下多金、铜……有鸟焉，其状如雌雉，而五采以文，是自为牝牡，名曰象蛇，其鸣自詨。

《山海经·北山经》

译文

再往东三百里是阳山，山上盛产玉石，山下盛产金和铜……山中有一种禽鸟，外形像雌野鸡，长着五彩斑斓的羽毛。这种鸟雄雌一体，名字叫象蛇，叫声就是自己名字的读音。

“那边的鸟叫作象蛇，”大眼睛老师告诉大家，“象蛇是一种雌雄同体的神奇鸟类。在自然界中，鸟要么是雌性，要么是雄性，两者在羽毛颜色上也有区别：通常雄性的羽毛色彩较为艳丽，以此打动雌性的芳心；雌性的羽毛色彩相对暗淡，也许是为了能更好地融入自然环境。”

雌雄同体的鸟类真的存在吗？

雌雄同体的鸟类在自然界中是不存在的，不过雌雄同体的现象在许多其他种类的生物身上都有体现。例如海洋中的小丑鱼，它们中的雄性在一些情况下可以转化为雌性。

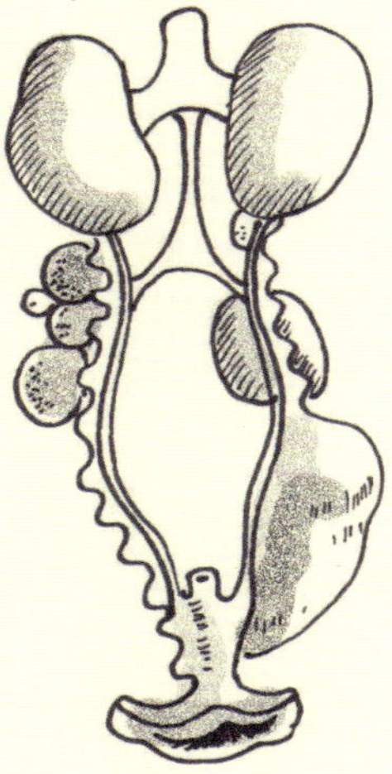

象蛇体内器官图

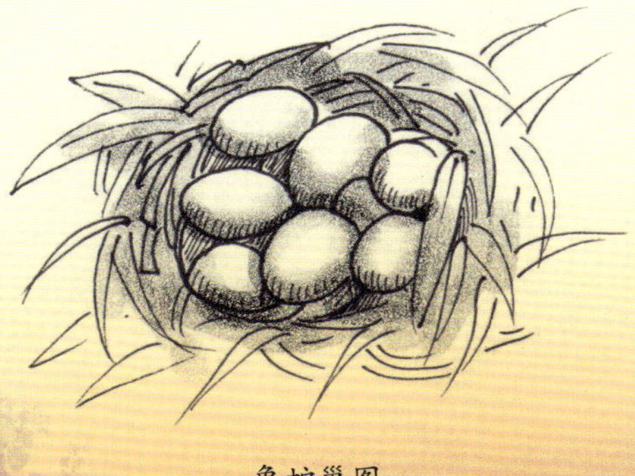

象蛇巢图

12

gū
鸪

xí
鹨

原文

又东百八十里，曰小侯之山。明漳之水出焉，南流注于黄泽。有鸟焉，其状如乌而白文，名曰鸪鹨。

——《山海经·北山经》

译文

再往东一百八十里，是小侯山。明漳水发源于此，向南流入黄泽。山中有一种禽鸟，外形像乌鸦，有白色的斑纹，名字叫鸪鹨。

那边的山间树林中，高高低低地点缀着许多小巧的鸟巢。

大眼睛老师说：“这些鸟巢的搭建者拥有很高的智商，如此才能够利用树杈的支撑制造出这般精巧的鸟巢。它们名叫鸪鹞，是一种优雅端庄的鸟类。它们的鸣叫声通常预示着春天即将到来。”

鸟类在哪些情况下才会鸣叫？

鸟类主要依靠叫声进行交流。许多鸟类，特别是群栖的鸟类，在白天活动的时候会频繁地鸣叫，这是它们在相互交流。除了日常的互相交流之外，鸟类在求偶、遇到天敌、竞争领地和饥饿索食等情况下也会鸣叫。

鸪鹞巢图

鸪鹞哺雏图

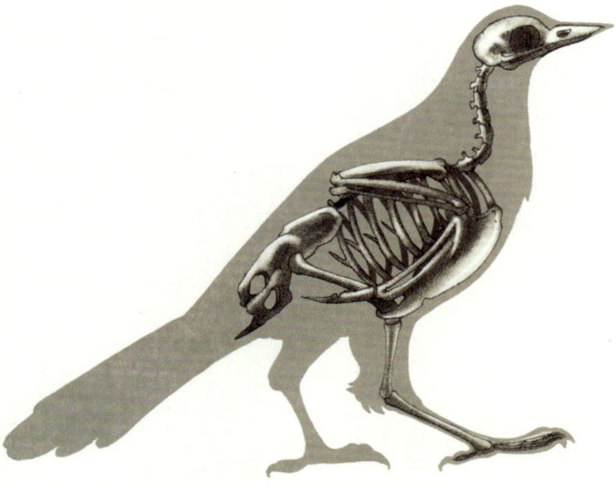

鸪鹞骨骼图

13

huáng 黄

niǎo 鸟

原文

又东北二百里，曰轩辕之山，其上多铜，其下多竹。有鸟焉，其状如枭而白首，其名曰黄鸟，其鸣自詨。

《山海经·北山经》

译文

再往东北二百里，是轩辕山。山上盛产铜，山下到处是竹子。山中有一种禽鸟，外形像猫头鹰，长着白脑袋，名字叫黄鸟，叫声就是它自己名字的读音。

小海说：“快看啊，那些鸟飞得好快，脖子也很灵活！”

大眼睛老师说：“那是黄鸟，它们的头部可以旋转270度。”

黄鸟头部旋转图

灵活的脖子会让鸟类的视野更开阔吗？

绝大多数鸟类的眼睛都生长在头部的两侧，因此这些鸟类具有非常广阔的视野，所以说一般鸟类的视野是否开阔与脖子是否灵活无关。不过，像猫头鹰这样的鸮（xiāo）形目鸟类，两只眼睛长在头部的前方，因此视野会比其他鸟类狭窄很多，但猫头鹰拥有鸟类中最灵活的脖子，可以通过旋转脖子来弥补这一不足，看到更广阔的范围。

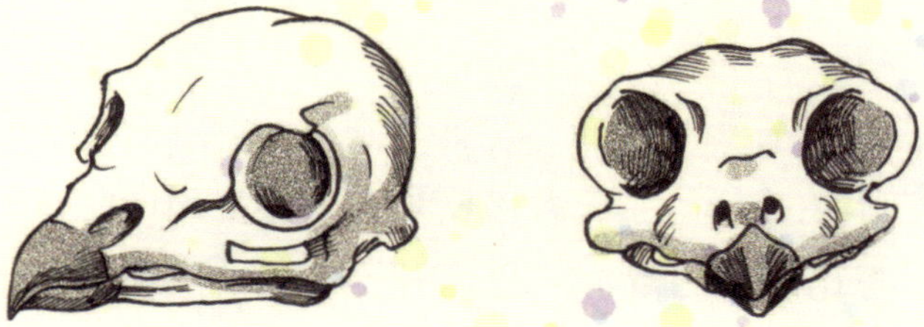

黄鸟头部骨骼图

14

jīng 精 wèi 卫

原文

又北二百里，曰发鸠之山，其上多柘木。有鸟焉，其状如乌，文首、白喙、赤足，名曰精卫，其鸣自詨。是炎帝之少女名曰女娃，女娃游于东海，溺而不返，故为精卫。常衔西山之木石，以堙（yīn）于东海。

——《山海经·北山经》

译文

再往北二百里是发鸠山，山上生长着茂密的柘树。山中有一种禽鸟，外形像乌鸦，脑袋上长有花纹、白嘴巴、红脚爪，名字叫精卫，叫声就是自己名字的读音。精卫鸟原是炎帝的小女儿，名叫女娃。女娃到东海游玩，淹死在东海里无法返回，就变成了精卫，常常衔着西山的树枝和石子来填塞东海。

大眼睛老师指着一只蓝色的鸟说：“这是精卫，精卫填海的神话故事说的就是它。人们把它看作女娃的化身，因此相信精卫也拥有坚毅、勇敢等人类的性格特征。”

鸟类会有表现情绪的行为吗？

鸟类会利用叫声和身体的动作来表达情绪。鸟类感到愉快时，叫声一般会比较欢快，还会时不时地抖动翅膀或尾巴。当鸟类感到紧张的时候，会停止鸣叫，动作也会变得僵硬。在一些特殊的场合，例如雄鸟向雌鸟求偶时，雄鸟会发出特殊的叫声，并用舞蹈来表达自己的兴奋。

精卫尾羽图

幼年精卫图

15

zī shǔ

蚩鼠

原文

又南三百里，曰栒（xún）状之山，其上多金、玉，其下多青碧、石……有鸟焉，其状如鸡而鼠毛，其名曰蚩鼠，见则其邑大旱。

——《山海经·东山经》

译文

再往南三百里是栒状山，山上盛产金和玉石，山下盛产青碧和石头……山中有一种禽鸟，外形像鸡，却长着老鼠一样的毛，名叫蚩鼠。它在哪里出现，哪里就会有严重的旱灾。

观光车一路飞过，大家看到了一些空空的鸟巢。大眼睛老师说：“这些是蛩鼠的巢。蛩鼠不会在固定的地方栖息，所以有的巢便闲置下来，有时其他小动物也会住进去躲避风雨。”

蛩鼠面部图

鸟类喜欢把鸟巢筑在哪些地方？

对于自然界的鸟类来说，有的喜欢在树枝上筑巢；有的直接把树干上的洞当作自己的家；有的会在靠近水源的芦苇丛中筑巢；有的为了保护雏鸟的安全，会在悬崖峭壁上筑巢。在对待筑巢的态度方面，不同鸟类有很大区别，有的不但会把巢筑在十分隐蔽的地方，还会再加以伪装才放心；有的则很随意，仅在地表挖一个浅坑，不加任何巢材。

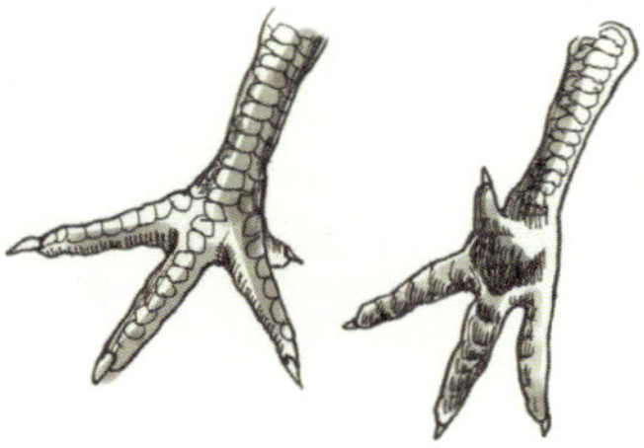

蛩鼠爪部图

蛩鼠巢图

16

qí
鬿
què
雀

原文

《东次四经》之首，曰北号之山……有鸟焉，其状如鸡而白首，鼠足而虎爪，其名曰鬿雀，亦食人。

——《山海经·东山经》

译文

《东次四经》所记录的东方第四列山系的首座山，叫作北号山……山中有一种禽鸟，外形像普通的鸡，却长着白脑袋、鼠足和虎爪，名字叫鬿雀，也是能吃人的。

远处的岩石上蹲着一只鸟，体形很大，身子像是老虎一类的猛兽。孩子们疑惑地问：“这是什么鸟呢？”

大眼睛老师说：“这是魈雀。它们非常凶猛，会吃人，那些可怕的爪子就是帮助它们捕猎的。它们尾巴上的羽毛和翅膀上的羽毛差别很大。尾巴上的羽毛是半绒羽，可以帮助它们在冬天保持体温，夏天尾巴上的部分羽毛会脱落，以便增强身体的散热功能。”

鸟类都会换毛吗？

鸟类都会更换羽毛。羽毛对于鸟类来说是很重要的结构，不仅能帮助鸟类飞行，也能用于保持体温。不过，在使用过程中，羽毛会逐渐磨损，换羽的目的就是把被磨损的旧羽毛更换成新羽毛，以保证鸟类的飞行能力和保温能力不受影响。大部分小型鸟类每年都要更换一次全身的羽毛，而大型的鸟类，例如老鹰、秃鹫等，完成一次全身换羽要数年的时间。

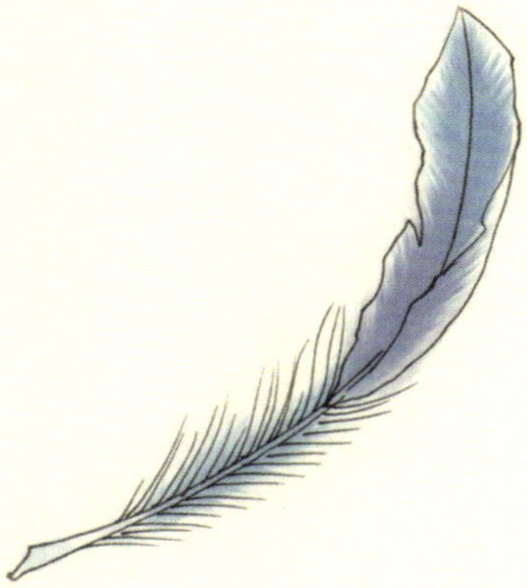

魈雀正羽图

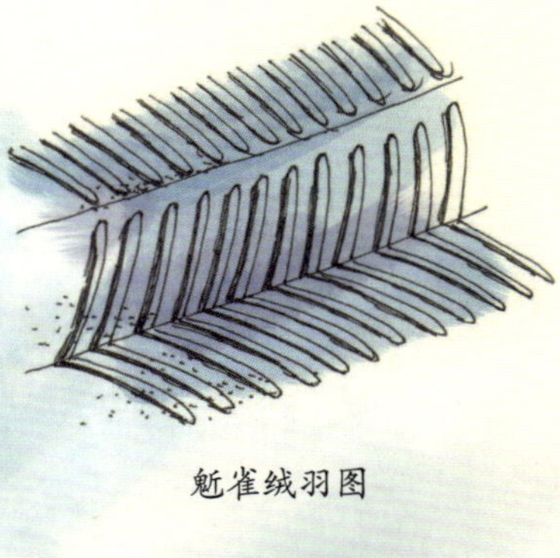

魈雀绒羽图

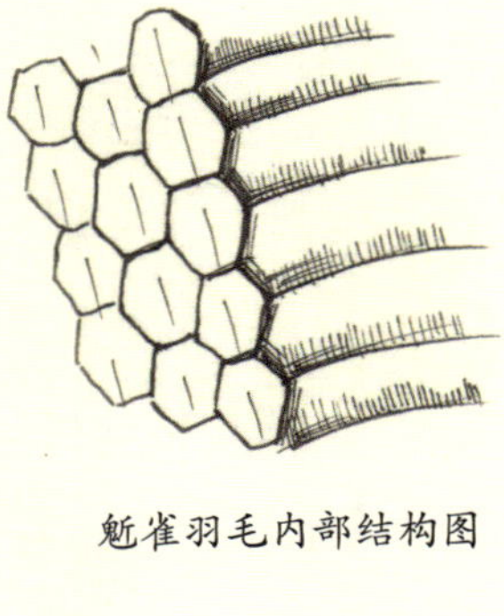

魈雀羽毛内部结构图

17

hé
鶡

原文

《中次二经》济山之首，曰辉（huī）诸之山，其上多桑，其兽多闾、麋，其鸟多鶡。

——《山海经 · 中山经》

译文

《中次二经》所记录的中央第二列山系济山山系的第一座山，叫辉诸山，山上有茂密的桑树，山中野兽以闾、麋居多，鸟类以鶡鸟居多。

大家看到山间有一群漂亮的鸟在翩翩起舞，飞行时它们还会不停盘旋，仿佛在展示自己的优美身姿。大眼睛老师告诉大家：“这是鹟，它们飞舞是在捕捉昆虫，准备喂养将要破壳的雏鸟。”

鸟类的捕食时间有特定的规律吗？

大多数鸟类会在白天捕食、晚上休息，也有晚上捕食、白天休息的鸟类，例如猫头鹰。另外，鸟类在一些特殊时期，例如繁殖、喂养雏鸟和迁徙时，会出现长时间大量捕食的情况。

鹟的食物图

鹟的产卵地

18

suān yǔ
酸与

原文

又南三百里，曰景山，南望盐贩之泽，北望少泽。其上多草、藷（shǔ）䓘（yù），其草多秦椒，其阴多赭（zhě），其阳多玉。有鸟焉，其状如蛇，而四翼、六目、三足，名曰酸与，其鸣自詨，见则其邑有恐。

——《山海经·北山经》

译文

再往南三百里是景山，向南可以望见盐贩泽，向北可以望见少泽。山上有很多草、山药，草以秦椒居多，山的北面盛产赭石，山的南面盛产玉石。山里有一种禽鸟，外形像蛇，长有四只翅膀、六只眼睛、三只脚，名字叫酸与，叫声就是自己名字的读音，它在哪里出现，哪里就会发生使人惊恐的事情。

小海看见了一只火红色的大鸟，它的头两边各长着三只眼睛，背后有两对翅膀，身下是三条腿，后边还拖着一条长长的蛇尾。他吓得浑身一抖，大眼睛老师连忙安抚道：“那是酸与，因为外表恐怖，当它们飞翔在各山之间时，其他动物看到它们，或者听到它们的叫声，都会立刻躲避起来。酸与的繁殖习性很特殊，它们不会搭建鸟巢，产卵后会用尾巴将其缠绕起来，这样无论它们走到哪里，都可以带上自己的孩子了。”

鸟类怎么保护自己的卵？

鸟类有许多办法来保护自己的卵。有些雌鸟和雄鸟会轮流出去觅食，保证至少有一个能留在巢中看护卵。有些鸟类会将卵置于自己腹部柔软的羽毛下，除了提供孵化所需要的温度，还让卵不受风吹雨淋。当捕食者出现在鸟巢附近时，有些聪明的鸟类，例如环颈鸻（héng），会假装自己受伤了，故意垂下一只翅膀，蹦蹦跳跳地吸引捕食者的注意，把敌人从鸟巢边引开，从而保护自己的卵不受伤害。

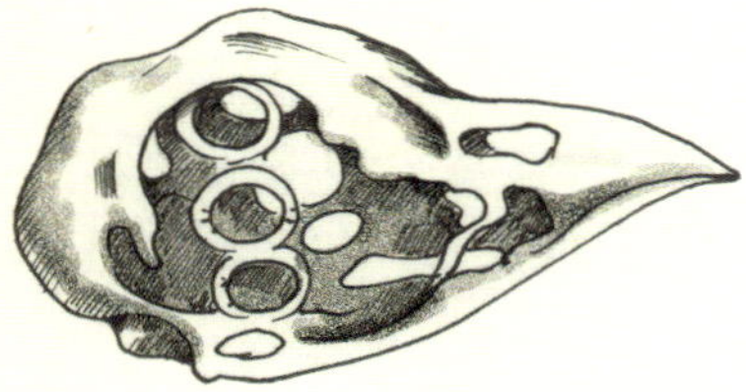

酸与头部骨骼图

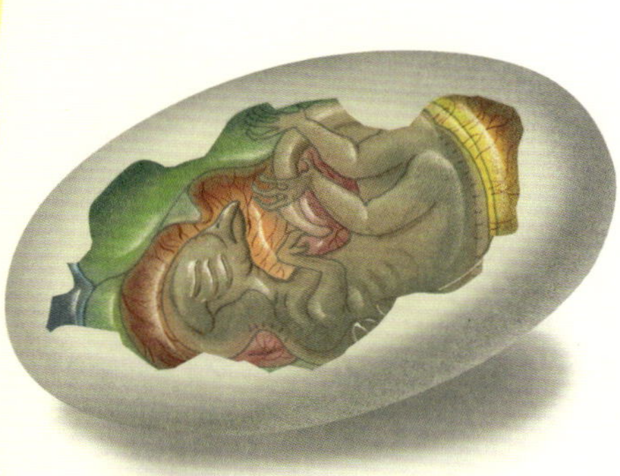

酸与卵内部结构图

19

chǎng
鹋
fú
鸺

原文

又东三百里，曰基山，其阳多玉，其阴多怪木……有鸟焉，其状如鸡而三首六目，六足三翼，其名曰鹋鸺。

《山海经·南山经》

译文

再往东三百里是基山，山的南面盛产玉石，山的北面有很多奇怪的树木……山中有一种禽鸟，外形像鸡，长着三个脑袋、六只眼睛、六只脚、三只翅膀，名字叫鹋鸺。

“那是一只变异的大公鸡吗？”小山脱口而出。

大眼睛老师笑笑说：“它有自己的名字，叫鹔鹴，属于群居动物。它长的三个脑袋可有用处了，可以一边进食，一边观望四周，随时注意附近有没有天敌。到了晚上，三个脑袋可以轮流休息，总有一个能保持清醒和警惕。”

鸟类在进食的时候，会用什么方法预防天敌的袭击？

鸟类在进食的时候很少会埋头大吃大喝，而是频繁抬头，警惕地注意着周围的风吹草动。有些猛禽会把猎物带到隐蔽而安全的地方，例如树上或悬崖峭壁，避免有其他不怀好意的动物想来分一杯羹。一些小型鸟类会集群觅食，甚至有不同种类的鸟类结为“觅食同盟”的情况，它们虽然长相、食性不相同，但报警的叫声却十分相似，如果有一只鸟发出了报警声，整个鸟群都会紧张起来，迅速采取行动躲避捕食者。

鹔鹴脚上的距

鹔鹴颈椎连接处

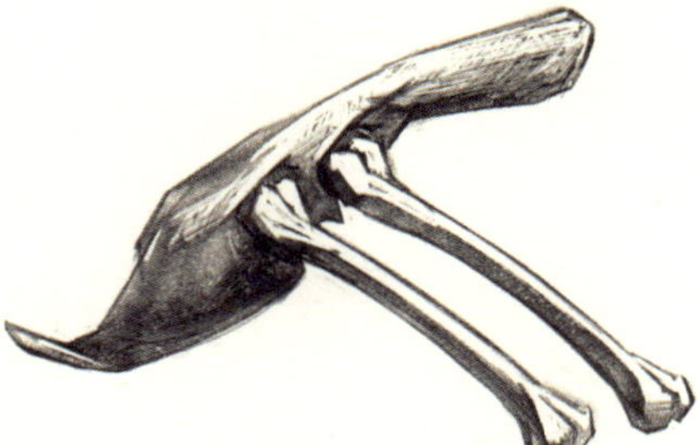

鹔鹴盆骨、足骨连接处

20

zhū
鴸

原文

南次二山之首，曰柜山，西临流黄，北望诸毗，东望长右……有鸟焉，其状如鸱而人手，其音如痺(bì)，其名曰鴸。其名自号也，见则其县多放士。

——《山海经·南山经》

译文

南方第二列山系的头一座山是柜山，西边临近流黄，北边可以望见诸毗山，东边可以望见长右山……山中有一种鸟，外形像鸱，却长着人手一样的爪子，叫声如痹鸣，名字叫鴸。它的叫声就是自己名字的读音。它在哪里出现，哪里就多被流放的文士。

洼地里出现了一只古怪的鸟，大眼睛老师仔细观察后告诉大家：“这是鸮。它的爪子构造很像人的手，指甲短而尖利，可以帮助它捕捉食物。比起其他鸟类的爪子，这种爪子的抓握能力更强，令它能够使用工具，例如抓起石块敲碎贝壳等。”

鸟类的爪子有哪些形态呢？

鸟类的爪子一般有四根脚趾，根据这四根脚趾的相对位置，可以把鸟类的爪子分为五种形态：常态形（三趾向前，一趾向后）、对趾形（第二、三趾向前，第一、四趾向后）、异趾形（第三、四趾向前，第一、二趾向后）、并趾形（三趾向前，且有一定愈合现象）和前趾形（四趾均向前）。鸟类爪子形态的差异，体现了鸟类在进化过程中对不同栖息环境的适应。

鸮的幼崽

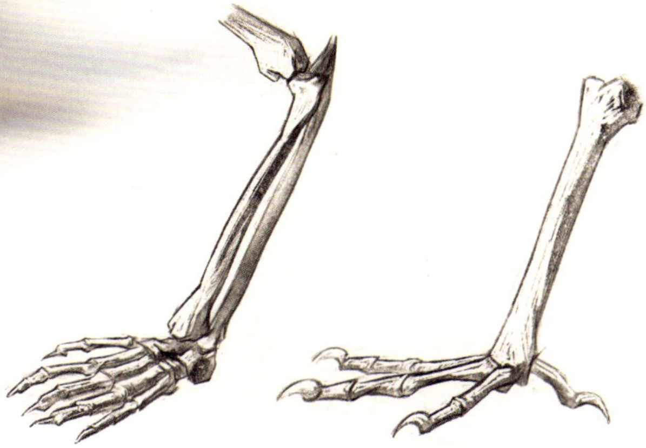

鸮（左）与一般禽类（右）腿骨对比图

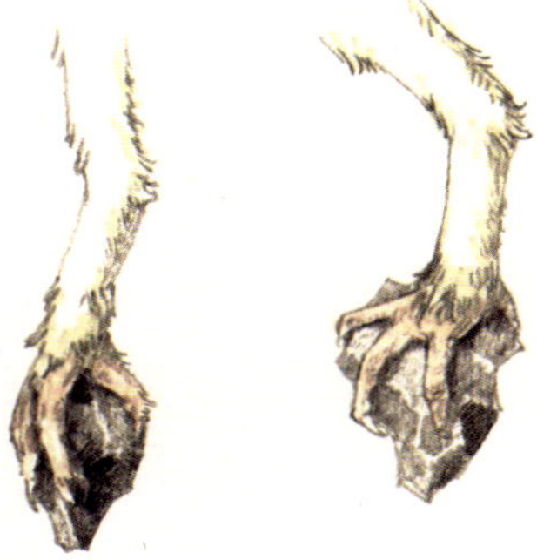

鸮使用石器工具示意图

21

tóng
䳛

qú
渠

原文

西四十五里，曰松果之山。濩（huò）水出焉，北流注于渭，其中多铜。有鸟焉，其名曰䳛渠。

——《山海经·西山经》

译文

往西四十五里，是松果山。濩水发源于此，向北流入渭水，这里盛产铜。山中有一种禽鸟，名字叫䳛渠。

突然飞来了一只黑色的鸟，它的头顶有鲜红的肉冠，像顶着两颗红果子。它的羽毛柔顺光亮，还拖着很长的尾羽。“这是一只蚂渠，”大眼睛老师告诉大家，“你们看，那边的鸟窝里有几个卵，可能有小蚂渠正在孵化吧。”

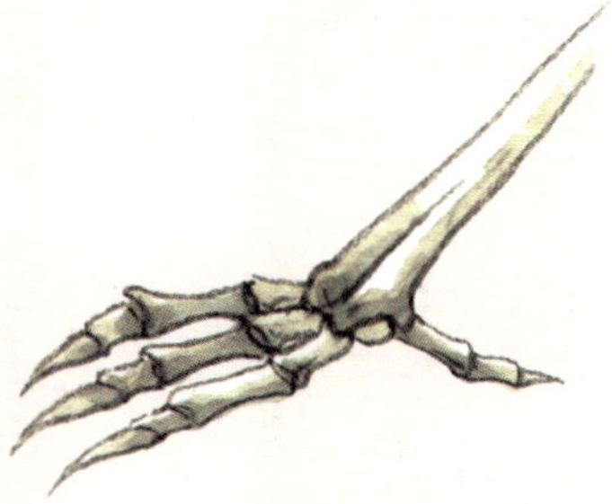

蚂渠足部骨骼图

鸟类的卵为什么一头大一头小呢？

大部分鸟类的卵都是一头大一头小的蛋形，形成这种形状的直接原因是雌鸟在产卵时，其输卵管对卵两端的压力不同。曾有科学家分析了1400多种鸟的近5万个卵，发现鸟卵的形状主要受鸟类盆骨结构和输卵管宽窄的影响，输卵管越窄的鸟所生的卵越细长。

蚂渠卵

22

chì bië
赤鷩

原文

又西八十里，曰小华之山，其木多荆、杞，其兽多㸲(zuó)牛，其阴多磬石，其阳多㻬(yǔ)琈(fú)之玉，鸟多赤鷩，可以御火。

——《山海经·西山经》

译文

再往西八十里是小华山，山上多牡荆和枸杞，山中野兽多为㸲牛，山的北面盛产磬石，山的南面盛产㻬琈玉。山中有许多赤鷩鸟，它可以防御火灾。

“好美啊！”大奇喊出声来了。

大眼睛老师告诉大家：“这是赤鹫。它的头顶有翘起的红色羽冠，在阳光下会反射出耀眼的光泽，它身上的羽毛像燃烧的火焰一样美丽。”

鸟类羽毛的颜色是什么因素决定的？

鸟类羽毛的颜色通常由两种因素决定：化学色和结构色。

化学色就是鸟类羽毛本身的颜色，结构色则来自鸟类羽毛的结构和光线的照射。鸟类羽毛有着复杂的微观结构，每一片羽毛都有一根类似树干的羽干，上面伸出无数枝叶一般的羽枝和细密的羽小枝。这种结构能让光线产生复杂多变的折射现象，使许多鸟类羽毛的结构色随着光线和观看角度的不同而发生变化，让鸟类羽毛显得缤纷多彩。

23

shī jiū

尸鸠

原文

又西百七十里，曰南山，上多丹粟（sù）。丹水出焉，北流注于渭。兽多猛豹，鸟多尸鸠。

——《山海经·西山经》

译文

再往西一百七十里是南山，那里到处都是粟粒大小的丹砂。丹水发源于此，向北流入渭水。山中野兽多为猛豹，禽鸟多为尸鸠鸟。

一阵清脆的鸟叫声传来，大眼睛老师对孩子们说：“这应该是尸鸠的叫声。《山海经》里记录的尸鸠，也叫作布谷鸟，因为它们的叫声独特，很像是在催促人们撒谷、耕种。它们还有一个名字，叫杜鹃。这种鸟自己不筑巢，而把自己的卵产在别的鸟类的巢中，让别的鸟类替自己喂养后代。”

“鸠占鹊巢”说的就是这样的行为吗？

是的。杜鹃的幼鸟一般比同巢的其他幼鸟大上一倍。在未睁眼时，杜鹃幼鸟就会展开竞争，用背部把对手一个接一个拱出巢外，自己独占养父母带回的食物。等到长大后，它就飞离养父母，寻找自己真正的族群。

尸鸠幼鸟占巢示意图

24

bái
白翰
hàn

原文

又西三百二十里，曰嶓（bō）冢之山，汉水出焉，而东南流注于沔（miǎn）；嚣水出焉，北流注于汤水。其上多桃枝、钩端，兽多犀、兕、熊、罴，鸟多白翰、赤鷩。

——《山海经·西山经》

译文

再往西三百二十里是嶓冢山，汉水发源于此，然后向东南流入沔水；嚣水也发源于此，向北流入汤水。山上到处都是葱茏的桃枝竹和钩端竹，野兽多为犀牛、兕、熊、罴，禽鸟多为白翰和赤鷩。

观光车逐渐接近地面，大眼睛老师提醒大家小声一些，因为他看到了白翰。

“白翰非常胆小，它们一般会躲在灌木丛间，偶尔也会钻进树洞里，所以我们不容易看见它们。不过白翰很容易辨认，它们身体圆胖，头上还有漂亮的羽冠。”

漂亮的羽冠有什么用呢？

鸟类的羽冠也被称为冠羽，是某些鸟类头顶长出的装饰性羽毛。在许多鸟类群体中，雄性的羽冠会更明显、更漂亮，可见羽冠属于性特征之一。很多鸟类都有复杂的求偶行为，而美丽的羽冠可作为雄鸟在求偶时吸引雌鸟的一种工具。

白翰躲藏示意图

25

lì

栎

原文

又西三百五十里，曰天帝之山，上多棕、楠，下多菅（jiān）、蕙（huì）……有鸟焉，其状如鹑，黑文而赤翁，名曰栎。

——《山海经·西山经》

译文

再往西三百五十里是天帝山，山上有茂密的棕树和楠树，山下生长着菅草和蕙草……山中有一种禽鸟，外形像鹌鹑，长着黑色的花纹和红色的颈毛，名字叫栎。

小海看到一只小鸟，它的外形圆滚滚的，身上的羽毛看起来像一粒粒葵花子似的。

大眼睛老师说：“那是栎，它们的翅膀短小，飞不起来；细细的腿很难支撑身体，也跑不快。因此它们非常机警，觅食时会不断发出咕噜噜的叫声，音调不高，如石子滚动声。如果遇到危险，它们的叫声会突然变成尖锐的长音，提醒同伴赶紧逃跑。”

鸟类的叫声可以传达信息吗？

鸟类的叫声就像人类说话一样，不仅婉转多变，还含有丰富的信息。鸟类的叫声可以分成两大类：鸣唱和鸣叫。繁殖期的雄鸟会在自己的领地发出高亢婉转的鸣唱来吸引雌鸟，同时向其他竞争者宣示主权。觅食和迁徙中的鸟群会发出鸣叫，交流位置及其他信息，确保鸟群能统一行动。每种鸟的叫声都有独特的声谱，好比人类的指纹，鸟类学家通过叫声就能判断出是哪一种鸟。

栎的头部特写图

栎的翅膀与身体比例示意图

26

shǔ
数
sī
斯

原文

西南三百八十里，曰皋（gāo）涂之山，蔷水出焉，西流注于诸资之水；涂水出焉，南流注于集获之水。其阳多丹粟，其阴多银、黄金，其上多桂木……有鸟焉，其状如鸱而人足，名曰数斯。

——《山海经·西山经》

译文

往西南三百八十里是皋涂山，蔷水发源于此，向西流入诸资水；涂水也发源于此，向南流入集获水。山的南面到处是粟粒大小的丹砂，山的北面盛产银和黄金，山上到处是桂树……山中有一种禽鸟，外形像鸱，却长着人一样的脚，名字叫数斯。

前方飞来一只鸟，模样非常吓人，因为它的脚不仅不会收起紧贴腹部，而且形状像极了人的脚。

“这是数斯，身躯是禽鸟的，却长着一对像人脚那样的脚，而且经常在黑夜出没，所以很多人都害怕它。”大眼睛老师讲解道。

为什么现在鸟类的腿上不长羽毛？

虽然现在大部分鸟类的小腿和部分大腿的表面并没有羽毛，而是覆盖着角质化的鳞片，但有化石证据表明，鸟类祖先的腿部是长有羽毛的，只不过随着鸟类向适应飞行的方向进化，腿部的羽毛逐渐退化了，最终成为今天的模样。然而，有少数鸟类出于保温等需求，腿部仍然长满了羽毛。

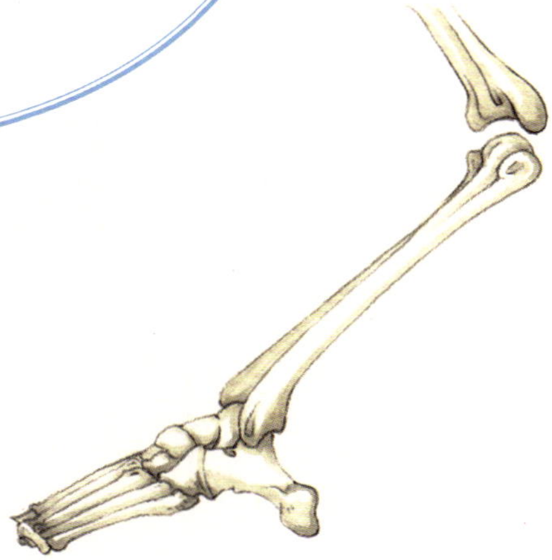

数斯足部骨骼图（侧面）

27

yīng 鹦 wǔ 鹉

原文

又西百八十里，曰黄山，无草木，多竹箭。盼水出焉，西流注于赤水，其中多玉……有鸟焉，其状如鸮，青羽赤喙，人舌能言，名曰鹦鹉。

——《山海经·西山经》

译文

再往西一百八十里是黄山，山上没有花草树木，到处是郁郁葱葱的竹丛。盼水发源于此，向西流入赤水，水中有很多玉石……山中有一种禽鸟，外形像鸮，长着青色的羽毛和红色的嘴，有像人一样的舌头，能学人说话，名字叫鹦鹉。

竹林间栖息着一小群鹦鹉，大家一看都特别高兴，尤其是大奇和小遇，因为他们曾经养过鹦鹉，感到非常熟悉。

大眼睛老师说：“严格地讲，在《山海经》中它们的名字是鹦䳇，属于典型的攀禽，足爪为对趾型，即两趾向前、两趾向后，特别适合抓握树枝。鹦䳇还有一个特点，就是会学人说话，古人以为它们长着和人一样的舌头。”

鹦鹉为什么会学人说话？

这其实是一种条件反射。鹦鹉能学说人话是因为它们的发声系统比其他鸟类的更加发达、完善，厚实的舌头能帮助它们更好、更清晰地发音，再加上它们的脑部发育较好、智商高，因此它们拥有了高超的模仿能力。

鹦䳇喜爱的坚果

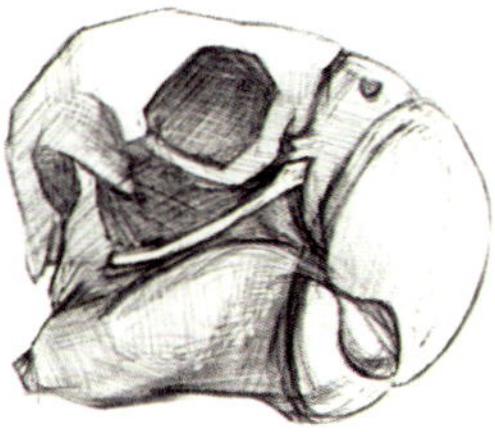

鹦䳇头骨图

鹦䳇进食图

28

lěi

鸓

原文

又西二百里，曰翠山，其上多棕、楠，其下多竹箭，其阳多黄金、玉，其阴多旄(máo)牛、麢（líng）、麝。其鸟多鸓，其状如鹊，赤黑而两首四足，可以御火。

——《山海经·西山经》

译文

再往西二百里是翠山，山上有茂密的棕树和楠树，山下到处是竹丛，山的南面盛产黄金、玉石，山的北面有很多旄牛、羚羊、麝。山中有很多鸓，这种鸟外形像喜鹊，浑身长着红黑色羽毛，有两个脑袋、四只脚，它可以防御火灾。

大奇一直盯着一群双头鸟看，直觉告诉他，这些鸟儿正在互相交流，而且交流得非常愉快。大眼睛老师说：“这是鸓，它们的智商很高，能充分利用自己多头、多肢的特点，参与集群生活，例如分工合作围捕昆虫获得食物，还能够相互传递地形、猎物等信息。”

为什么许多鸟类喜欢群居？

除猛禽外，许多鸟类都会以群居的方式生活。因为群居生活可以起到共同防御的作用，方便它们及时发现天敌、收到预警并躲避，群居生活还可以方便它们在求偶季节及时找到配偶。此外，有些鸟类会以小群体的方式共同抚养后代，而有迁徙习性的候鸟往往都会结成团体，以提高迁徙的成功率。

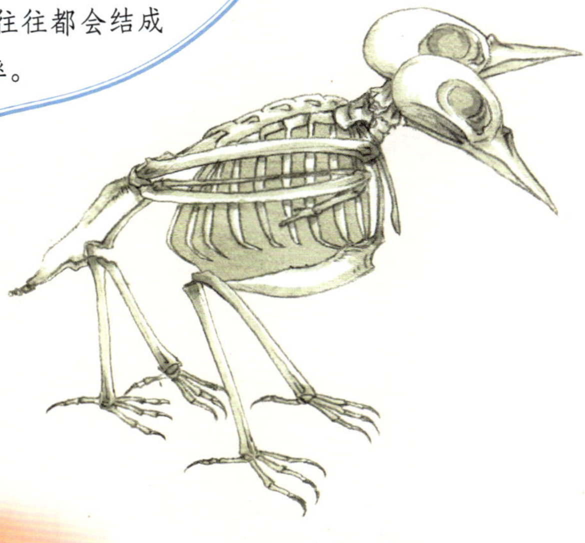

鸓全身骨骼图

观光车带着大家盘旋了一会儿，才缓缓地降落。和鸟儿们一起在天空中飞翔的感觉太酷了！大奇和小遇忙着欣赏周围的美景：金黄色的草丛里藏着许多红透了的果实，一些鸟儿正在那里觅食，另一些则在高大树木的枝叶间飞舞。

鸟儿们的歌唱和舞蹈让这片丛林像极了一个音乐大厅。细细聆听，大家能感受到鸟儿们内心的宁静和喜悦。

无论是鸟类还是其他动物，能够在天地间自在地生活才是幸福的。我们人类应给它们更多自由的空间，不去打扰它们的生活，这样我们才能和它们一起享受大自然丰盛的馈赠。

SHAN HAI JING LI DE SHENQI DONGWU 1.YUMEN GUAN
山海经里的神奇动物 1.羽门馆

出版统筹：	汤文辉	封面设计：	苏　玥
质量总监：	李茂军	内文制作：	高巧玲
选题策划：	张国辰	视觉绘制：	吕　洋　茶水间工作室
	兰心仪		秦　卓
责任编辑：	戚　浩	内容顾问：	师　旭　程超源
特约编辑：	兰心仪		俞永祥　陈之旸
营销编辑：	宋婷婷		马雪云
	金　梦	责任技编：	郭　鹏

图书在版编目（CIP）数据

山海经里的神奇动物. 1, 羽门馆 / 五色神石编著. --桂林：广西师范大学出版社，2022.7
ISBN 978-7-5598-5010-2

Ⅰ. ①山… Ⅱ. ①五… Ⅲ. ①历史地理－中国－古代－青少年读物②动物－青少年读物 Ⅳ. ①K928.626-49②Q95-49

中国版本图书馆 CIP 数据核字（2022）第 090983 号

广西师范大学出版社出版发行
（广西桂林市五里店路 9 号　邮政编码：541004
网址：http://www.bbtpress.com）
出版人：黄轩庄
全国新华书店经销
北京博海升彩色印刷有限公司印刷
（北京市通州区中关村科技园通州园金桥科技产业基地环宇路 6 号
邮政编码：100076）
开本：787 mm × 1 092 mm　1/16
印张：4.5　　字数：80 千字
2022 年 7 月第 1 版　　2022 年 7 月第 1 次印刷
定价：198.00 元（全 6 册）

山海经里的神奇动物

五色神石　编著

②

禺门馆

GUANGXI NORMAL UNIVERSITY PRESS
广西师范大学出版社
·桂林·

序言

这套书叫作《山海经里的神奇动物》。小朋友们可能最先会提两个问题：什么是《山海经》？什么是神奇动物？

先来回答“什么是《山海经》”。

《山海经》是一本从古代流传下来的奇书，最早被人们当作记录上古时期山川、河流和物产的地理志，但阅读它的人们逐渐发现，这本书所展现的世界是如此奇幻，到处是奇异的植物和动物，和现实世界完全对不上啊！同时，人们还在书中发现了原始版本的神话故事，例如夸父追日、精卫填海、大禹治水等。看来《山海经》不仅记录地理，还记录了神话、历史、天文、历法、民俗等。虽然有人认为其中的一些记载是荒诞不经、无法被证实的，然而正是这份荒诞不经，为我们打开了想象之门，让这个书中描绘的世界充满了奇思妙想，显得生动而鲜活。

既然《山海经》的价值那么高，为什么很少有人去阅读呢？这是因为《山海经》写成的年份太久远了，一般认为是在春秋至东汉之间，那时候人们用的语言和文字都与今天有很大差别，加上历经很多年的流传和转抄，存在一些错漏和散佚的地方。以今天小朋友们的知识储备，是很难直接阅读原文的，甚至许多学富五车的老前辈也不敢说自己能完全理

解《山海经》。

可我们为什么仍然要推荐小朋友们去认识、阅读《山海经》呢？因为阅读《山海经》时，不同的人可以享受到不同的阅读乐趣。小朋友们不仅可以了解《山海经》里记录的神奇动物，还能以童心童趣与懵懂天真的上古人类进行心灵交流。我们就是想让小朋友们知道，中国的经史子集，不仅有严肃的创作态度，还有天马行空的浪漫想象。

接着回答“什么是神奇动物”。

我们在生活中会看到各种各样的动物，例如陪伴人们的宠物猫、宠物狗，动物园里的大象、狮子，随处可见的小昆虫，等等。正因为我们在生活中能够观察到、接触到这些动物，产生了一定的熟悉感，所以不觉得它们神奇。而《山海经》里记载的动物，往往是多种常见动物的融合体，习性也很特殊，这就打破了我们的熟悉感，使我们不免要惊叹，要发问：“世界上真的存在这么神奇的动物吗？”这样惊奇的感觉，很能激发人们对学习动物知识的热情。

这套书要展示什么呢？

我们想展示《山海经》世界中的神奇动物，除此之外，还想介绍虎、狼等现实中的动物，从而构建一个奇幻的野生动物园。小朋友们在里面畅快地“游览”，既能体验到《山海经》里记载的动物的神奇之处，又能获得关于动物的科学知识。

为了贴近现实中的动物园，我们把所有需要介绍的动物做了分类。不同于现代生物学上纲目科属的分类方法，我们借用古代的五虫纲思想，按照《大戴礼记》中的“毛羽昆鳞赢”来

分类，使其分别代表五类动物。毛虫类就是身上被毛的动物，以麒麟为代表；羽虫类就是有翅膀、带羽毛的鸟类，以凤凰为代表；昆虫类是指带甲壳的动物，除了今天我们熟悉的一些节肢动物以外，贝类、螃蟹等水生动物也归为此类，以玄龟为代表；鳞虫类指的是身上带鳞的动物，主要代表为鱼类；而蠃虫类也称为裸虫类，指的是没有毛也没有鳞，裸露着皮肤的动物，包括青蛙、蚯蚓等，也包括人。

在《西游记》中，如来佛祖曾说：“周天之内有五仙：乃天、地、神、人、鬼；有五虫：乃蠃、鳞、毛、羽、昆……又有四猴混世，不入十类之种。”加上孙悟空大闹地府的时候，一口气把猴类的名字都勾了，也让猴子成了神话中别样的门类，志怪小说和民间传说中都常见它们的身影。因此我们把这些神通广大的猴子也单独分了一类，称为禺。

不过，经过这样分类，各类动物的数量悬殊，我们只好再加一条分类标准，那就是动物的栖息环境：森林、冰原、荒漠、溪流、海洋等。让拥有相似习性的动物生活在同一环境中，形成一个完整的模拟生态系统。这样一来，我们构建的山海经野生动物园，就被分为了蠃门馆、鳞门馆、毛门馆、羽门馆、昆门馆和禺门馆。

了解完以上内容，相信各位小朋友已经准备好了，那就开始我们这趟特殊的“游览”旅程吧！

中国科学院动物研究所
程超源 博士

小遇
大奇
大奇、小遇的父母
小山
大眼睛老师
小海

离开了阳光和煦的羽门馆，观光车紧接着开进了一片紫色的神秘森林。只见五颜六色的光斑在草丛和树梢上舞动，空气中弥漫着紫色的雾气，大家如同置身仙境。

山林中不时闪过动物穿梭而去的身影。树木在轻微晃动，摇摆的藤条让大家想到了电影《阿凡达》中的外星球场景。

大眼睛老师说：“看过了各种各样的奇鸟，我们接下来要参观的是聚集了灵长类动物的禺门馆。‘禺’在古书中指的是猴子，这类动物不但手脚灵活，而且有些外貌特征近似于人类。然而，这种像人的动物在《山海经》中非常少见，禺门馆因此显得空旷，于是一些鸟类和兽类就逐渐迁徙进来，一同居住在这片茂密的大森林中了。”

目录

01

jǔ fù
举父

原文

《西次三经》之首，曰崇吾之山，在河之南，北望冢遂，南望岳（yáo）之泽，西望帝之搏兽之丘，东望蠕（yán）渊……有兽焉，其状如禺而文臂，豹尾而善投，名曰举父。

——《山海经·西山经》

译文

《西次三经》所记录的西方第三列山系的第一座山叫崇吾山，它雄居于黄河的南岸，向北可以望见冢遂山，向南可以望见岳泽，向西可以望见天帝的搏兽山，向东可以望见蠕渊……山中有一种野兽，外形像猴，臂上有斑纹，有豹子一样的尾巴，擅长投掷，名字叫举父。

就在大家沉浸在欣赏森林美景的时候，一只小猴跳了出来。它体形瘦小，十分灵活，在树木间荡来荡去。

大眼睛老师说：“这是举父。它的后肢可以抓握物体，比前肢更为灵活，不仅能牢牢抓住树枝稳定身体，还能采摘食物和使用工具。”

为什么灵长类动物是最接近人类的物种呢？

所谓灵长类动物，在生物学上指属于灵长目的物种。人类（智人）在生物学上被归类为哺乳纲、灵长目、人科、人属、智人种，所以说，人类本身就是灵长类的物种之一，与其他灵长类物种共同具备双目能视、能辨色，手部抓握能力强，大脑发达，幼崽成熟期长等特征。根据对血液和蛋白质的检验，灵长目中的两个物种，黑猩猩和大猩猩在亲缘关系上与人类最为接近，尤其是黑猩猩，拥有48条（24对）染色体，仅比人类多出2条（1对）。

灵长类动物有哪些特征呢？

灵长类动物的大脑比其他脊椎动物的更大、更重，因此它们的大脑也就更为发达。灵长类动物的眼睛可以形成立体视觉，且能够分辨颜色。鼻子短于其他哺乳动物，所以嗅觉相对不发达。多数灵长类动物的上下颌前方均有一排牙床，中部生有门齿，两侧依次长着犬齿、前臼齿和臼齿。四肢均有五趾，大部分长有可灵活抓握的对生拇指。大多数灵长类动物属于社会性动物，能够发声并进行信息交流，具有极其复杂的行为方式，而且它们的幼崽成熟期相对较长。

02

yōu
幽
yàn
鴳

原文

又北百一十里，曰边春之山，多葱、葵、韭、桃、李。杠水出焉，而西流注于泑（yōu）泽。有兽焉，其状如禺而文身，善笑，见人则卧，名曰幽鴳，其鸣自呼。

——《山海经·北山经》

译文

再往北一百一十里是边春山，山上到处是野葱、葵菜、韭菜、桃树和李树。杠水发源于此，然后向西流入泑泽。山中有一种野兽，外形像猴，身上满是花纹，喜欢嬉笑，一看见人就假装睡着，名字叫幽鴳，叫声就像是在呼喊自己的名字。

大家走着走着，只见前方的路没入一片茂密的树丛中，里面幽深黑暗，令人害怕。突然，从里面传出一阵怪声，像有人在大笑。小遇立即捂住耳朵，惊恐地问道："那是林间妖怪吗？"

大眼睛老师说："那是幽鸮，虽然长得有些可怕，叫声听上去也很恐怖，但不会攻击人。或许我们的出现，打扰了它们的生活。"

人类的哪些行为会破坏野生动物的栖息环境？

栖息地破碎化是野生动物面临的最大威胁。森林砍伐、乱采滥挖、农业开垦、工程建设等人类活动均加剧了对野生动物栖息地的破坏，导致其栖息地缩减、割裂、质量下降，使得野生动物种群的生存空间不断受到威胁与挤压。许多物种因为栖息地被分割成多片互不相连的区域，迁徙和繁衍受到限制，从而形成孤立的小种群。随着遗传多样性水平的下降，它们最终可能走向灭绝。

此外，空气污染、农药使用等会导致水体和土壤酸化、臭氧浓度降低、气候变暖等问题，对野生动物的栖息环境产生巨大的破坏作用。

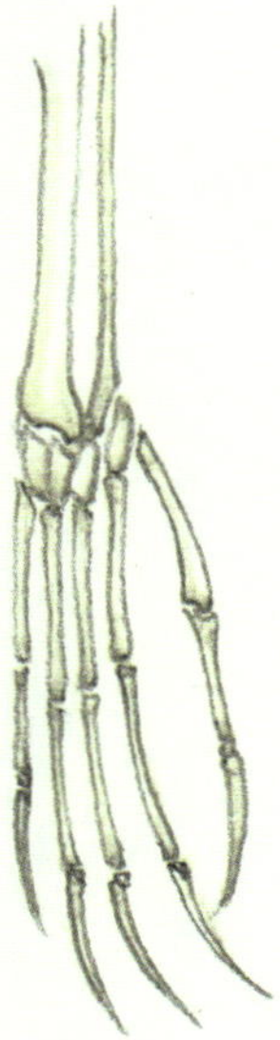

幽鸮前足骨骼细节图

03

zú 足 zī 訾

原文

又北二百里，曰蔓联之山，其上无草木。有兽焉，其状如禺而有鬣（liè），牛尾、文臂、马蹄，见人则呼，名曰足訾，其鸣自呼。

——《山海经·北山经》

译文

再往北二百里是蔓联山，山上没有草木。山中有一种野兽，它们的外形像猴，却长着鬣毛，还有牛一样的尾巴和长满花纹的双臂，以及马一样的蹄子。它们见人就会呼叫，名字叫足訾，叫声就像是在呼喊自己的名字。

孩子们的内心都很善良，他们不希望大自然中有任何动物因为受到人类行为的干扰和破坏而丧失家园。

小山指着一座植被稀疏，看上去险峻难攀的山峰，问道：“生活在那里的动物是不是就不用害怕被打扰了？”

大眼睛老师告诉大家：“有一种名叫足訾的动物生活在那里。因为山上没有树木，足訾身体构造的演变，让它们不再适应爬树，而擅长在岩石和沙地上快速地奔跑。蔓联山高大且荒芜，是躲避天敌的绝佳场所。”

现实中的灵长类动物擅长奔跑吗？

现实中，绝大多数的灵长类动物都是树栖性物种，它们大多数时间都生活在树上，不论是进食、筑巢，还是睡眠、繁殖，都在树上完成。

树栖生活不仅可以令它们避免与食草动物发生领地冲突，还能让它们有效躲避大部分食肉动物的猎捕，因此擅长奔跑的灵长类动物并不多。但部分地栖性较强的猴类，例如狒狒和山魈，快速奔跑的时速可达到40千米。美国威斯康星大学麦迪逊分校的调查显示，生活于非洲中西部的赤猴的奔跑速度更快，接近每小时55千米。

足訾喜爱的果实

04

xīng
狌
xīng
狌

原文

《南山经》之首曰䧿（què）山。其首曰招摇之山，临于西海之上，多桂，多金、玉……有兽焉，其状如禺而白耳，伏行人走，其名曰狌狌。

——《山海经·南山经》

译文

《南山经》所记录的南方山系的第一列是䧿山山系。䧿山山系的第一座山是招摇山，屹立在西海岸边，山上生长着许多桂树，山中蕴藏着丰富的金和玉石……山中有一种野兽，它们的外形像猴，但长着一双白色的耳朵，既能匍匐爬行，又能像人一样直立行走，名字叫狌狌。

大奇揉揉眼睛，他好像看到了一只大猩猩，它的脸和人类的非常像。

大眼睛老师说：“在《山海经》中，这种动物叫作狌狌，专家认为这应当就是古人记录的猩猩，但不知道具体的种类。古书记载，狌狌具有神奇的特性，它们会像人一样奔跑，还会开口说话，甚至有人相信它们能预知未来。”

猩猩之间是怎么交流的？

现实中的猩猩是不会像人类一样说话的，但这并不妨碍它们以多种方式交流，包括面部表情、声音、姿势和手势。猩猩能发出至少22种不同的声音来表达不同的意思，嬉戏时会发出咯咯的笑声，恐惧时会发出尖叫声。就连笑这个动作都可以表达不同含义，例如它们在玩耍时，笑不露齿表示“我不会咬你”；露出上牙表示顺从；若上下牙齿都暴露，那就表示气氛十分紧张，有些威胁的意味了。

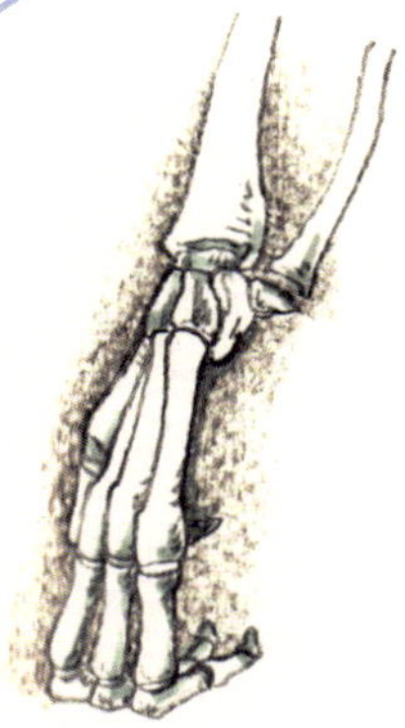

狌狌指节弯曲着地时的骨骼图

05

bái
白猿
yuán

原文

又东三百里，曰堂庭之山。多棪（yǎn）木，多白猿，多水玉，多黄金。

——《山海经·南山经》

译文

再往东三百里是堂庭山。山上生长着茂密的棪树，有许多白猿，山中盛产水玉，蕴藏着丰富的黄金。

走进一片茂密的树林，大家看到一群毛发飘逸的白猿。它们的前肢特别长，可以直接碰到地面。

“它们看上去笨笨的。”小遇说。

大眼睛老师说：“其实猿类可聪明了，它们比猴更接近人。它们体形较大，大脑的发育也更好，可以使用工具，有的还能进行复杂的群体协作和社交呢！”

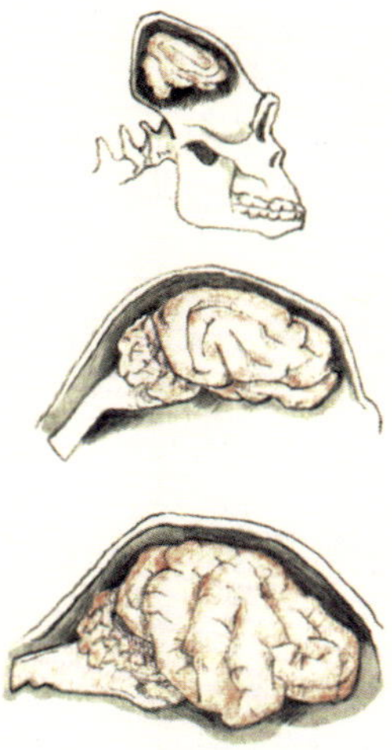

白猿大脑发育示意图

猿和猴有什么区别呢？

猿是对灵长目人猿总科动物的通称；猴是人们对除了人类、猿类之外的灵长目动物的统称，分为原猴亚目、新大陆猴亚目和旧大陆猴亚目。人们常把猿、猴并称，主要是因为分不清它们。其实在生物学上，它们是不同的动物。猿在亲缘上与人类更近，而猴则要远得多。辨认猿和猴，主要看尾巴，猿没有尾巴。

06

chánɡ yòu

长右

原文

东南四百五十里，曰长右之山，无草木，多水。有兽焉，其状如禺而四耳，其名长右，其音如吟，见则郡县大水。

《山海经·南山经》

译文

往东南四百五十里是长右山，山上没有花草树木，有很多水。山中有一种野兽，其外形像猴，却长着四只耳朵，名字叫长右，叫声像人在呻吟。它出现在哪里，哪里就会发生严重的水灾。

走出森林，出现在大家眼前的是一座寸草不生的高山，只有数不清的细小水流从高处流淌下来，看起来荒无人烟。大眼睛老师说：“这是长右山，长右是守在这里的唯一生物。”

“它有四只耳朵，要是能再长出两只，不就和六耳猕猴一样了吗？”小遇天真地问道。

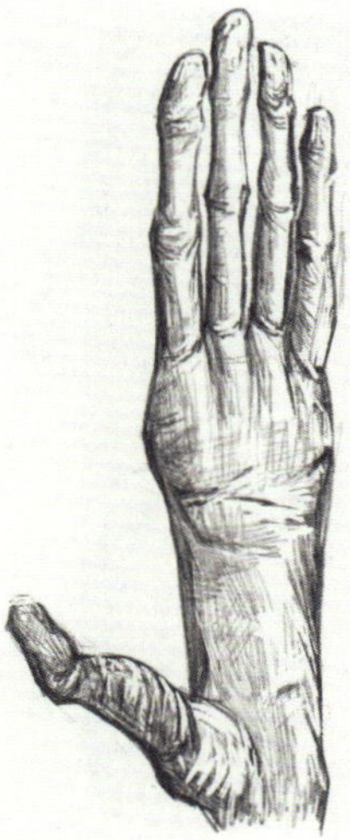

长右手掌细节图

为什么有的动物可以听到很远的地方的声音？

声音在空气中传播的时候，会随着距离的增加而衰减，直至消失。一些动物能够听到从遥远的地方传来的低频声音，是因为声音的频率越低，传播的距离就越远。

此外，一些动物有比较大且转动灵活的耳郭，用于收集微弱的声波，因而也可以听到从很远的地方传来的声音。

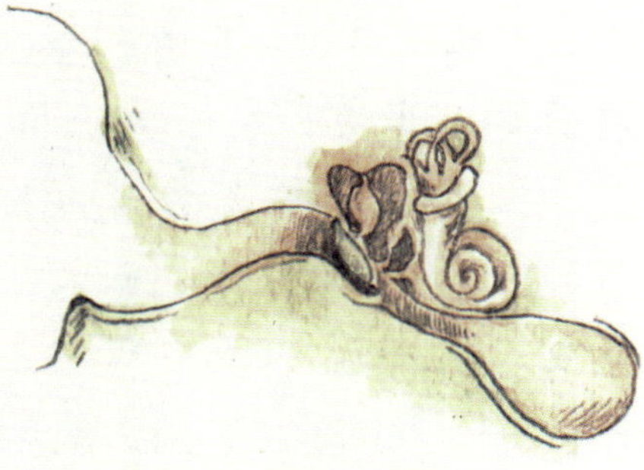

长右内耳构造图

07

huá huái

猾褢

原文

又东三百四十里，曰尧光之山，其阳多玉，其阴多金。有兽焉，其状如人而彘（zhì）鬣，穴居而冬蛰，其名曰猾褢，其音如斫（zhuó）木，见则县有大繇（yáo）。

——《山海经·南山经》

译文

再往东三百四十里是尧光山，山的南面多产玉石，山的北面多产金。山中有一种野兽，其外形像人，却长有猪一样的鬣毛，居住在洞穴中，冬季蛰伏不出。它的名字叫猾褢，叫声如砍木头时发出的响声。哪里出现猾褢，哪里就会有繁重的徭役。

大奇让大家注意观察前面出现的一种猿，它们的手足和人类的太像了。大眼睛老师告诉大家：“这是猾褢，它们的外形相比于长右更接近人类。大多数时间它们能够直立行走，而且攀爬和在树间跳跃的能力并没有退化。”

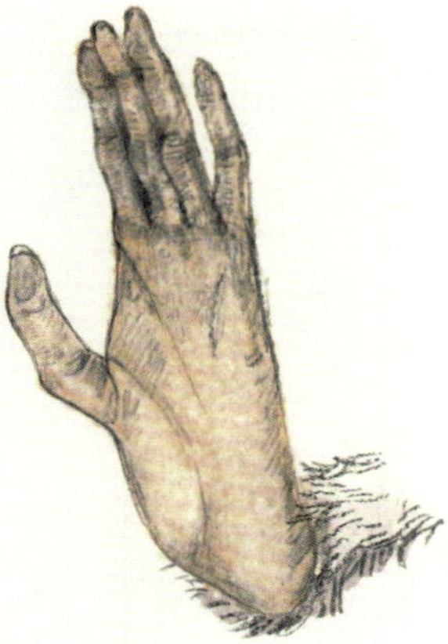

猾褢手部细节图

神农架野人的传说是真的吗？古代真的有野人吗？

神农架野人的传说由来已久，相关的考察活动也未曾停歇，但始终没有发现野人存在的直接证据。如果神农架真的存在野人这种体形较大且有一定智慧的生物，在之前的考察活动中必定会发现相关的痕迹。因此可以认为，在当今的神农架并不存在野人。

其实，中外的古代书籍中都出现过关于野人的记载，但都没有确凿的证据，因此我们无法确定古代是否真的存在过野人。某些灵长类动物有着类似人类的外形，所以可能被古人误认为是野人，从而记录了下来。

08

xiāo
嚣

原文

又西七十里，曰羭（yú）次之山，漆水出焉，北流注于渭。其上多棫（yù）、橿（jiāng），其下多竹箭，其阴多赤铜，其阳多婴垣（yuán）之玉。有兽焉，其状如禺而长臂，善投，其名曰嚣。

——《山海经·西山经》

译文

再往西七十里是羭次山，漆水发源于此，向北流入渭水。山上有茂密的棫树和橿树，山下有茂密的竹丛；山的北面有丰富的赤铜，山的南面有丰富的婴垣玉。山中有一种野兽，它的外形像猴，双臂很长，擅长投掷，名字叫嚣。

大家继续前进。树丛中不断传来声响。不一会儿，一只黑色的猴子荡了过来。它的前肢特别长，指甲也长，像尖利的钩子一样。

大眼睛老师介绍说：“这是嚣，这个名字和我们看过的一种鸟类的名字一样，但是它们显然是两种完全不同的动物。嚣的喉部有声囊，擅长鸣叫。”

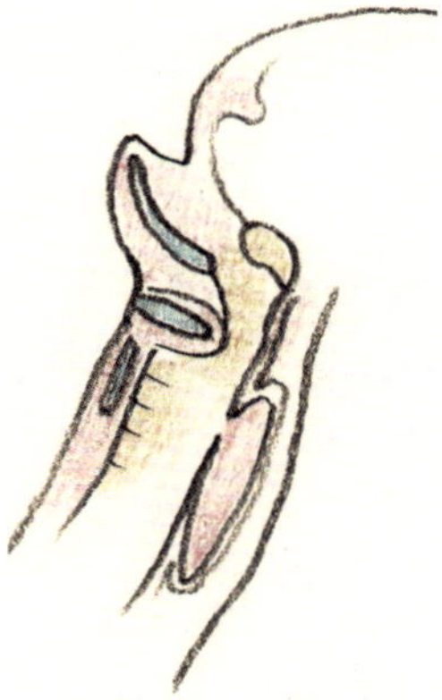

嚣的声囊示意图

博物小科普

有不会爬树的猴子吗？

猴子属于树栖性较强的灵长类动物，会爬树，而且它们大部分时间都生活在树上。西非的山魈、生活在东非草原和阿拉伯半岛的狒狒属于地栖性较强的灵长类动物，它们基本在地面上进行集群活动，但并非不会爬树。在躲避敌害或过夜休息时，它们偶尔也会爬到树上。至于完全不会爬树的猴子，目前尚未发现。

嚣的钩状指甲

09

zhū
朱
yàn
厌

原文

又西四百里，曰小次之山，其上多白玉，其下多赤铜。有兽焉，其状如猿，而白首赤足，名曰朱厌，见则大兵。

——《山海经·西山经》

译文

再往西四百里是小次山，山上盛产白玉，山下盛产赤铜。山中有一种野兽，它的外形像猿，但头是白色的，脚是红色的，名字叫朱厌。它一出现，就会有大的战事发生。

突然，一阵喧闹声引起大家的注意。原来前面有一群动物在打斗。大眼睛老师说这群动物是朱厌。

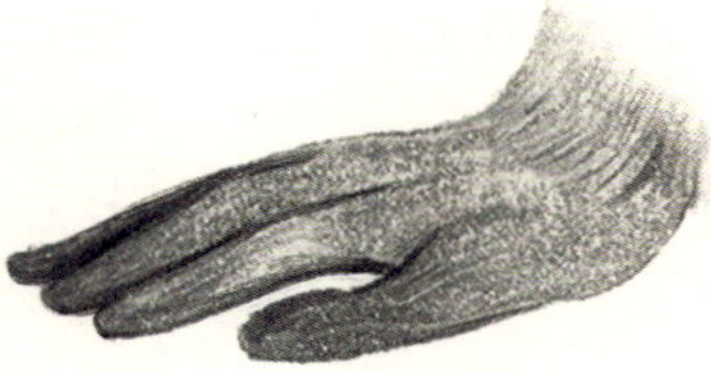

朱厌手部细节图

动物之间也会打群架吗？

当然了！不管是同物种之间还是不同物种之间，动物们都会有打群架的行为。

同物种之间的对抗以蚂蚁争地盘最为典型。在蚂蚁的群体中，工蚁无法生育，它们的职责就是为蚁后服务，保护领地。当有其他巢穴的同类来争夺资源时，工蚁会分泌刺激性物质以驱赶对手，有时它们甚至不惜“炸毁”自己来击退入侵者。

不同物种间的对抗，典型案例是狮子和鬣狗。这两类动物的捕猎范围和猎物经常是重合的，因此它们会为了抢夺食物而发生争斗。

朱厌鼻子细节图

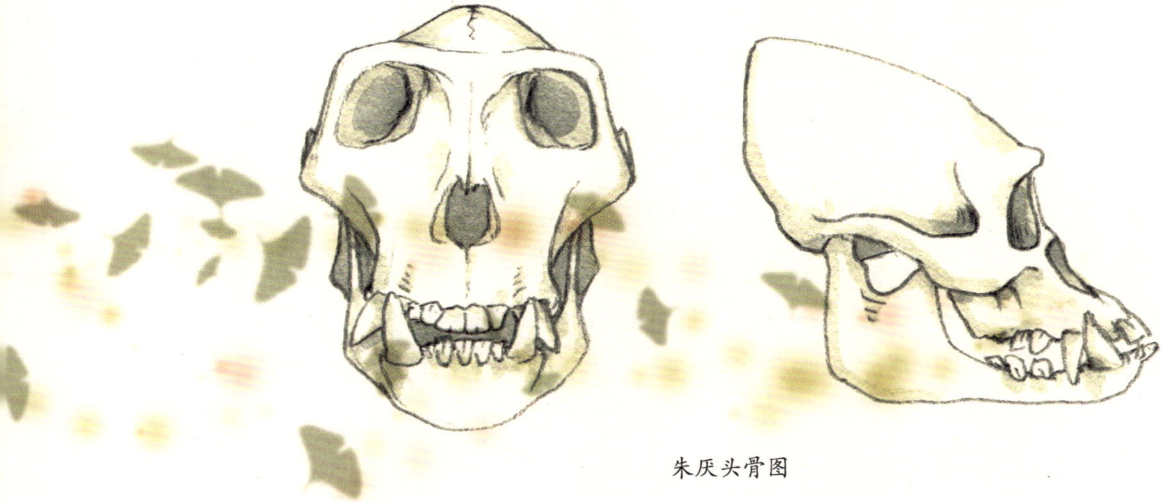

朱厌头骨图

10

jiǔ wěi hú

九尾狐

原文

又东三百里，曰青丘之山，其阳多玉，其阴多青雘（huò）。有兽焉，其状如狐而九尾，其音如婴儿，能食人。

——《山海经·南山经》

译文

再往东三百里是青丘山，山的南面盛产玉石，山的北面多产青雘。山中有一种野兽，它的外形像狐狸，却长着九条尾巴，叫声像婴儿的啼哭声，能吃人。

远离了朱厌的领地，前面出现了一只漂亮的狐狸。它悠闲地漫步在森林里，身后的九条大尾巴像云朵一样蓬松，轻轻地晃动着。

大家挤在观光车一侧的车窗前，争相去看，观光车都快要失去平衡了。

大眼睛老师连忙制止大家，随后解释说：“这就是神话里经常提到的九尾狐。传说它们出生时只有一条尾巴，尾巴的条数随着生长逐渐增加，尾巴的颜色也会从红褐色慢慢变成纯白色。很多志怪杂记里都写道：‘九尾狐可以变成人形，就是尾巴总是藏不住。’”

为什么会有那么多关于狐仙的传说呢？

这和狐狸的生活习性有关。狐狸喜欢挖洞，居住在洞穴里，它的捕食习惯让它需要经常接近人类居住的地方，因此人们经常会在村庄、郊外，甚至是墓地附近看到狐狸。久而久之，人们就会把生活中遇到的一些怪事和神出鬼没的狐狸联系起来，就此创作出许多关于狐仙的传说。

九尾狐尾巴变色顺序

11

zhì

彘

原文

又东五百里，曰浮玉之山，北望具区，东望诸毗（pí）。有兽焉，其状如虎而牛尾，其音如吠犬，其名曰彘，是食人。

——《山海经·南山经》

译文

再往东五百里是浮玉山，向北可以望见具区泽，向东可以望见诸毗水。山中有一种野兽，其外形像老虎，却长着牛尾，叫声如狗叫，名字叫彘，能吃人。

大家发现一只老虎在周围转悠，瞬间紧张起来。

大眼睛老师说：“大家不要害怕，只要不故意挑衅野生动物，它们一般不会主动攻击人。而且这只动物也不是老虎，它叫㲋，能将嘴巴张得很大，牙齿也非常锋利，是一种凶猛的食人野兽。虽然外表酷似老虎，但它的腿看上去特别长，很像马这类擅长奔跑的食草动物的腿。”

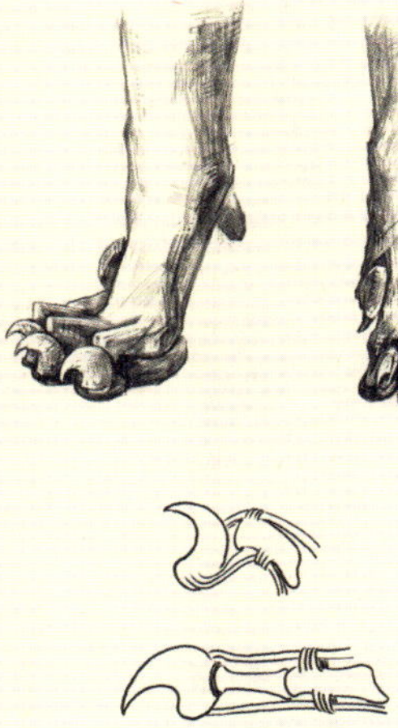

㲋趾骨图

为什么马的腿看上去特别长？

马的祖先生活在森林中，有着相对较短的腿和尚未退化的脚趾。随着气候的不断变化，草原地貌逐渐取代了森林。马的祖先为了适应新的环境，逐渐演化出长而有力的腿，同时外侧的脚趾退化，中趾增大，形成了硬质的蹄。这有助于它们在开阔的草原上长距离奔跑，寻找更多的食物，躲避捕食者的追击。后来，一些马被人类驯化。经过不断地选育，家马的腿变得更加修长，更能适应长时间的奔跑。

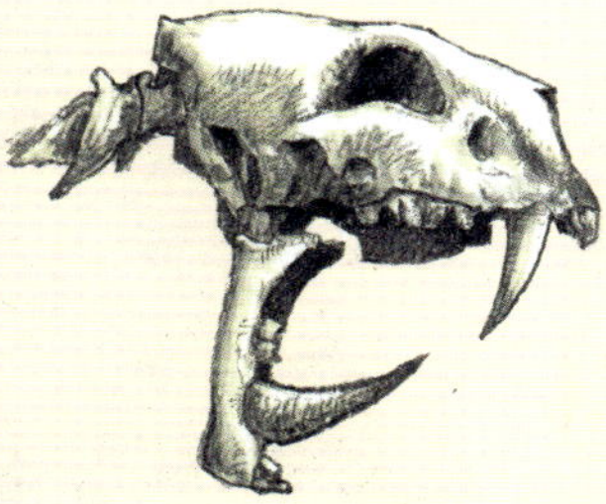

㲋张口下颌交角图

12

fēi
飞

shǔ
鼠

原文

又东北二百里，曰天池之山，其上无草木，多文石。有兽焉，其状如兔而鼠首，以其背飞，其名曰飞鼠。

——《山海经·北山经》

译文

再往东北二百里，有座山叫天池山，山上没有花草树木，到处都是有纹理的石头。山中有一种野兽，它的外形像兔子，却长着老鼠一样的头，借助它背上的毛飞行，名字叫飞鼠。

“你们看，在树林中滑翔的那些飞鼠，它们的身体像不像一张张飞毯？等它们降落后，大家会发现，它们的外形和兔子差不多。它们爱吃松子一类的坚果、森林里的野蘑菇和浆果。”大眼睛老师介绍完，大家都想等飞鼠降落后，凑近摸一摸。

飞鼠头部骨骼图

没长翅膀的动物也可以飞吗？

一般来说，我们所认知的“飞”，指的是通过拍击翅膀产生升力进行空中飞行。大多数昆虫、鸟类以及哺乳动物中唯一的飞翔代表蝙蝠，都需要依靠翅膀的拍击来飞行。而自然界中那些被误认为没有翅膀也能飞的动物，其实是利用身体的某个部位接触空气气流进行滑翔，而不是我们所认知的飞行。例如飞鱼利用胸鳍，鼯鼠和鼯猴利用皮膜，以及飞蛇（金花蛇）利用身体的摆动进行滑翔，都可以让人以为它们在飞。

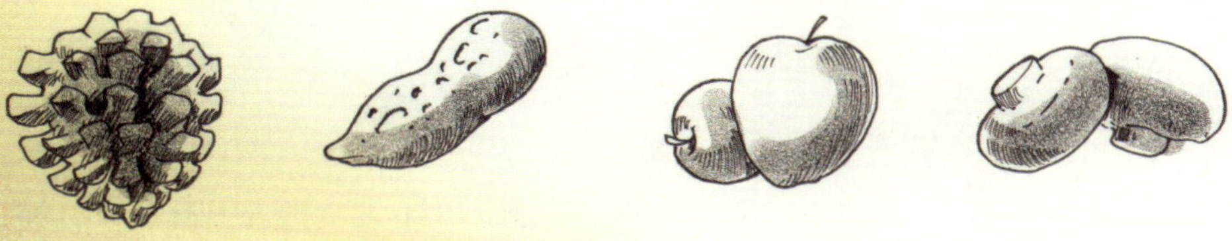

飞鼠的食物图

13

ěr shǔ

耳鼠

原文

又北二百里，曰丹熏之山，其上多樗（chū）、柏，其草多韭、䪥（xiè），多丹雘。熏水出焉，而西流注于棠水。有兽焉，其状如鼠，而菟首麋身，其音如獆犬，以其尾飞，名曰耳鼠。

——《山海经·北山经》

译文

再往北二百里，有座山叫作丹熏山，山上有茂密的臭椿树和柏树，在众草中以野韭菜和野薤菜居多，还盛产丹雘。熏水从这座山发源，然后向西流入棠水。山中有一种野兽，它的外形像老鼠，却长着兔子一样的脑袋和麋一样的身体，发出的声音如同狗叫，用尾巴飞行，名字叫耳鼠。

看过了飞鼠，这边还有一种外表更奇异的“飞鼠”，它耳朵的形状像蝴蝶的翅膀，仿佛正在轻轻地扇动似的。

大眼睛老师说：“它叫作耳鼠，从名字看来，它的耳朵一定有神奇之处。这对耳朵不但形状特别，而且会一直生长，甚至长得比它的身体还大，拖在身后，就像尾巴一样。《山海经》记载，耳鼠能依靠自己的尾巴飞行，说不定就是把它的耳朵当成了尾巴。”

动物的身体部位会一直生长吗？

包括人类在内的动物，有许多部位都会一直生长，例如人类的头发会在脱落前不断生长，包括人类在内的哺乳动物的指（趾）甲也可以一直生长。还有啮齿类动物，例如小家鼠等的门齿会终生生长。为了不影响进食，它们需要不断地磨牙。

耳鼠耳朵的生长过程图

14

cōng lóng
葱聋

原文

又西八十里，曰符禺之山，其阳多铜，其阴多铁……符禺之水出焉，而北流注于渭。其兽多葱聋，其状如羊而赤鬣。

——《山海经·西山经》

译文

再往西八十里是符禺山，山的南面盛产铜，山的北面盛产铁……符禺水发源于此，然后向北流入渭水。山中的兽类中以葱聋居多，它的外形像羊，却长有红色的鬣毛。

告别了飞翔的耳鼠，大家很快发现了一群在高山峭壁上欢快跳跃的羊。它们背部的毛色特别好看，还打着卷儿。

大眼睛老师告诉大家：“这是葱聋。它的外形像山羊，耳朵很大，所以听力出众。葱聋四肢纤细，足趾能分开，因此擅长攀登山岩。”

“在葱聋生活的符禺山上，还长着两种神奇的植物：一种叫文茎，能结出枣子一样的果实，吃了能治好耳聋；另一种叫条草，吃了就不会受到迷惑。这两种植物都是葱聋喜爱的食物。”

动物也会挑食吗？

想想家养的猫和狗吧，它们真的很容易养成挑食的习惯。只要主人稍微溺爱一点儿，它们的口味就会越来越刁钻。

自然界中挑食的动物也不少。蜂鸟专挑花蜜吃，它们细长的喙可以直接插入花朵储存花蜜的位置，用细小的舌头将花蜜卷入口中。考拉则钟爱桉树叶，它们每天要吃掉大量的桉树叶，不仅从中获取营养，身体所需的水分也大多从桉树叶中获取。螺鸢（蜗牛鸢）偏爱吃螺肉，长出了长而尖的喙，专门用于把螺肉从螺壳里揪出来。

葱聋的食物文茎果（上）和条草（下）

15

hǎo
豪
zhì
彘

原文

又西五十二里，曰竹山，其上多乔木，其阴多铁……有兽焉，其状如豚而白毛，大如笄（jī）而黑端，名曰豪彘。

——《山海经·西山经》

译文

再往西五十二里是竹山，山上到处是高大的树木，山的北面盛产铁……山中有一种野兽，它的外形像小猪，长着白色的毛，毛如簪子般粗细，尖端呈黑色，它的名字叫豪彘。

绕过一座山，大奇看到半山腰出现了一只背部长满了尖刺的小动物。

“我知道，这是豪猪！”大奇兴高采烈地说。

大眼睛老师说：“确切地说，它叫豪彘，虽然在古书中‘彘’一般就是‘猪’的意思。它的特征和我们认识的豪猪很像，但《山海经》成书的年代太久远了，我们也弄不清楚它属于什么种类。”

豪猪抖动身体，会把背上的刺发射出去吗？

豪猪身上的刺并不能发射出去。

豪猪在遇到天敌或其他危险的时候会抖动身体，使身上的棘刺相互摩擦发出“沙沙”的警告声。当豪猪认为单纯的警告不足以吓退敌人时，便会背对着敌人，后退着冲过去，用身上的棘刺攻击敌人。在攻击过后，会有部分棘刺脱落并扎入敌人的身体里，因此给人发射的错觉。

豪彘喜好的菌类

16

mĕng
猛
bào
豹

原文

又西百七十里，曰南山，上多丹粟。丹水出焉，北流注于渭。兽多猛豹，鸟多尸鸠。

——《山海经·西山经》

译文

再往西一百七十里是南山，那里到处是粟粒大小的丹砂。丹水发源于此，向北流入渭水。山里的野兽中猛豹较多，鸟类中尸鸠鸟较多。

一只浑身长有花纹的豹子出现了。它矫健地越过溪流，快得像一阵金色的风。

大眼睛老师说:“那是猛豹。它们的外形和金钱豹很像，有一对露出嘴巴的尖牙，有点儿像古老的剑齿虎，但它们的尖牙不如剑齿虎的尖牙发达。猛豹生活在多树的山上，会像花豹一样把猎物藏在树上。”

“历史上有些学者认为猛豹的‘豹’字是‘貘’字的笔误。在汉代，貘是大熊猫的名称。因此晋代的郭璞就认为猛豹是一种似熊而小，毛色较浅，同时能吃蛇和铜、铁的神奇动物。但是《山海经》的成书年代比郭璞所处的时代早得多，我们也没办法确认猛豹就是现在的大熊猫。同时郭璞也说有别的版本的《山海经》将‘猛豹’写作‘猛虎’，所以猛豹也很可能是虎豹一类的猫科动物。”

花豹为什么要带着猎物爬树？

花豹爬树的能力很强，平时也喜欢栖息在树上，捕猎时还经常采用从树上跳下突袭猎物的方式。把猎物带到树上，不仅可以使其在进食的时候不受其他动物打扰，而且把吃不完的食物挂在树上，既不容易腐坏，也可以防止其他肉食性动物和腐食性动物来偷窃。等到食物匮乏的时候，它们再回来慢慢享用。

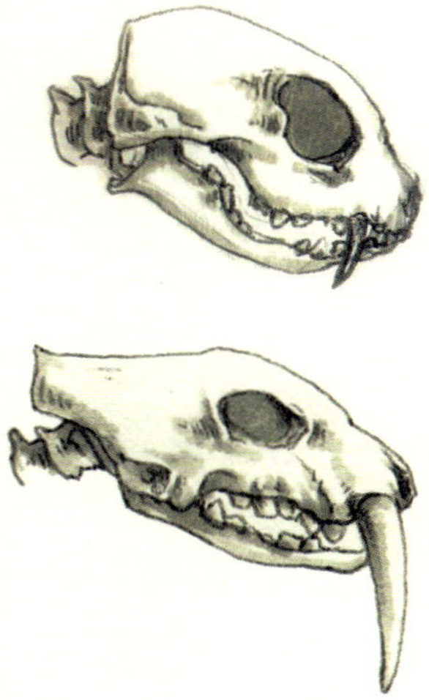

猛豹头骨、牙齿（上）与
剑齿虎头骨、牙齿（下）对比图

17

xióng
熊

原文

又西三百二十里，曰嶓冢之山，汉水出焉，而东南流注于沔（miǎn）；嚣水出焉，北流注于汤水。其上多桃枝、钩端，兽多犀、兕、熊、罴（pí），鸟多白翰、赤鷩。

——《山海经·西山经》

译文

再往西三百二十里是嶓冢山，汉水发源于此，然后向东南流入沔水；嚣水也发源于此，向北流入汤水。山上到处是葱茏的桃枝竹和钩端竹，野兽多为犀牛、兕、熊、罴，禽鸟多为白翰和赤鷩。

一头体形硕大的熊朝他们走来。

“原来熊也可以像人一样直立行走啊。”大奇感叹着。

大眼睛老师说：“当然啦，但它这样走不快，四足并用的时候才能飞快地奔跑。《山海经》记载，有许多山上都有熊，它们在不同季节会生活在山上的不同位置。看啊，它站起来是为了掏蜂蜜。它的前掌厚实有力，一定不怕蜜蜂叮咬！”

熊为什么要捅蜂窝？

熊捅蜂窝的原因之一当然是熊要吃蜂蜜。蜂蜜是杂食动物熊的最主要的糖分来源。熊不仅吃蜂蜜，还会食用蜂窝内的蜜蜂与蜜蜂幼虫，它们对熊而言更是重要的蛋白质来源。需要注意的是，分布在全世界的八种熊科动物中，喜爱蜂蜜的仅有棕熊、亚洲黑熊、美洲黑熊与马来熊四种。其余四种熊科动物中，北极熊为纯食肉动物，眼镜熊喜爱水果，懒熊偏爱白蚁，而大熊猫是基本上只吃竹子的狭食动物。

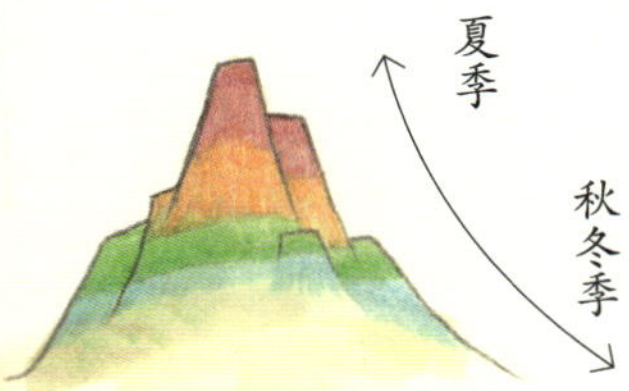

熊在山地垂直迁徙示意图

熊掌细节图

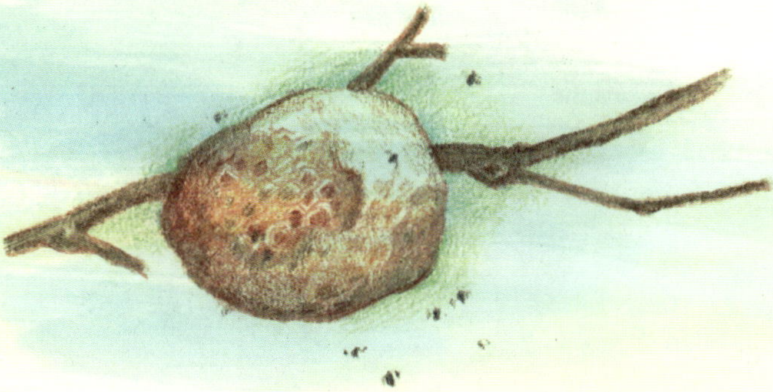
熊爱吃的食物——蜂蜜

18

pí

罴

原文

又西三百二十里，曰嶓冢之山，汉水出焉，而东南流注于沔；嚣水出焉，北流注于汤水。其上多桃枝、钩端，兽多犀、兕、熊、罴，鸟多白翰、赤鷩。

——《山海经·西山经》

译文

再往西三百二十里是嶓冢山，汉水发源于此，然后向东南流入沔水；嚣水也发源于此，向北流入汤水。山上到处是葱茏的桃枝竹和钩端竹，野兽多为犀牛、兕、熊、罴，禽鸟多为白翰和赤鷩。

“咦，这儿也有一头熊？”小遇感到非常奇怪。

“那是罴。”大眼睛老师解说道，“古籍中经常出现它的名字，传说黄帝还曾训练它帮助自己打仗呢！现在的人们一般认为罴是棕熊。你们看，它背对我们坐着的样子是不是很像人？”

小海回答道：“真的好像啊！它是不是正在吃东西？它的舌头上还有密密麻麻的倒刺呢！”

动物舌头上的倒刺是做什么用的？

许多动物的舌头上都有倒刺。当家里的猫打哈欠的时候，我们能清楚地看到它舌头上的倒刺。这些倒刺被称为乳头或乳突，看起来像微小的钩子，它们就像人的指甲一样，是由角蛋白构成的。这些乳突的作用有很多，例如使食肉动物可以用最快、最有效的方式从骨头上剥肉，享用食物；动物在喝水时，舌头上的乳突可以帮助它们将水卷入口中，而不需要把整张嘴都浸入水里。

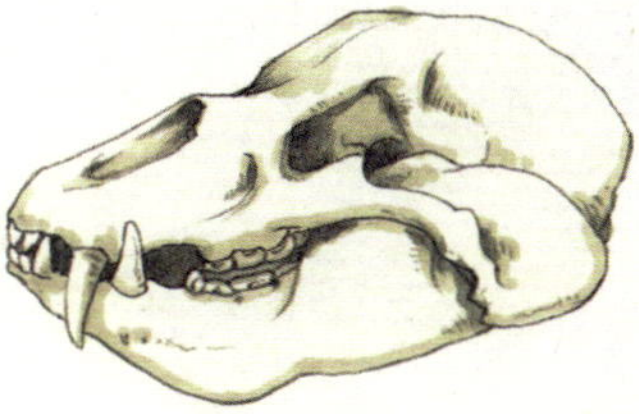

罴的头骨

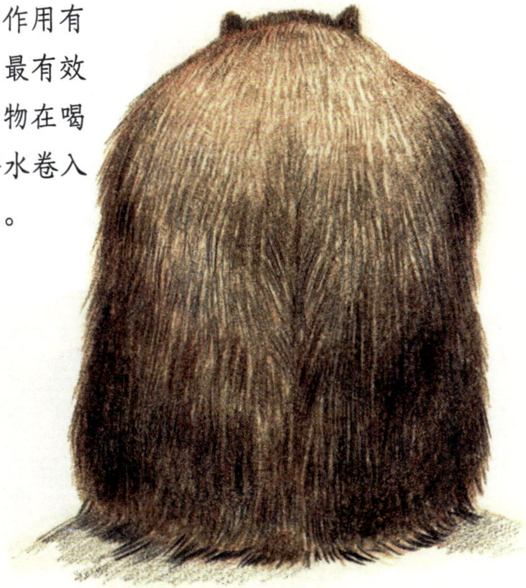

罴坐姿背影图

19

yù

寓

原文

又北三百八十里，曰虢山，其上多漆，其下多桐、椐（jū）。其阳多玉，其阴多铁。伊水出焉，西流注于河……其鸟多寓。状如鼠而鸟翼，其音如羊，可以御兵。

——《山海经·北山经》

译文

再往北三百八十里是虢山，山上是茂密的漆树，山下是茂密的桐树和椐树。山的南面盛产玉石，山的北面盛产铁。伊水从这座山发源，向西流入黄河……禽鸟大多是寓鸟。它的外形与老鼠相似，却长着鸟一样的翅膀，发出的声音像羊叫。它可以防御兵祸。

“那边的树枝上趴着一只大老鼠！”小山兴奋地伸出手想捉来看看。小遇却忍不住惊叫起来，她有些害怕老鼠。

大眼睛老师连忙安慰小遇，接着对小山说：“仔细看，它前肢有折叠起来的翅膀，尾巴上也有膜状结构，这些都是用来帮助它飞翔的。”

长翅膀的都是鸟类吗？

有些动物会飞，但并不属于鸟类，而可能是哺乳动物，例如蝙蝠。鸟的翅膀上长有特殊排列的飞羽，当翅膀不断上下扇动时，会产生一股气流托着它们的身体快速向前飞行。蝙蝠的飞行方式和鸟类不同，它们飞行时，主要依靠的是前肢上的翼膜。

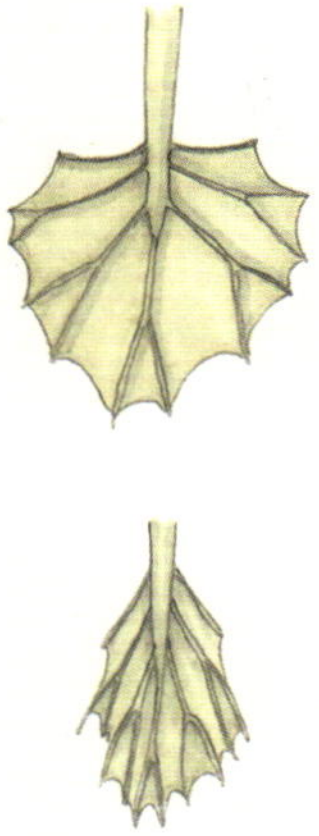

寓的尾翼展开（上）与收拢（下）示意图

寓飞行示意图

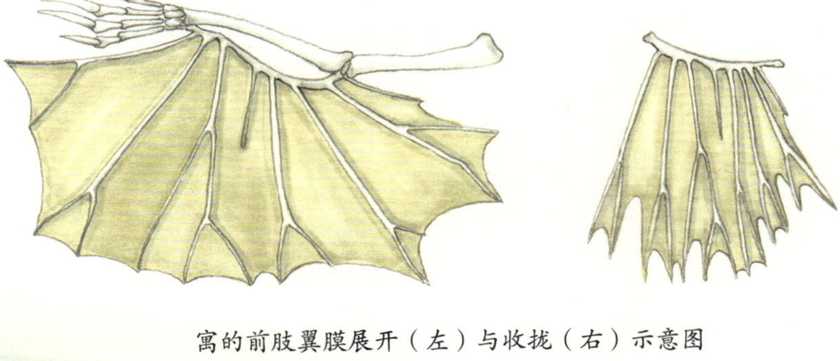

寓的前肢翼膜展开（左）与收拢（右）示意图

20

jué rú
玃如

原文

西南三百八十里，曰皋涂之山，蔷水出焉，西流注于诸资之水；涂水出焉，南流注于集获之水。其阳多丹粟，其阴多银、黄金，其上多桂木……有兽焉，其状如鹿而白尾，马足人手而四角，名曰玃如。

——《山海经·西山经》

译文

往西南三百八十里是皋涂山，蔷水发源于此，向西流入诸资水；涂水也发源于此，向南流入集获水。山的南面到处是粟粒大小的丹砂，山的北面盛产银、黄金，山上到处是桂树……山中有一种野兽，它的外形像鹿，却长着白色的尾巴、马一样的脚蹄、人一样的手，还长着四只角，名字叫玃如。

观光车开进了一处山谷。这里有一条大河，两岸绿草如茵，开满了五颜六色的野花。一群形似梅花鹿的动物从这里经过，它们温和地向参观者投来好奇的目光。

“它们的前肢好特别，和人的手一样。”小海说。

大眼睛老师说：“对，这正是玃如的特殊之处。它们的这对前肢可以抓握，可以采集食物等。除此之外，它们的角也和梅花鹿的不同，它们前后共有两对角。”

动物的角有感觉吗？

在回答这个问题之前，我们先要知道，不同动物的角是由不同物质构成的，因此就有不同的情况。

鹿的角一般有两个生长阶段，生长期的鹿角上覆盖着一层鹿茸，此时的鹿角上有血管，当然会有感觉；当鹿角生长完成，流向鹿茸的血液会被切断，鹿茸脱落，因此也就不会有感觉了，此时的鹿角便可以作为武器使用。牛角是由一个被角蛋白鞘覆盖的骨质核心组成的，可以理解为表面无感觉，但牛角折断的感觉仿佛骨折一样。犀牛角几乎完全由角蛋白组成，就像人的指甲一样，所以完全无感觉。

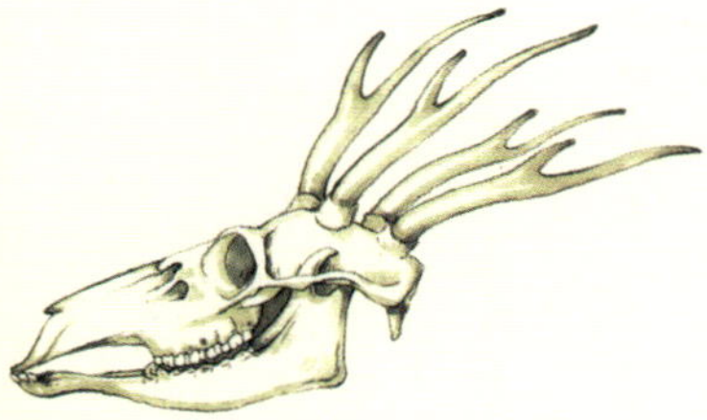

玃如的头骨

21

shān huī
山猍

原文

又北二百里，曰狱法之山。瀤（huái）泽之水出焉，而东北流注于泰泽……有兽焉，其状如犬而人面，善投，见人则笑，其名曰山猍，其行如风，见则天下大风。

——《山海经·北山经》

译文

再往北二百里有座狱法山。瀤泽水从这座山发源，然后向东北流入泰泽……山中有一种野兽，它的外形像狗，却长着人一样的面孔，擅长投掷，一看见人就嬉笑，名字叫山猍。它行走起来就像一阵风，一出现天下就会起大风。

大眼睛老师说：“传说山猈是风的化身。它奔跑时，身体可以任意拉伸扭曲，甚至能变化成不同形态。它会带起狂风，摇落树上的果实，并发出呼啸的声音。一会儿我们到了那里，可以仔细地听一听。”

动物能一直飞快地奔跑吗？

不能。因为动物在奔跑的过程中，不但要不断地消耗能量，同时还会产生大量的热量。若不能及时散热的话，它们的身体就会出问题。例如陆地上跑得最快的动物猎豹，它们能够承受的连续奔跑时间最多只有3分钟，否则便可能因身体过热等原因出问题。而像马这种以长跑著称的动物，它们连续奔跑的时间最多也只有几个小时。

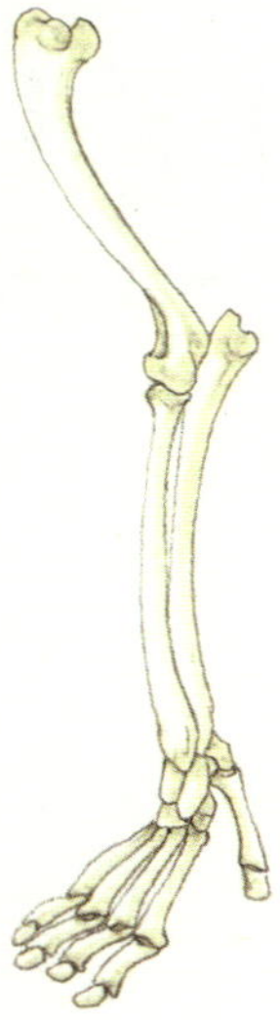

山猈足骨图

山猈遗留的毛发

山猈变化姿态示意图

22

shú hú

孰湖

原文

西南三百六十里，曰崦嵫（yān zī）之山，其上多丹木……其阳多龟，其阴多玉。苕（tiáo）水出焉，而西流注于海，其中多砥砺。有兽焉，其状马身而鸟翼，人面蛇尾，是好举人，名曰孰湖。

《山海经 · 西山经》

译文

西南三百六十里，有座山叫崦嵫山，山上生长着茂密的丹树……山南面有很多乌龟，山北面到处是玉石。苕水从这座山发源，然后向西流入大海，水中有很多磨刀石。山中有一种野兽，它长着马一样的身子、鸟一样的翅膀、人一样的面孔和蛇一样的尾巴，很喜欢把人举起来，它的名字叫孰湖。

观光车继续向前行驶。大奇发现不远处的树丛中似乎出现了一个人！太危险了，他怎么没有待在自己的观光车里？当观光车离那个人更近的时候，大奇才看出那是一只长着人脸的动物。除了脑袋，它身体的其他地方更像是一匹马，而且还长有一对翅膀！

大眼睛老师说："别害怕，那是孰湖。它很温和，喜欢用尾巴把人缠住，然后举起来。"

有翅膀的动物都会飞吗？

会飞的动物都长有翅膀，但并非所有长翅膀的动物都会飞。一部分鸟类，例如企鹅、非洲鸵鸟、美洲鸵、小美洲鸵、鹤鸵、鸸鹋等均长有翅膀而无法飞翔。在昆虫纲的步甲科中，有些物种虽然生有完整的鞘翅，却不具备飞行能力。类似的情况在自然界中并不少见，在这里我们就不一一列举了。

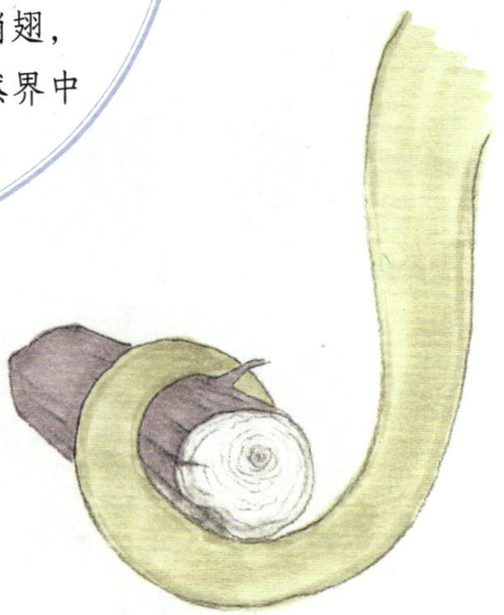

孰湖以尾举物示意图

23

pí jiǔ

罴九

原文

又北五百里，曰伦山。伦水出焉，而东流注于河。有兽焉，其状如麋，其川在尾上，其名曰罴九。

——《山海经·北山经》

译文

再往北五百里是伦山。伦水发源于此，然后向东流入黄河。山中有一种野兽，它的外形像麋鹿，肛门长在尾巴上面，名字叫罴九。

大眼睛老师告诉大家，前面的针叶林里生活着一群性情温和的动物，叫罴九。它们刚出生时就长有蓝色的毛发，而且能立即站立和行走。通常罴九妈妈会带着幼崽优雅地漫步在山林之间，巡视着山林中的一草一木。在绿色植物的衬托下，罴九透亮的蓝色皮毛和晶莹的红色鹿角显得更加漂亮。

罴九解剖图

为什么有的动物一出生就能站起来？

绝大部分的有蹄类动物，例如马、牛和羚羊的幼崽都能在出生后很快独自站立，并在短时间内就能随着父母奔跑，这是它们躲避众多捕食者的必备生存技能。

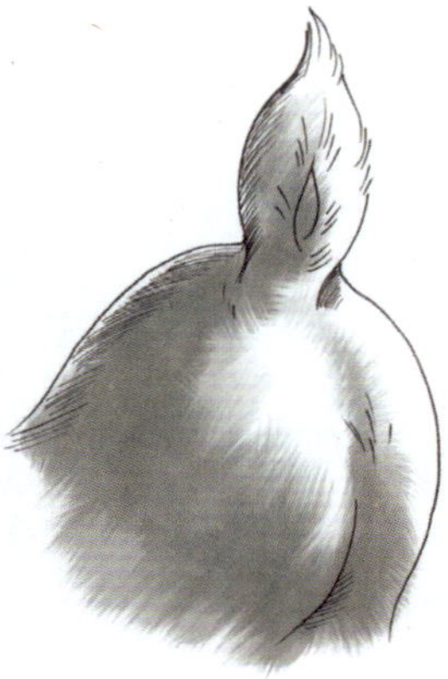

罴九尾部细节图

真有动物的肛门长在尾巴上吗？

自然界中，虽然没有肛门长在尾巴上的动物，但确实有一些动物的肛门与众不同，例如各种扁虫的消化道只有一个开口，进食和排泄都通过这个开口来完成。

24

gé dàn
獦狚

原文

又《东次四经》之首，曰北号之山，临于北海。有木焉，其状如杨。赤华，其实如枣而无核，其味酸甘，食之不疟。食水出焉，而东北流注于海。有兽焉，其状如狼，赤首鼠目，其音如豚，名曰獦狚，是食人。

——《山海经·东山经》

译文

《东次四经》所记录的东方第四列山系的第一座山叫北号山，屹立在北海边上。山中有一种树，这种树外形像杨树，开红色的花朵，果实与枣相似，没有核，味道酸中带甜，吃了它就不会患疟疾。食水发源于此，然后向东北流入大海。山中有一种野兽，它的外形像狼，长着红脑袋和老鼠一样的眼睛，叫声如同小猪叫，名字叫獦狚，能吃人。

“那是什么动物？它长得好可怕！”小遇问道。

大奇他们看过去，只见一只长相凶恶的动物正撑起身子朝他们张望。它非常壮硕，红色的脑袋让它看上去有些狰狞。

大眼睛老师说道：“那是獦狚，它是典型的肉食性动物，传说是会吃人的。我们千万要小心，绝对不要靠近它。”

大奇和小遇一齐点头。大奇忍不住又看了它一眼，说道：“你们看它脑袋后面的长毛，是不是有点儿像鬣狗呀？”

动物为什么会长出长长的鬃毛？它们有什么作用呢？

鬃毛指的是马、猪和狮子等哺乳动物颈部周围的长毛。哺乳动物身上的毛发是在激素的调节下生长的，鬃毛也一样。鬃毛的基本作用是保护颈部，减轻敌人的伤害。除此之外，鬃毛还有别的功能。例如在狮子的族群中，唯有雄狮长有鬃毛，其作用是吸引雌狮。

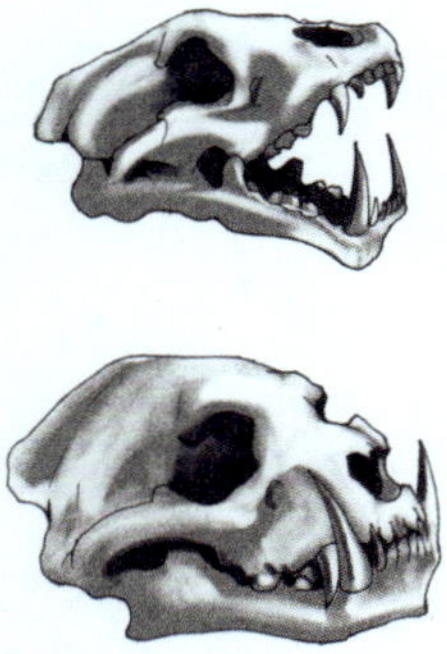

獦狚头部骨骼图

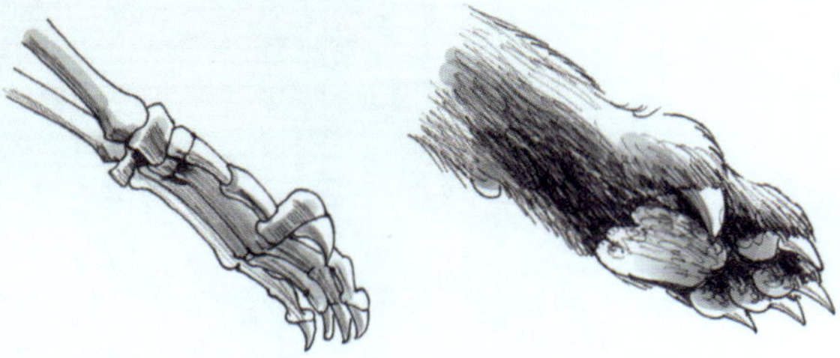

獦狚掌部图

25

tōng tōng

狪狪

原文

又南三百里，曰泰山，其上多玉，其下多金。有兽焉，其状如豚而有珠，名曰狪狪，其鸣自训。

——《山海经·东山经》

译文

往南三百里是泰山，山上盛产玉，山下盛产金。山中有一种野兽，它的外形像猪，体内有珠子，名字叫狪狪，叫声就像是在呼喊自己的名字。

“好可爱的小猪啊！”小遇叫起来。远离了可怕的食人兽之后，小遇的心情很快好了起来。

“那是狪狪。”大眼睛老师说，“它们虽然长着獠牙，但只是用来觅食，它们一般不会用獠牙攻击人或别的动物。传说狪狪还有一种神奇的技能，能像贝壳一样产出珍珠，不知道它们是怎样做到的。”

珍珠是怎么产生的？

珍珠是在牡蛎和贻贝等双壳类动物体内产生的，本质上是这些双壳类动物对刺激物进行自然防御的产物。当寄生虫、沙砾等刺激物进入双壳类动物的壳，或是这些双壳类动物的身体出现损伤时，它们会慢慢分泌出一种特殊物质，形成珍珠质，也叫珍珠母，用它包裹住刺激物，于是就形成了珍珠。

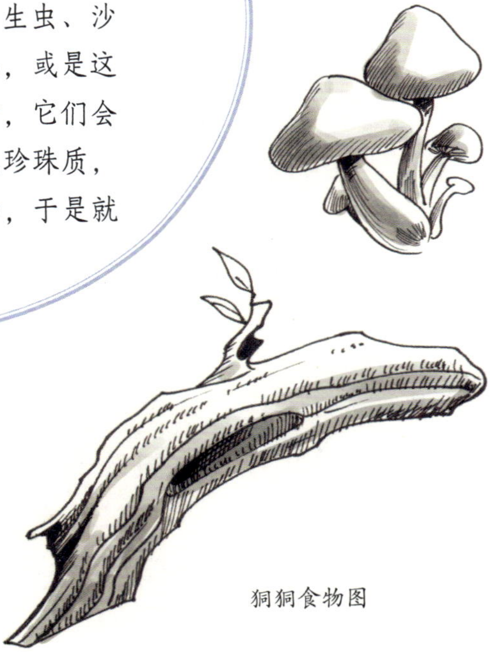

狪狪食物图

26

jīng jīng

精精

原文

又南水行九百里，曰踇（mǔ）隅（yú）之山，其上多草木，多金、玉，多赭（zhě）。有兽焉，其状如牛而马尾，名曰精精，其鸣自叫。

——《山海经·东山经》

译文

再往南行九百里水路是踇隅山，山上有茂密的花草树木，有丰富的金和玉石，还有许多赭石。山中有一种野兽，它的外形像牛，却长着马尾，名叫精精，叫声就像是在呼喊自己的名字。

小山看到一只动物幼崽，没有低头吃草，而是在它妈妈的肚子下喝奶。它妈妈的嘴巴一动一动的，似乎在咀嚼什么。

大眼睛老师小声说：“它们叫精精。幼崽出生后，会跟随群体活动。一开始幼崽太小，还不会吃植物，需要喝妈妈的乳汁。等它们长大些，就能自己咀嚼植物了。它们的牙齿非常适合碾碎植物。除此之外，它们还有反刍的习性。反刍可以帮助消化。”

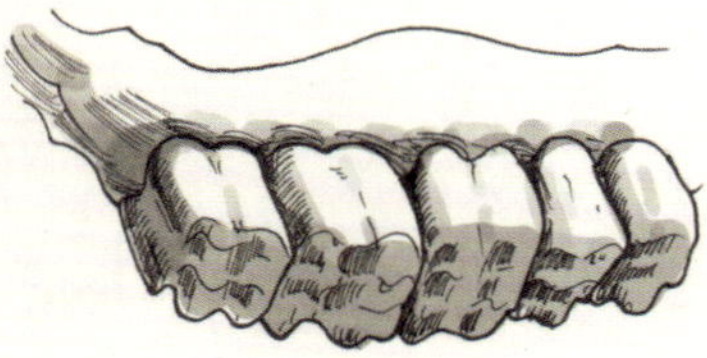

精精齿部细节图

什么是反刍？

反刍，俗称倒嚼，是指某些动物进食后经过一段时间，会将半消化的食物从胃里返回嘴里再次咀嚼。反刍行为主要出现在哺乳纲偶蹄目的部分草食性动物身上，例如羊和牛，这些动物被统称为反刍动物，归属于反刍亚目。

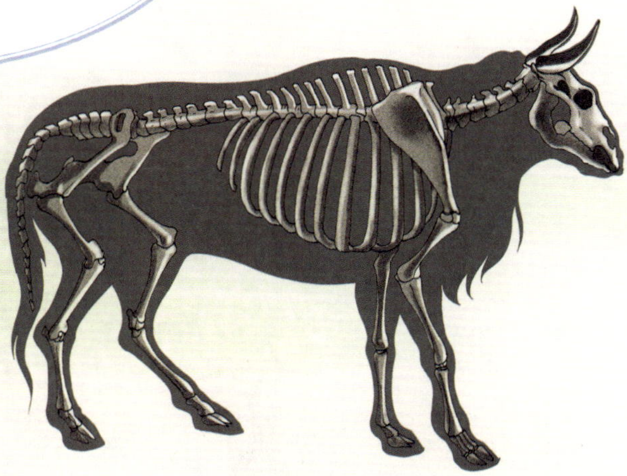

精精骨骼图

27

bái lù

白鹿

原文

又北百二十里，曰上申之山，上无草木，而多硌石，下多榛、楛，兽多白鹿。

——《山海经·西山经》

译文

再往北二十里是上申山，山上没有花草树木，到处是大石头，山下是茂密的榛树和楛树，野兽以白鹿居多。

一路上，孩子们有说有笑，观光车里好不热闹。观光车开过一处河谷。河边是青青的草场，一群白鹿在水边悠闲地散步。

这些白鹿太漂亮了，它们浑身雪白，和大奇、小遇在森林里遇到的那只一模一样。小遇呼唤着其中的一只白鹿，然后赶紧把胡萝卜伸出车外。不过，令她苦恼的是，越来越多的白鹿聚集到了车的周围，她的胡萝卜不够分了。

大眼睛老师不断提醒大家：“不要用手去碰白鹿，尤其不要摸鹿角。”

动物为什么会白化？

自然界中，动物的白化其实是由于动物体内的细胞不能产生黑色素。黑色素是皮肤、鳞片、眼睛和头发着色所需要的色素，如果缺少黑色素，不论是人还是动物都会失去原本的颜色，呈现出白色或粉红色的外观。白化的人与动物更容易出现被晒伤、患皮肤癌等问题。

野生动物出现白化现象，会让它们面临生存困境，因为对捕食者来说，白化的动物在野外更加显眼，更容易成为捕猎目标。

白鹿成年（上）与幼年（下）形态对比图

白鹿跳跃姿势图

28

hǔ

虎

原文

西南三百里，曰女床之山，其阳多赤铜，其阴多石涅（niè），其兽多虎、豹、犀、兕。

——《山海经·西山经》

译文

往西南三百里是女床山，山的南面盛产赤铜，山的北面盛产石涅，山中多老虎、豹子、犀牛和兕。

大眼睛老师说：“虎是典型的山地林栖动物，从热带雨林到亚寒带的针阔叶混交林，它们都能很好地生存。《山海经》中经常出现关于虎的记载，说明在很久很久以前，这种大型猛兽就广泛地分布在我们生活的大地上。直到现在，它们仍是我们心中不变的‘兽中之王’。”

虎头上的花纹为什么很像汉字“王”？

据动物学家考证，老虎约在200万年前起源于亚洲东部，那时候还没有人类的文明，也没有形成文字。而在我们现存的许多古代文献中，关于老虎的记载十分丰富。我们的先民曾和老虎长期生活在同一片土地上。因此有些学者推测，在图腾崇拜盛行的时代，先民们观察到虎额头上的“王”字图案之后，认为这个图案很能体现老虎的王者之气，从而在象形文字中创造了“王”的字形。

全身金黄色的老虎，在绿色的丛林中不是很容易被发现吗？

老虎浑身长着的金黄色的皮毛，是为了适应自身的生存模式，世代演化而来的。其实大多数哺乳动物都无法像人类一样分辨周围环境的颜色，它们很多都是色盲。例如老虎的猎物鹿、马、羊等，基本上都是红色色盲，这些动物很难分清老虎的毛色与周围环境的颜色差异，在它们眼里只有深浅不同的蓝色和绿色。因此，人类觉得亮眼的金黄色，在老虎的这些猎物眼中其实并不显眼。

离开这片神奇的区域后，大家还在意犹未尽地四下张望。大眼睛老师告诉大家，这片紫色的丛林中还有很多奇花异草，是这些动物赖以生存的食物来源。所以我们不仅要保护好动物们，也要保护好动物生存地的生态环境，既不能随意污染水源，也不能破坏植被。

地球是我们共同的家园，一草一木都和无数生命息息相关。保护动物们的安全繁衍，保护山山水水的纯净秀美，就是在保护整个生态系统的和谐稳定。大家都应该从自己身边事做起，无论去哪里参观，都尽量多多保护动植物和其所处的环境，而不是肆意采摘植物、猎杀动物、破坏环境。

SHAN HAI JING LI DE SHENQI DONGWU 2.YUMEN GUAN
山海经里的神奇动物 2.禺门馆

出版统筹：汤文辉　　封面设计：苏　玥
质量总监：李茂军　　内文制作：高巧玲
选题策划：张国辰　　视觉绘制：吕　洋　茶水间工作室
　　　　　兰心仪　　　　　　　秦　卓
责任编辑：戚　浩　　内容顾问：师　旭　程超源
特约编辑：兰心仪　　　　　　　俞永祥　陈之旸
营销编辑：宋婷婷　　　　　　　马雪云
　　　　　金　梦　　责任技编：郭　鹏

图书在版编目（CIP）数据

山海经里的神奇动物. 2, 禺门馆 / 五色神石编著. --桂林：广西师范大学出版社，2022.7
ISBN 978-7-5598-5010-2

Ⅰ. ①山… Ⅱ. ①五… Ⅲ. ①历史地理－中国－古代－青少年读物②动物－青少年读物 Ⅳ. ①K928.626-49②Q95-49

中国版本图书馆 CIP 数据核字（2022）第 090981 号

广西师范大学出版社出版发行
（广西桂林市五里店路 9 号　邮政编码：541004
网址：http://www.bbtpress.com）
出版人：黄轩庄
全国新华书店经销
北京博海升彩色印刷有限公司印刷
（北京市通州区中关村科技园通州园金桥科技产业基地环宇路 6 号
邮政编码：100076）
开本：787 mm × 1 092 mm　1/16
印张：4.25　　字数：80 千字
2022 年 7 月第 1 版　　2022 年 7 月第 1 次印刷
定价：198.00 元（全 6 册）

山海经里的神奇动物

五色神石　编著

③

毛门馆

GUANGXI NORMAL UNIVERSITY PRESS
广西师范大学出版社
·桂林·

序言

这套书叫作《山海经里的神奇动物》。小朋友们可能最先会提两个问题：什么是《山海经》？什么是神奇动物？

先来回答“什么是《山海经》”。

《山海经》是一本从古代流传下来的奇书，最早被人们当作记录上古时期山川、河流和物产的地理志，但阅读它的人们逐渐发现，这本书所展现的世界是如此奇幻，到处是奇异的植物和动物，和现实世界完全对不上啊！同时，人们还在书中发现了原始版本的神话故事，例如夸父追日、精卫填海、大禹治水等。看来《山海经》不仅记录地理，还记录了神话、历史、天文、历法、民俗等。虽然有人认为其中的一些记载是荒诞不经、无法被证实的，然而正是这份荒诞不经，为我们打开了想象之门，让这个书中描绘的世界充满了奇思妙想，显得生动而鲜活。

既然《山海经》的价值那么高，为什么很少有人去阅读呢？这是因为《山海经》写成的年份太久远了，一般认为是在春秋至东汉之间，那时候人们用的语言和文字都与今天有很大差别，加上历经很多年的流传和转抄，存在一些错漏和散佚的地方。以今天小朋友们的知识储备，是很难直接阅读原文的，甚至许多学富五车的老前辈也不敢说自己能完全理

解《山海经》。

可我们为什么仍然要推荐小朋友们去认识、阅读《山海经》呢？因为阅读《山海经》时，不同的人可以享受到不同的阅读乐趣。小朋友们不仅可以了解《山海经》里记录的神奇动物，还能以童心童趣与懵懂天真的上古人类进行心灵交流。我们就是想让小朋友们知道，中国的经史子集，不仅有严肃的创作态度，还有天马行空的浪漫想象。

接着回答“什么是神奇动物”。

我们在生活中会看到各种各样的动物，例如陪伴人们的宠物猫、宠物狗，动物园里的大象、狮子，随处可见的小昆虫，等等。正因为我们在生活中能够观察到、接触到这些动物，产生了一定的熟悉感，所以不觉得它们神奇。而《山海经》里记载的动物，往往是多种常见动物的融合体，习性也很特殊，这就打破了我们的熟悉感，使我们不免要惊叹，要发问：“世界上真的存在这么神奇的动物吗？”这样惊奇的感觉，很能激发人们对学习动物知识的热情。

这套书要展示什么呢？

我们想展示《山海经》世界中的神奇动物，除此之外，还想介绍虎、狼等现实中的动物，从而构建一个奇幻的野生动物园。小朋友们在里面畅快地“游览”，既能体验到《山海经》里记载的动物的神奇之处，又能获得关于动物的科学知识。

为了贴近现实中的动物园，我们把所有需要介绍的动物做了分类。不同于现代生物学上纲目科属的分类方法，我们借用古代的五虫纲思想，按照《大戴礼记》中的“毛羽昆鳞嬴”来

分类，使其分别代表五类动物。毛虫类就是身上被毛的动物，以麒麟为代表；羽虫类就是有翅膀、带羽毛的鸟类，以凤凰为代表；昆虫类是指带甲壳的动物，除了今天我们熟悉的一些节肢动物以外，贝类、螃蟹等水生动物也归为此类，以玄龟为代表；鳞虫类指的是身上带鳞的动物，主要代表为鱼类；而蠃虫类也称为裸虫类，指的是没有毛也没有鳞，裸露着皮肤的动物，包括青蛙、蚯蚓等，也包括人。

在《西游记》中，如来佛祖曾说：“周天之内有五仙：乃天、地、神、人、鬼；有五虫：乃蠃、鳞、毛、羽、昆……又有四猴混世，不入十类之种。”加上孙悟空大闹地府的时候，一口气把猴类的名字都勾了，也让猴子成了神话中别样的门类，志怪小说和民间传说中都常见它们的身影。因此我们把这些神通广大的猴子也单独分了一类，称为禺。

不过，经过这样分类，各类动物的数量悬殊，我们只好再加一条分类标准，那就是动物的栖息环境：森林、冰原、荒漠、溪流、海洋等。让拥有相似习性的动物生活在同一环境中，形成一个完整的模拟生态系统。这样一来，我们构建的山海经野生动物园，就被分为了蠃门馆、鳞门馆、毛门馆、羽门馆、昆门馆和禺门馆。

了解完以上内容，相信各位小朋友已经准备好了，那就开始我们这趟特殊的“游览”旅程吧！

中国科学院动物研究所
程超源 博士

小遇
大奇
大奇、小遇的父母
小山
大眼睛老师
小海

观光车在蜿蜒曲折的道路上行驶，附近的树木越来越稀疏，周围的空气也逐渐寒冷起来。大眼睛老师解释说：“我们马上就要进入毛门馆了，这里大多是较为耐寒的动物，所以馆内的环境也像一个冰雪世界。”

在这里，观光车再一次变换形态，成了一辆缆车，在缆绳的牵引下平稳地悬挂在半空中。孩子们向下望去，小草的叶片上套着一层冰衣；小溪和湖泊都已封冻起来，看不见鱼儿的踪影；漫天飞舞的雪花无声而美丽，让人心动。

虽然观光车外寒冷无比，却不能扑灭孩子们的热情。大眼睛老师指导大家从车座下方拿出防寒衣：“我们的旅途还很长呢，大家可千万不要在半途中感冒哟。”

目录

01

mí

麋

原文

又西三百五十里，曰西皇之山，其阳多金，其阴多铁，其兽多麋、鹿、㸲牛。

——《山海经·西山经》

译文

再往西三百五十里，有座山叫西皇山，山的南面多出产金，山的北面多出产铁，山中的野兽以麋、鹿、㸲牛居多。

孩子们望见远处的沼泽地里有动物在游走，它们的蹄子发出了响亮的磕碰声。

大眼睛老师说道：“沼泽里的动物叫麋，它们身躯庞大，四肢纤细。粗壮的颈部覆盖着厚厚的鬃毛，这些鬃毛不会轻易地被水沾湿，能够有效地抵御长期水行带来的寒冷。它们的蹄子宽大，分成两瓣，蹄间有皮腱膜，所以它们踩在沼泽上不会陷下去。”

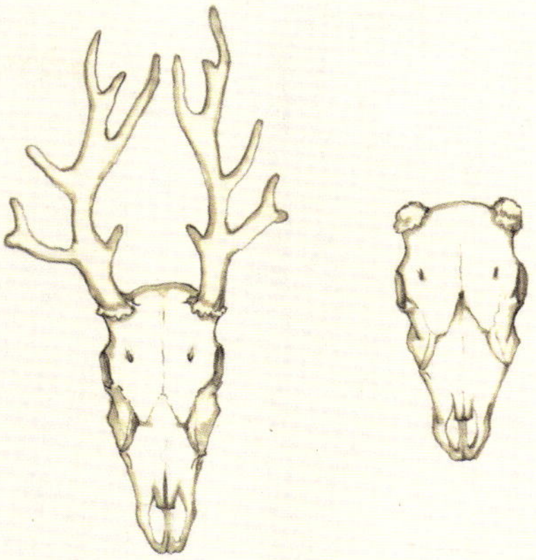

雄（左）雌（右）
麋的头骨对比图

鹿科动物中，为什么有的长角，有的不长呢？

几乎所有的鹿科物种都是雄性长有鹿角而雌性无角，所以观察有没有角是分辨雄性和雌性的有效方法，不过也存在例外，例如，驯鹿就是雌雄都长角，而獐则是雌雄都不长角。

鹿的角为什么有大有小呢？

一般鹿会在出生后的第二年开始长角，到了第三年，经过更换的鹿角会比前一年的鹿角多出一个分叉，而后分叉的数量逐年增加。所以年龄不同的雄鹿的鹿角大小不同。对于同一种类的鹿来说，鹿角大小的不同体现了它们的年龄差异。

而不同种类的鹿的鹿角大小也存在差异，一般和它们的体形大小相关，例如，中型家犬大小的黄麂只有一对长7～10厘米、结构简单的角，而体形巨大的驼鹿则长有一对铲形大角，仅角间距就可达到1.8～2米。

02

tǔ lóu
土蝼

原文

西南四百里，曰昆仑之丘，是实惟帝之下都，神陆吾司之……有兽焉，其状如羊而四角，名曰土蝼，是食人。

——《山海经·西山经》

译文

往西南四百里，有座山叫昆仑山，这里其实是天帝在下界的都邑，由天神陆吾主管……山中有一种野兽，外形像羊，却长着四只角，名叫土蝼，是吃人的野兽。

“看，那边山的峭壁上好像站着一头山羊！它站得好高啊！”大奇指着高处，兴奋地说道。

大眼睛老师看了看标牌说道：“那种动物叫土蝼。它虽然长得像羊，却是食肉动物，非常凶猛，会攻击人类。你们看它头顶长着的四只角，分为前后两组：前面一组细短，微微向前弯曲；后面一组粗大，有明显的环棱。这些角并不是它用来战斗的武器，而是用于炫耀的装饰。”

蹄子纤细的动物擅长登山吗？

常年生活在崇山峻岭中的有蹄类动物之所以能在悬崖峭壁上攀登自如，依靠的恰是它们那纤细的蹄子。例如在中国南方诸多省份常见的中华鬣羚，它们的蹄子由两个紧密靠在一起的蹄组成，前端窄尖，后端宽阔，四周环以角质，中央则非常柔软，像一个吸盘，让它们能够在陡岩上稳稳地站立或跳跃。不仅如此，中华鬣羚的蹄子底部还有灵敏的触觉神经，受到刺激后，大脑会立刻做出反应，调节身体重心，保持平衡。与中华鬣羚类似的还有斑羚、塔尔羊等。

食草动物和食肉动物的牙齿有什么区别？

动物牙齿的差异主要取决于食物的不同。食肉动物，例如老虎、狮子等，需要依靠牙齿捕猎，因此犬齿发达且锐利；臼齿上面有锋利的齿峰，便于撕裂猎物，也被称为裂齿；门齿则相对较小。食草动物的犬齿通常不发达或没有；臼齿一般宽大而厚实，用于磨碎粗糙的植物茎叶；有些食草动物的门齿也非常宽大，用来切割植物。

03

jiǎo

狡

原文

又西三百五十里，曰玉山，是西王母所居也……有兽焉，其状如犬而豹文，其角如牛，其名曰狡，其音如吠犬，见则其国大穰。

——《山海经·西山经》

译文

再往西三百五十里，有座山叫玉山，这是西王母居住的地方……山中有一种野兽，外形像狗，却长着豹子的斑纹，头上的角与牛角相似，它的名字叫狡，发出的声音如同狗叫。它在哪个国家出现，哪个国家就会五谷丰登。

听说土蝼会吃人，大奇赶紧转移视线，很快他又被一只动作灵巧的动物吸引了目光。

“那是一条细长的猎犬吗？”大奇问。

“不不不，它还长着角呢，一定是一头小牛。”小海接话道。

大眼睛老师笑着说：“都不是。这种动物的名字叫作狡，它的家乡是西王母居住的玉山，那里是神话中的仙境。而狡本身是特别吉祥的动物，传说它一旦出现，就表示人们将要迎来大丰收。你们看，狡总是低着头走路，一方面是因为它的后腿比前腿长，头上的角也比较重，所以它就驼起了背；另一方面是因为它正在低头寻找毁坏庄稼等植被的小动物，那些小动物通常是狡的食物。”

动物的后腿都比前腿长吗？

一般情况下，动物在行走和奔跑时依靠后腿发力，前腿则主要起到配合后腿行动与转向的作用，因此动物的后腿要长于前腿。但也有例外，例如长颈鹿，它经常需要昂起头，抬起上半身才能吃到高处的树叶，于是整个身体也就进化成了自臂至肩斜向上的形状，所以长颈鹿的前腿也就自然而然地长于后腿了。此外，灵长目的几种猿类动物，例如长臂猿、猩猩和大猩猩，出于觅食、筑巢等方面的需要，其前肢通常也都长于后肢，而且前肢比后肢更为强壮。

狡足肢肌肉
及肉垫分布图

04

tiān gǒu

天狗

原文

又西三百里，曰阴山。浊浴之水出焉，而南流注于蕃泽，其中多文贝。有兽焉，其状如狸而白首，名曰天狗。

——《山海经·西山经》

译文

再往西三百里，有座山叫阴山。浊浴水从这座山发源，然后向南流入蕃泽，水中有很多五彩斑斓的贝壳。山中有一种野兽，外形像野猫，长着白色的脑袋，名字叫天狗。

小遇喊道：“快看，那里有只猫好漂亮啊！真想抱抱它。”

大眼睛老师说道：“那不是猫，而是天狗。”

“天狗？是会吃月亮的那个天狗吗？”大奇不禁问道。

大眼睛老师解释道：“那倒不是。天狗的名字中虽然有‘狗’字，可是它们的外形看起来更像猫，只不过它们的体形要比猫大上许多。它们的头非常圆，由于脖颈较短，身躯粗壮，整体看上去有些肥胖。可千万别因此小瞧了它们，天狗是非常出色的猎手，不仅拥有可以伸缩的趾爪，它们那双赤红的眼睛在夜间也能看清猎物。唯一的缺陷可能是嗅觉不够灵敏吧，这也是它们不同于狗的地方。”

狗的味觉和视觉也像它的嗅觉那样灵敏吗？

狗的嗅觉十分灵敏，因此它在寻找食物的时候非常依赖嗅觉。狗的味觉并不发达，因为味蕾有限，而且大部分都集中在舌尖，所以狗在味觉上对食物的要求不高。狗的颜色分辨能力也有限，只能辨识蓝、黄、黑、白、灰五种颜色，所以也不能依靠视觉来寻找食物。这两个原因导致狗看到食物时，会先闻一闻，然后才考虑要不要吃。

天狗（上）与猫（下）
体形示意图

05

ào
傲
yē
䝟

原文

又西二百二十里，曰三危之山，三青鸟居之。是山也，广员百里。其上有兽焉，其状如牛，白身四角，其豪如披蓑，其名曰傲䝟，是食人。

——《山海经·西山经》

译文

再往西二百二十里，有座山叫三危山，三青鸟栖息在这里。这座山方圆百里。山上有一种野兽，外形像牛，长着白色的身子和四只角，身上的硬毛又长又密，好像披着蓑衣。它叫傲䝟，能吃人。

“快看，前面有一群奔跑的野牛！”小山兴奋地喊道。

这么多野牛一起奔跑，让人觉得大地都震动起来了。小伙伴们难免有些害怕，好在观光车和那群野牛保持着相当远的距离。

大眼睛老师转过身来，告诉大家：“那些不是野牛，而是酷似野牛的徽徊。它们长着一身长毛，头上长着两对角，一对指向天空，另一对近乎水平，近乎水平的那对角的角身略有弯曲。这两对角漆黑发亮，尖锐锋利，杀伤力非常大，而且它们还长着獠牙，据说会吃人呢！”

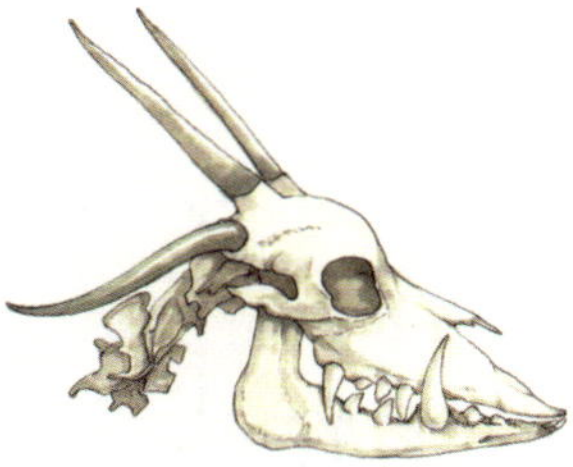

徽徊头骨侧视图（上）与正视图（下）

牛会吃肉吗？

不会。牛并不吃肉，这是由它们的生理结构决定的。牛是纯正的草食性动物，它们的消化系统只能消化植物性纤维，虽然牛在吃草的过程中有可能不经意吃掉了一些虫子，获取了动物性蛋白，但是数量通常可以忽略不计。牛如果大量吃肉的话，那它的消化系统是承受不了的。曾经有人尝试过把一些肉骨粉掺入饲料里喂牛，企图让牛长得更快，但实际上牛很难消化。如果不小心让牛食用了用患病动物制成的肉骨粉，则会让牛患上牛海绵状脑病（疯牛病）。

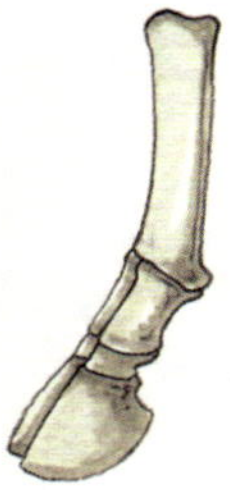

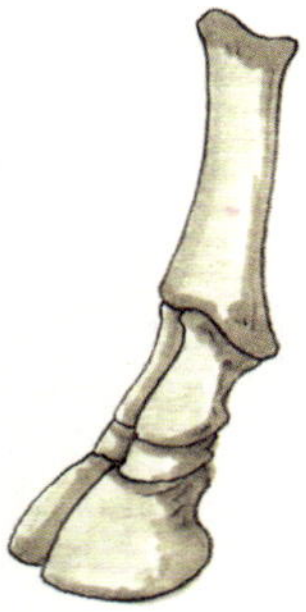

一般的牛蹄（上）与徽徊的蹄（下）对比图

06

bó shì

猼訑

原文

又东三百里，曰基山，其阳多玉，其阴多怪木。有兽焉，其状如羊，九尾四耳，其目在背，其名曰猼訑。

——《山海经·南山经》

译文

再往东三百里是基山，山的南面盛产玉石，山的北面有很多奇怪的树木。山中有一种野兽，外形像羊，长着九条尾巴和四只耳朵，眼睛长在背上，它的名字叫猼訑。

大奇看到不远处有一只山羊，它站着一动不动，也不低头吃草。大奇盯了它好一会儿，这才猛然发现：这只动物的头上没有眼睛，它的眼睛长在背上。“那是什么动物？它的眼睛怎么长在背上？”大奇赶紧拉住大眼睛老师问道。

大眼睛老师说道：“它叫猼訑，外表具有很强的迷惑性。它看起来像一只普通的山羊，实际上那是一种拟态。也许它真正的嘴巴在它的腹部呢，就像神话故事里的刑天一样。刑天因为在战斗中失去了头颅，就把双乳作为眼睛、肚脐变成嘴巴，仍然战斗不息。”

什么是拟态？

拟态是一种生物行为，有些生物会通过模仿其他生物的特征，达到迷惑并躲避捕食者，或者接近猎物的目的。

拟态主要可以分为三种类型。一种是贝氏拟态，指一种生物模仿另一种生物或者物体来躲避捕食，例如竹节虫长得像树枝，敌人很难发现它。第二种是穆氏拟态，通过鲜艳的体色来警告捕食者自己有毒。还有一种是进攻性拟态，例如杜鹃身体上的花纹与雀鹰类似，可以吓跑小鸟，借机在它们的巢中产下自己的蛋。

猼訑的眼睛位置示意图

07

qián yáng
羬羊

原文

《西山经》华山之首，曰钱来之山，其上多松，其下多洗石。有兽焉，其状如羊而马尾，名曰羬羊。

——《山海经·西山经》

译文

《西山经》所记录的西方华山山系的第一座山叫钱来山，山上有许多松树，山下有很多洗石。山中有一种野兽，外形像羊，却长着马尾，名字叫羬羊。

这么寒冷的天气，竟然有只肥羊在悬崖峭壁间轻松行走，这使大家目瞪口呆。大眼睛老师告诉大家：“那是羱羊，体长约为普通山羊的两倍，非常擅长跑跳，走在乱石遍布的高山区域，简直如履平地。”

为什么寒冷地区的动物看起来都很胖？

这些动物看起来胖，是因为它们皮肤下有厚厚的脂肪层。有时动物无法消化吸收食物的全部能量，就会把能量变成脂肪储存在皮肤下面。因为脂肪组织的导热性相对较低，不像肌肉或皮肤那样易于散发热量，所以寒冷地区的动物和冷水中的鱼类都有较厚的皮下脂肪层，这种脂肪层能帮助它们减少身体的热量损失。皮下脂肪层越厚，身体流失的热量就越少。

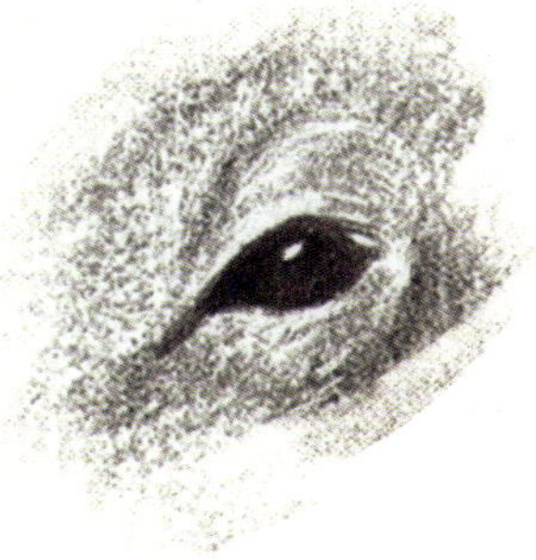

羱羊眼部细节图

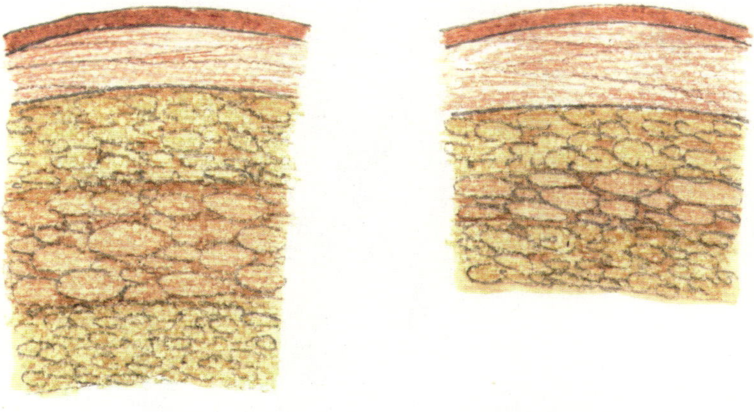

羱羊皮下脂肪（左）与普通山羊皮下脂肪（右）对比图

08

máo
旄牛
niú

原文

又北二百里，曰潘侯之山，其上多松、柏，其下多榛、楛，其阳多玉，其阴多铁。有兽焉，其状如牛，而四节生毛，名曰旄牛。

——《山海经·北山经》

译文

再往北二百里是潘侯山，山上是茂密的松树和柏树，山下是茂密的榛树和楛树，山的南面蕴藏着丰富的玉石，山的北面蕴藏着丰富的铁。山中有一种野兽，外形像牛，但四肢和关节上都有长长的毛，名字叫旄牛。

观光车越往山上开，气温越低，小伙伴们冻得瑟瑟发抖。

“那不是牦牛吗？好像个头有点儿小。”大奇看到一只黑乎乎的长毛动物，一下子连冷都忘了。

大眼睛老师调高了车里的暖气，随即说道：“它叫作旄牛，是一种类似牦牛的野生动物。早在几千年前，人类就和牦牛生活在一起了。牦牛的角既坚硬又美观，可以制成武器和权杖，成为人类社会中武力和权力的象征。”

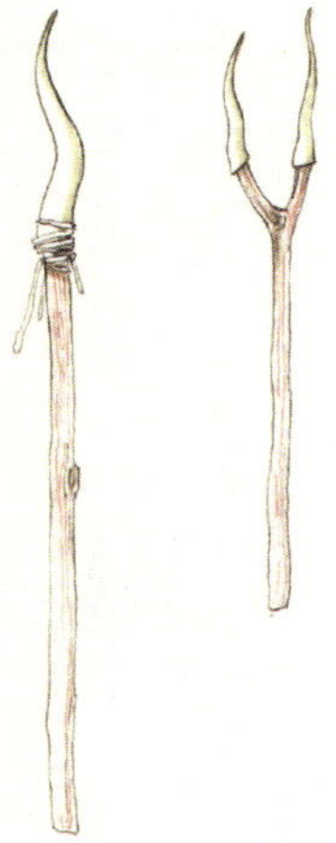

古人用牦牛角制成的权杖

动物的皮毛可以保暖，为什么生活在炎热地区的动物也有皮毛呢？

请注意，皮毛在动物身上起到的温度调节作用，我们称为保温，保温不是保暖，也不是加热，而是尽可能保持身体原有的温度。也就是说，在寒冷的天气下让身体保暖，在炎热的天气下则为身体隔热。夏天的时候，人们会选择涂抹防晒霜，防止被太阳的紫外线灼伤，动物的皮毛起到了类似的作用。此外，皮毛还具有保护、缓冲、防水和伪装等多重功能，所以即使是生活在炎热地区的动物也有皮毛。

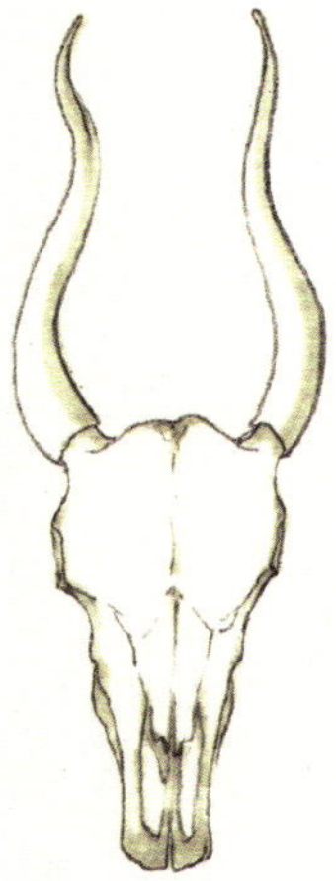

旄牛头骨图

09

yǎo

狕

原文

又北百七十里，曰隄（dī）山，多马。有兽焉，其状如豹而文首，名曰狕。

——《山海经·北山经》

译文

再往北一百七十里是隄山，山上有许多野马。山中有一种野兽，外形像豹子，脑袋上有花纹，名字叫狕。

“那群动物跑得好快呀，好像是雪豹！”小山喊道。

“那些是猞。”大眼睛老师介绍道，“它们的确和雪豹长得很像，只是头更小些，尾巴更长些。”

“它们为什么要聚集到雪地里？咦，它们看上去像是要刨出什么东西。”小遇问道。

大眼睛老师回答道：“那是因为它们有储藏食物的习性。它们平时会将没吃完的猎物藏在岩石缝隙里，冬天则埋在积雪中，需要的时候再刨出来吃掉。”

动物会把雪地当成天然的冰箱来储存食物吗？

生活在寒带，尤其是生活在北寒带的食肉动物，将雪地作为天然大冰箱来储存食物是再自然不过的行为了。北极狐、狼、猞猁、美洲狮、狼獾（又称貂熊）、北极熊等动物都会将吃不完的食物埋入雪中，留待下一次食用。顺带说明一下，生活在北极地区的因纽特人也有在雪中埋食物的生活习惯。

10

bó

驳

原文

又西三百里，曰中曲之山，其阳多玉，其阴多雄黄、白玉及金。有兽焉，其状如马而白身黑尾，一角，虎牙爪，音如鼓音，其名曰驳。

——《山海经·西山经》

译文

再往西三百里，有座山叫中曲山，山的南面盛产玉石，山的北面盛产雄黄、白玉和金。山中有一种野兽，外形像普通的马，白身子、黑尾巴，头上有一只角，有像老虎一样的牙齿和爪子，发出的声音如同击鼓发出的响声，它的名字叫驳。

“大眼睛老师，”小遇指着窗外的驳问道，“那边的马好像童话里的独角兽啊，就是看上去有些凶。”

“那是因为驳是夜间活动的动物，白天它们需要休息，一定是我们的车子打扰了它们休息。”大眼睛老师介绍道。

“可是我们为什么都是晚上睡觉，白天活动呢？”小遇对此感到不解。

大眼睛老师说：“我们的生活习惯也是经过长时间的自然选择逐渐稳定下来的。其实每种动物都会根据世世代代生存的环境和其他因素来调整自己的生活习惯，这样才能更好地面对大自然的挑战，做到适者生存。”

动物长的角有什么用呢？

如果仔细观察，你会发现头上长角的动物大部分都是食草动物。它们依靠角和同类争夺领地和配偶，以及抵御外敌，有的还把角作为身份、地位的象征，所以角对它们来说是非常重要的。

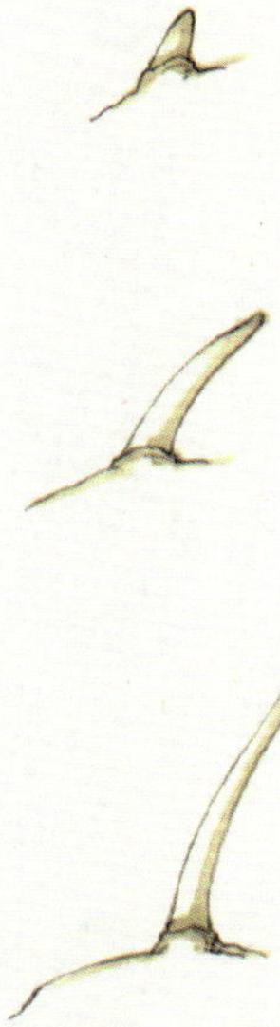

驳独角的发育过程图

11

fěi

蜚

原文

又东二百里，曰太山，上多金、玉、桢木。有兽焉，其状如牛而白首，一目而蛇尾，其名曰蜚，行水则竭，行草则死，见则天下大疫。

——《山海经·东山经》

译文

再往东二百里是太山，山上有丰富的金和玉石，以及茂密的女贞树。山中有一种野兽，外形像牛，长着白色的脑袋，有一只眼睛和蛇一样的尾巴，它的名字叫蜚。它行经有水的地方，水就干涸；行经有草的地方，草就枯死。它一出现天下就会暴发大瘟疫。

“看啊，有条蛇要袭击那头牛了！”小海忍不住惊呼起来。

大眼睛老师赶紧拦住他说道：“嘘，不要大叫！那是蜚，它可是有毒的动物。凡是它走过的地方，草木都会枯萎，水源都会干涸，人们也会染上瘟疫，所以我们千万不要靠近它。”

“可是它的身后有一条蛇，难道蛇不怕危险吗？”

“放心吧，那条‘蛇’其实是蜚的尾巴。蜚的尾巴能独立思考，将收集到的信息传递给大脑。不过蜚的尾巴不会进食，完全依靠身体提供养分。另外，这条蛇形的尾巴还含有毒素，能警戒四周，保证蜚的安全。”

自然界存在两种动物共用一个身体的情况吗？

除了类似于人类连体婴儿那样的畸形状况，自然界中两者共用一个身体的动物是不存在的。有些动物，例如䲟鱼的头部长着吸盘，可以吸附在鲸豚类、鲨鱼和海龟等动物的身上，使得自己不费力气就能到处行动，就像搭上了顺风车那样；同时，䲟鱼也为这些动物清理身上的皮屑和寄生虫。小丑鱼会以自身的鲜艳颜色为海葵引诱来其他鱼类，海葵则以有毒的蜇刺庇护小丑鱼。这种双方通过共同生存实现双赢的行为，称为共生。

12

wǎn 婴 hú 胡

原文

又《东次三经》之首，曰尸胡之山，北望殚（xiáng）山，其上多金、玉，其下多棘。有兽焉，其状如麋而鱼目，名曰婴胡，其鸣自训。

——《山海经·东山经》

译文

《东次三经》所记录的东方第三列山系的头一座山是尸胡山，向北可以望见殚山。尸胡山上有丰富的金和玉石，山下有茂密的酸枣。山中有一种野兽，外形像麋，却长着鱼一样的眼睛，名叫婴胡，叫声就是自己名字的读音。

小遇指向不远处，那里卧着一头模样怪异的小鹿。它全身都是棕黄色的，背上还有两条花纹，颜色是类似叶片的油绿色。

大眼睛老师说：“它叫婴胡，因为体色与周围环境极为相似，当它穿梭在山石间时，体色能起到隐身的效果。不过，这还不是婴胡最神奇的特征，它的奇异之处在于身上的带状油绿色花纹，是像植物细胞一样可以进行光合作用的器官组织，让它仅需水分和少量食物就能存活很长一段时间。”

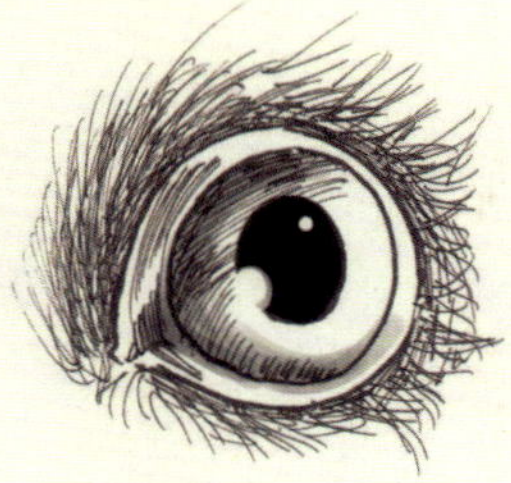

婴胡眼部细节图

为什么植物不需要进食？

动物进食是为了从外界获得自身所需的能量和各种营养物质，而植物则能够自己合成身体所需的养分。植物细胞中有动物细胞中所没有的叶绿体，叶绿体可以通过光合作用，把阳光中的能量固定到由水和二氧化碳合成的有机物中，从而满足植物对于能量的需求。此外，植物还能通过根系吸收土壤中的养分，合成其他营养物质，达到自给自足的状态。

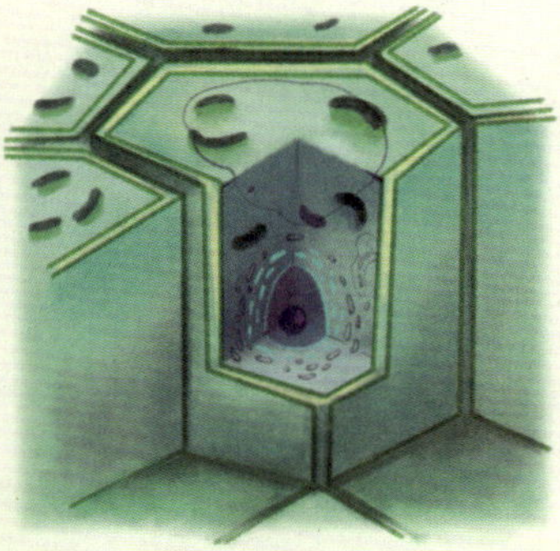

婴胡体内的类植物细胞图

13

huān
朧疏
shū

原文

又北三百里，曰带山，其上多玉，其下多青碧。有兽焉，其状如马，一角有错，其名曰朧疏，可以辟火。

——《山海经·北山经》

译文

再往北三百里，有座山叫带山，山上盛产玉石，山下盛产青碧。山中有一种野兽，外形像普通的马，长着一只角，就像磨刀石一样。它的名字叫朧疏，可以防御火灾。

“同学们，快看前面那匹小矮马！”大眼睛老师指了指前方。

大奇和小遇顺着大眼睛老师手指的方向看去，果然，在不远处，有一匹外形很奇特的小矮马正不慌不忙地啃着灌木上的浆果。

“它叫矔疏，外形像马，但特别矮小。”大眼睛老师介绍道，“它的头顶上长着一个很明显的‘丫’字形独角。”

“它好像被缩小射线击中了一样，”小遇笑起来，“是不是因为挑食才长不高的呀？”

“矔疏的矮小体形是天生的。不过它在食物方面的确很挑剔，只喜欢鲜嫩的草叶和甜甜的浆果。你们可不要学它挑食的坏习惯啊。”大眼睛老师说道。

“以后我一定要改掉挑食的毛病，不然我就会变成小矮人了。”小遇信誓旦旦地说道。

为什么有的动物体形很小？

体形较小的动物大多属于所需生存空间较小、食量不大且繁殖能力强的物种，例如啮齿目中的家鼠和昆虫纲的生物。反之，需要大片生存区域、进食量大、繁殖率较低的动物，则通常具有较大的体形，例如虎、象和蓝鲸等。

野马（上）与矔疏（下）
体形对比图

14

hé yǔ

合窳

原文

又东北二百里，曰剡山，多金、玉。有兽焉，其状如彘而人面，黄身而赤尾，其名曰合窳，其音如婴儿。是兽也，食人，亦食虫蛇，见则天下大水。

——《山海经·东山经》

译文

再往东北二百里有座剡山，山上有丰富的金和玉石。山中有一种野兽，外形像猪，却有人的面孔，黄色的身子上长着红色的尾巴，名字叫合窳，叫声如婴儿啼哭。合窳吃人，也吃虫和蛇，它一出现天下就会发生严重的水灾。

出现在大家眼前的这种动物，长着一张张人的脸。

大奇和小遇都忍不住向后退了几步，说道："它们好像戴着青色的鬼面具啊。"

大眼睛老师告诉孩子们："那是合窳。它们长得比较凶恶，嘴里的两对大尖牙显示出它们强大的攻击力，金黄的毛色让它们在丛林中十分醒目。它们能够猎食各种有毒的虫蛇，以致它们自己身上也带有毒素。"

雌性合窳图

为什么有的动物的体色特别鲜艳？

动物体色鲜艳存在不同的形成原因。某些种类的雄性动物的体色会非常艳丽，可以吸引雌性动物的关注。另外，有毒的动物通常具有鲜艳的体色，可以警告天敌和其他捕食者：它是有毒的，或者根本不好吃。这类标志有毒的鲜艳体色叫警戒色。有些无毒的动物为了避免被天敌捕食，也进化出了鲜艳的体色，假装自己有毒。

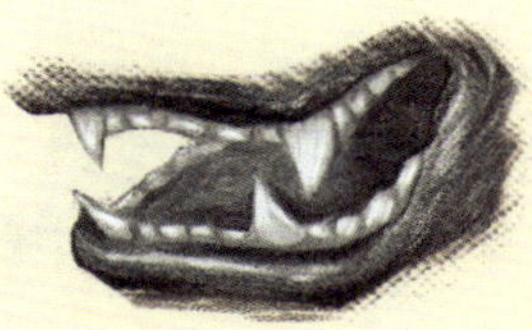

合窳牙齿细节图

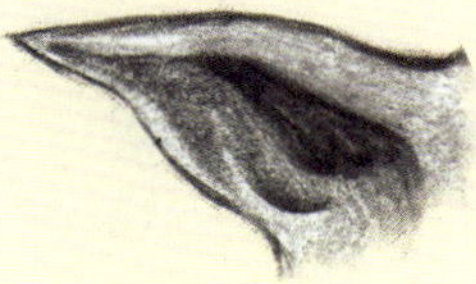

合窳耳部细节图

15

fěi

朏

fěi

朏

原文

又北四十里，曰霍山，其木多榖（gǔ）。有兽焉，其状如狸，而白尾有鬣，名曰朏朏。

——《山海经·中山经》

译文

再往北四十里是霍山，这里到处都是茂密的构树。山中有一种野兽，外形像野猫，长着白尾巴，脖子上有鬃毛，名字叫朏朏。

小遇看到了一群小动物，它们毛茸茸的，非常可爱。

大眼睛老师说：“它们叫朏朏，外形有些像浣熊，又有点儿像野猫。朏朏的皮毛为灰色，有时还会长出圆圈状的花纹。它们喜欢群居，总是成群结队地觅食或娱乐，一旦遇到喜欢的浆果，它们就会把一切都抛到脑后，一心享用眼前的美食。”

为什么有的动物喜欢群居？

群居可以带来一些独居所不具有的好处。对于狮子和狼等食肉动物来说，群居方便集体捕猎，尤其是面对那些在一对一情况下极其难抓的猎物时，群体捕猎的优势就有所展现了。而对于食物链底端的动物而言，群居可以起到共同防御天敌的作用。此外，在某些动物类群中，群居还有方便共同哺育后代的作用。

朏朏掌部细节图

幼年朏朏进食图

16

zhū 诸 jiān 犍

原文

又北百八十里，曰单张之山，其上无草木。有兽焉，其状如豹而长尾，人首而牛耳，一目，名曰诸犍，善吒，行则衔其尾，居则蟠其尾。

——《山海经·北山经》

译文

再往北一百八十里，有座山叫单张山，山上没有花草树木。山中有一种野兽，外形像豹子，拖着一条长长的尾巴，还长着人一样的脑袋、牛一样的耳朵，只有一只眼睛，名字叫诸犍。它喜欢吼叫，行走时就用嘴衔着尾巴，睡觉时就将尾巴盘起来。

“你们看那只动物，它身上的颜色真好看！”小遇喊道。

“它的脸像一张长着大耳朵的人脸，还有胡子！”大奇跟着喊起来。

“它还只有一只眼睛呢！”小山也跟着说。

大眼睛老师总结道：“那是诸犍，它的特征还有很多，例如它的眼睛没有眼皮，所以不会眨眼，仿佛永远在观察周围的环境，即使睡觉的时候也不会合上。它还特别谨慎，走路的时候会衔住自己的尾巴，从而悄无声息地移动。”

为什么有的动物会衔着尾巴走路？

自然界中，比较常见的能衔着尾巴走路的动物是长得很像老鼠的鼩鼱。鼩鼱视力较差，幼崽的视力更是几乎没有，因此当鼩鼱妈妈带着幼崽外出的时候，为了防止走丢，会让幼崽在其身后排成一列，依次衔着前一只的尾巴前进。生活在寒冷的高山地带的雪豹也经常咬住自己的尾巴，那是在安抚自己的情绪，获取安全感。

诸犍行走时衔尾示意图

17

bái
白
láng
狼

原文

又北二百二十里，曰盂（yú）山，其阴多铁，其阳多铜，其兽多白狼、白虎，其鸟多白雉（zhì）、白翟（dí）。

——《山海经·西山经》

译文

再往北二百二十里是盂山，山的北面盛产铁，山的南面盛产铜。山中多白狼和白虎，禽鸟大多是白色的野鸡和白翟。

看完了诸犍，大眼睛老师又带着大家来观看白狼。

白狼是一种野生的犬科动物，它们浑身雪白，有两只平行直立的耳朵，耳朵上的毛很短，但身子背后的毛，尤其是靠近肩颈的毛特别长。它们还有一条蓬松下垂的大尾巴。

狼脚底的肉垫有什么作用？

狼脚底的肉垫要承受狼身体的重量，所以得厚一点儿才行。狼是天生的猎手，当它们快速扑向猎物时，脚底的肉垫能够增加它们与地面的摩擦力，避免滑倒。此外，狼脚底的肉垫还可以帮助它们排汗，以及让它们能够快速地奔跑。

同为犬科动物，狼和狗的区别在哪儿呢？

狼与狗有很多不同之处。狼的头骨比狗的大，吻部更尖，下颌骨更有力。狼的牙齿大而尖锐，犬齿更长，而且尖牙大多向外倾斜。狼的腿骨和狗的腿骨也有很大的差异，狼的足趾更长，拇指位置偏高，与其余足趾分开，而狗的足趾较短，紧靠在一起，基本不会分开。实际上，现在的狗是人类在万年前驯化的野狼的后代，狗的这些变化是为了适应和人类共同生活而出现的。

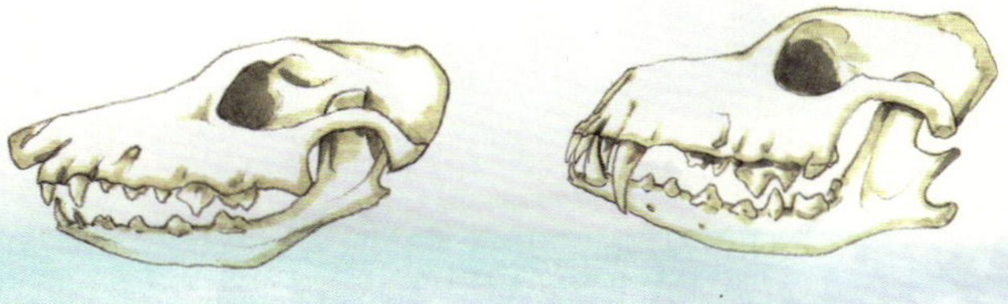

狗头骨（左）与白狼头骨（右）对比图

18

bái
白
hǔ
虎

原文

又北二百二十里，曰盂山，其阴多铁，其阳多铜，其兽多白狼、白虎，其鸟多白雉、白翟。

《山海经·西山经》

译文

再往北二百二十里是盂山，山的北面盛产铁，山的南面盛产铜。山中多白狼和白虎，禽鸟大多是白色的野鸡和白翟。

观光车载着大家继续行进，很快来到了白虎的领地。

大眼睛老师继续给大家介绍："为了适应复杂的丛林环境，老虎的身体一般都是金底黑纹，这样它便可以完美地隐藏在林地和树丛之间，不被猎物发现。但生活在盂山的白虎却是白底黑纹，浑身上下长着浓密的短毛。有时，白虎身上的黑色花纹会淡化为金棕色，这是一种白化现象。"

老虎看起来像大号的猫，它们有亲缘关系吗？

老虎和猫都是猫科动物，但同科不同属。老虎能发出咆哮声或者吼声，而猫无法发出吼声。老虎的瞳孔可以缩小，但不能像猫那样变细。老虎的头骨明显比猫的头骨要大，犬齿也更长，这意味着老虎的杀伤力更高。为了适应环境，猫则变得更加亲近人类，性格更加温顺。

老虎的爪子和猫的爪子有区别吗？

老虎的爪子和猫的爪子一样能够伸缩自如。老虎的前肢有五趾，四趾在前，一趾相对靠后，捕猎时指甲可以伸出；后肢只有四趾，无法辅助捕猎或抓握物体。而猫的爪子相对比较灵活。

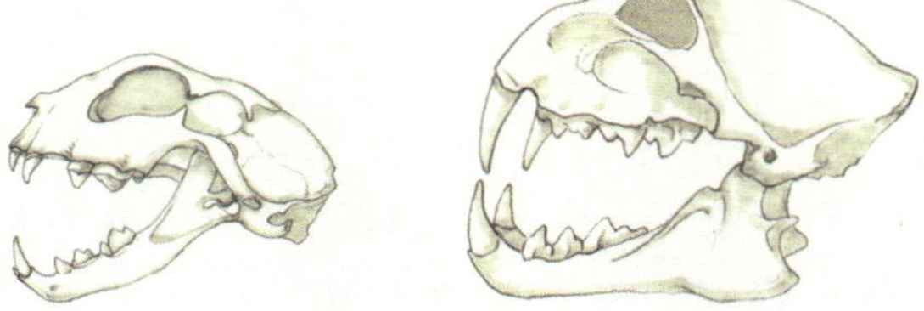

猫头骨（左）与白虎头骨（右）对比图

19

zhū huái
诸怀

原文

又北二百里，曰北岳之山，多枳、棘、刚木。有兽焉，其状如牛，而四角、人目、彘耳，其名曰诸怀，其音如鸣雁，是食人。

《山海经·北山经》

译文

再往北二百里，有座北岳山，山上到处是枳、酸枣和木质坚硬的树。山中有一种野兽，外形像牛，却长着四只角、人的眼睛、野猪的耳朵。它的名字叫诸怀，发出的声音如同大雁鸣叫声，能吃人。

一路过来，景色不断变化。

小遇突然听到了大雁凄厉的鸣叫声。“附近有落单的大雁吗？我们是不是得去帮帮它？”小遇说道。

大眼睛老师摇摇头，说道：“那不是大雁在叫，而是诸怀在叫。诸怀是一种长着四只角的食人兽，它们会模仿大雁的叫声，引诱其他动物靠近，这样就可以捕获猎物了，这是诸怀独特的生存技能。”

“原来是这样。”小遇恍然大悟。

自然界有会模仿其他动物叫声的动物吗？

当然有。最有代表性的就是鸟类。许多鸟类都会模仿其他鸟类的叫声，北美洲的嘲鸫雄鸟不仅能模仿各种鸟叫，还可以模仿青蛙、昆虫乃至汽车发出的声音。它们模仿声音的原因可能是想证明自己有较强的适应和生存能力，从而获得雌性的青睐。非洲的卷尾还能模仿狐獴的报警声，狐獴听到后以为有同伴发出了报警声，会丢掉食物迅速返回巢穴，而卷尾就能白捡一顿美餐。

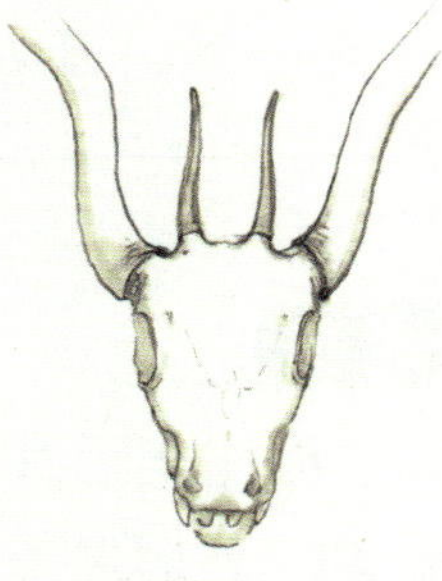

诸怀两对角的示意图

20

dòng
辣
dòng
辣

原文

又北三百里，曰泰戏之山，无草木，多金、玉。有兽焉，其状如羊，一角一目，目在耳后，其名曰辣辣，其鸣自训。

《山海经·北山经》

译文

再往北三百里是泰戏山，那里寸草不生，盛产金和玉石。山中有一种野兽，外形像羊，却长着一只角和一只眼睛，眼睛在耳朵的后面。它的名字叫辣辣，叫声就是自己名字的读音。

“这是什么动物？它太独特了。”大奇喊小遇他们一起来看。

大家你一言我一语地讨论起来，有的说是之前看到的猼𬣳，有的说是独角兽。

大眼睛老师说道：“这是䍺䍺，它和我们之前看到的动物都不同，不仅头顶长着一根弯曲的独角，而且只有一只眼睛，长在耳朵后面，也就是说，它们只能看到自己脑袋后面的世界。这也许是另类的生存技巧，因为䍺䍺需要长时间地哺育幼崽，所以必须对外界的环境更加警惕。”

所有的动物都需要母亲用乳汁喂养吗？

哺乳类动物都会分泌乳汁喂养后代，即使是海豚这类水生哺乳动物，也会用乳汁喂养幼崽。除了哺乳动物，其他种类的动物并不会用乳汁喂养后代，但它们会用其他手段来喂养后代。

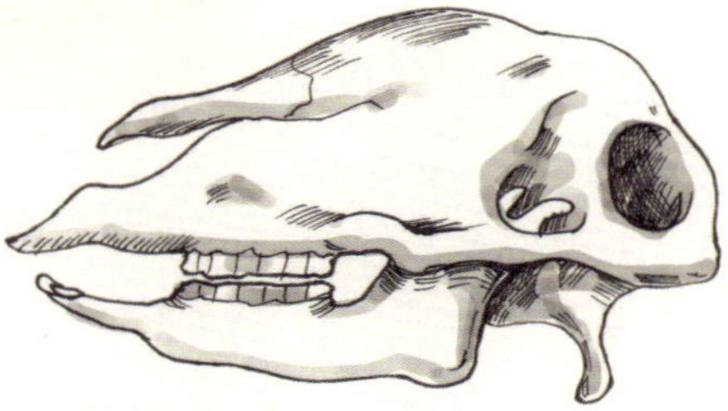

䍺䍺头部骨骼图

21

dú yù
独㺞

原文

又北三百里，曰北嚣之山，无石，其阳多碧，其阴多玉。有兽焉，其状如虎，而白身犬首，马尾彘鬣，名曰独㺞。

——《山海经·北山经》

译文

往北三百里，有座山叫北嚣山，山上没有石头，山的南面出产碧玉，山的北面出产玉石。山中有一种野兽，外形像老虎，长着白色身子、狗的脑袋、马的尾巴，脖子上的鬃毛和猪的相似，它的名字叫独㺞。

“这是独狢。”大眼睛老师介绍道。

“好可爱呀！它像一只小狐狸，又有点儿像家里养的柯基犬。”小遇说，“它是觉得耳朵痒痒吗，为什么要不停地转动耳朵呢？”

大眼睛老师回答道：“这是因为独狢要收集四面八方的声音。它两边的耳朵能同时转向不同的方向，以便听得更远、更清晰，这样做一方面可以令它迅速发现猎物，另一方面也可以帮助它躲避敌人的袭击。”

小遇忍不住揪了揪自己的耳朵，感叹道：“我的耳朵就不能动，要不然我也能变成顺风耳呢！”

独狢耳朵转动示意图

动物的耳朵为什么可以转动？

动物的耳朵上有发达的动耳肌，动耳肌包括耳上肌、耳前肌和耳后肌，可以使耳朵转动。人类的动耳肌已经退化，因此大部分人都无法让耳朵自己转动。

独狢扑食姿势示意图

22

huán

貛

原文

又北四百里，曰乾山，无草木，其阳有金、玉，其阴有铁而无水。有兽焉，其状如牛而三足，其名曰貛，其鸣自詨。

——《山海经·北山经》

译文

再往北四百里是乾山，山上没有花草树木，山的南面蕴藏着金和玉石，山的北面蕴藏着铁，但没有水。山中有一种野兽，外形像牛，长着三条腿，名字叫貛，叫声就是自己名字的读音。

“那头小牛受伤了吗？”小遇问，“它怎么少了一条腿？”

大眼睛老师说道：“别担心，它没有受伤。它天生就只有三条腿，但在山地和原野上奔跑、跳跃非常灵活。它的名字叫豲，生活在乾山，那里没有花草树木，也没有水源，所以它是相当耐饥渴的生物。”

真的有动物只长三条腿吗？

除了天生畸形的情况，目前世界上尚未发现只长三条腿的动物。但某些动物，例如澳洲的袋鼠，有时会把肌肉发达的尾巴架在地上，与两条后腿共同形成一个稳定的三脚架；某些海鱼休息时，也会把两只胸鳍和臀鳍搭成一个三角形。

有些因受伤失去一肢的四足兽类可以在人工饲养条件下照样正常地生活，例如南京红山森林动物园中，就有一头数年前因伤致右前肢被截肢的雌豹，名叫越越。

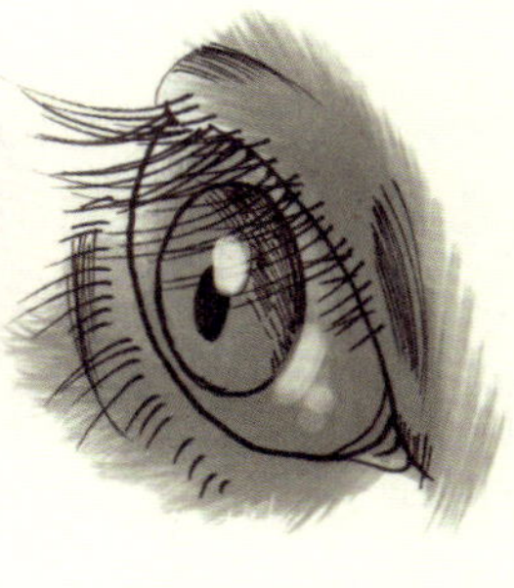

豲眼部细节图

豲鼻部细节图

23

hún
猙

原文

《北次三经》之首曰太行之山。其首曰归山……有兽焉，其状如麢（líng）羊而四角，马尾而有距，其名曰猙，善还，其名自训。

——《山海经·北山经》

译文

《北次三经》所记录的首列山脉是太行山，这列山脉的第一座山叫归山……山中有一种野兽，外形像普通的羚羊，却有四只角，长着马一样的尾巴和鸡一样的爪子。它的名字叫猙，善于旋转起舞，叫声就是自己名字的读音。

“这座山真陡峭。”小遇感觉到观光车在不断地颠簸，速度也慢了下来。

大眼睛老师说道：“有种动物就喜欢生活在高山上，特殊而严苛的生存环境让它们演化出形状特别的脚，专门应对这种环境，就好像我们去爬山要穿登山鞋，去潜水要戴潜水镜一样。在这里生活的动物名叫驿，它们身上的毛发会随着温度变化而更换，天气热就变成红色，天气冷就改为蓝色。它们的足部还变成了鸡爪的模样，方便它们扒开积雪和石块寻找食物。”

动物在寒冷的冬季能找到哪些食物呢？

不同种类的动物在冬季的觅食方法各有不同。对食肉动物来说，它们可以直接抢夺其他动物的猎物或吃其他动物的尸体；靠近极地地区的食草动物则需要刨开冰雪，寻找苔藓、地衣等植物。花鼠和松鼠等啮齿类动物以及渡鸦等鸟类会在冬季来临之前，在树洞中储藏足够多的橡实、松果等作为过冬食物。最有趣的是河狸，它们会在水下的巢穴中留出特定的空间，专门放置过冬的食物。

驿头角生长图

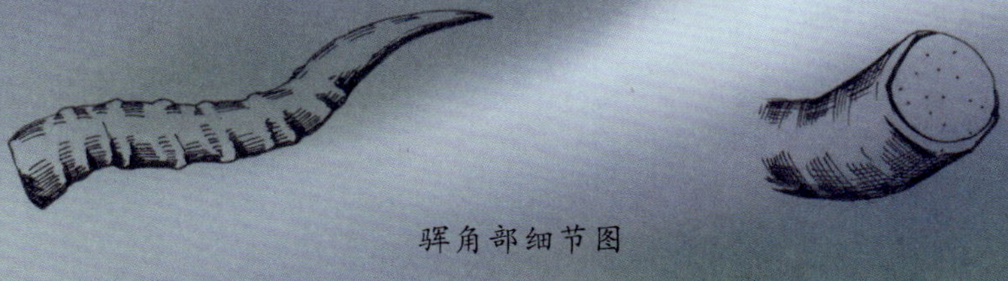

驿角部细节图

24

tiān
天

mǎ
马

原文

又东北二百里，曰马成之山，其上多文石，其阴多金、玉。有兽焉，其状如白犬而黑头，见人则飞，其名曰天马，其鸣自训。

——《山海经·北山经》

译文

再往东北二百里，有座山叫马成山，山上多出产有纹理的石头，山的北面有丰富的金和玉石。山里有一种野兽，外形像普通的白狗，却长着黑脑袋，一看见人就会腾空飞起。它的名字叫天马，叫声就是自己名字的读音。

观光车沿着山路拐了一个弯。趴在窗边的大奇和小遇刚刚看见一只白色的动物，还没来得及看清楚，就见它呼啦一下跳起，展开翅膀迅速地飞走了。

见大奇和小遇有些失望，大眼睛老师安慰他们："那是天马，它的警惕性特别强，一看到外来者就起飞。为了躲避危险，连晚上睡觉它也是站着的，就和许多野马的习性一样。"

"它的警惕性真高，要是我们人类也可以这样就好了，那就能快速地逃离危险区，避免受到地震、火灾或其他突发灾害带来的伤害。"大奇羡慕地说道。

"哥哥，我也想拥有一双翅膀。"小遇表示赞同。

马为什么要站着睡觉？

马科物种大多生活在开阔的草原地区，它们需要时刻保持高度警惕，以躲避捕食者的突然袭击。马的腿部进化出一种类似支撑器的结构，可以让马放松自己的肌肉，打瞌睡时不会跌倒。一旦马的前肢肌肉开始放松，这种腿部结构就会自然启动，后肢则依靠移动臀部的位置，使膝关节保持一定的角度，这样马就能保持站立姿势睡觉了。不过马依然具备采用卧姿睡觉的能力。

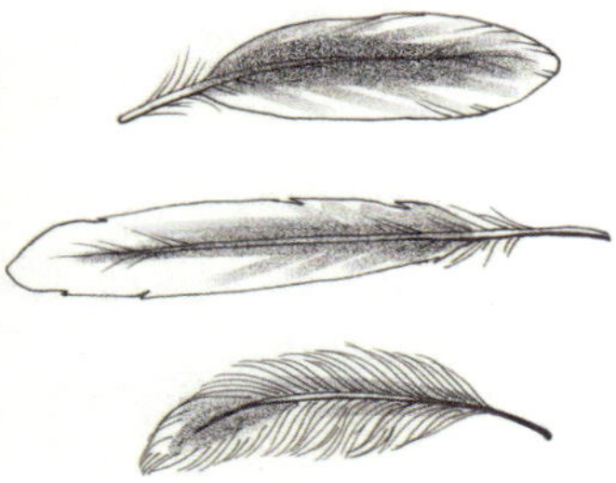

天马羽毛图

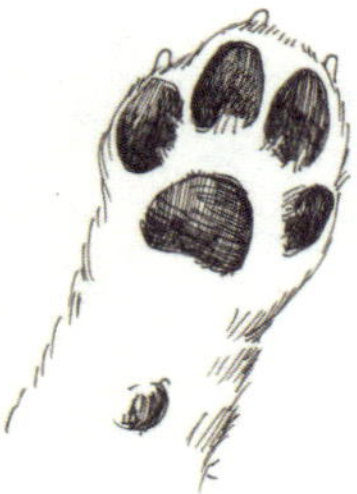

天马爪部图

25

cóng 从 cóng 从

原文

又南三百里，曰栒（xún）状之山，其上多金、玉，其下多青碧、石。有兽焉，其状如犬，六足，其名曰从从，其鸣自设。

——《山海经·东山经》

译文

再往南三百里是栒状山，山上有丰富的金和玉石，山下有丰富的青碧和石头。山中有一种野兽，外形像狗，却长着六条腿。它的名字叫从从，叫声就是自己名字的读音。

观光车开进一条隧道，昏暗的环境中传来一声嘶吼。

小伙伴们顿时紧张起来，却又按捺不住好奇心，循声望去，看到了一只六条腿的奇怪动物。

“它叫从从。”大眼睛老师向他们介绍道，“这类动物适合生活在阴暗潮湿的洞穴里，虽然有六条腿，可它们并不擅长奔跑，因为它们的视力已经严重退化了。”

从从爪部细节图

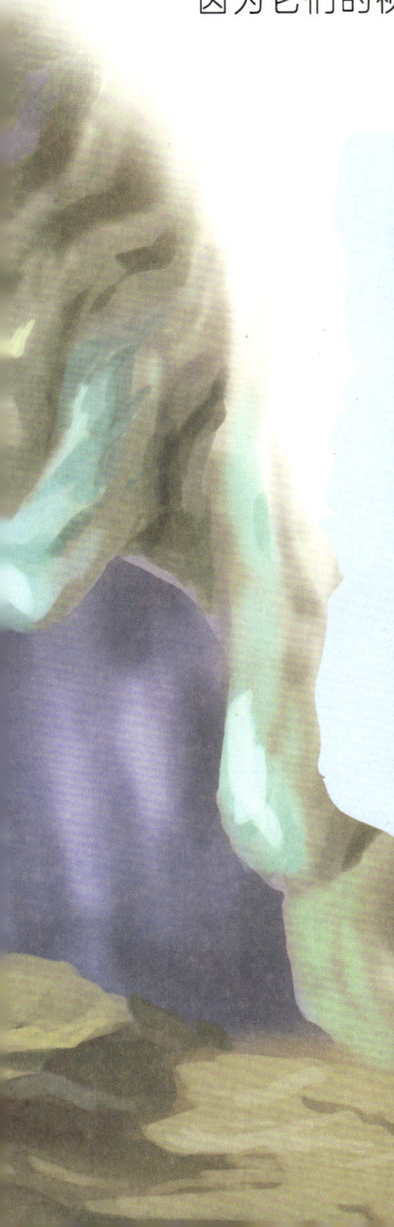

刚出生的动物幼崽都睁不开眼睛吗？

刚出生的动物幼崽并不是都睁不开眼睛。对于没有眼睑而无法闭眼的动物来说，例如鱼类，从出生到死亡，眼睛都处于睁开的状态。眼睛可以闭合的动物主要有哺乳动物、鸟类和部分两栖爬行类动物，在这些动物中，两栖爬行类动物的幼崽在刚孵化出来的时候眼睛就是睁开的；鸡和鸭等早成鸟，它们的雏鸟也是刚破壳就能睁开眼睛；牛、羊等有蹄类哺乳动物的幼崽，出生后不久不但可以睁开眼睛，还能够行走，甚至奔跑。

26

lǐng hú

领胡

原文

又东三百里，曰阳山，其上多玉，其下多金、铜。有兽焉，其状如牛而赤尾，其颈腎（shèn），其状如句瞿，其名曰领胡，其鸣自詨。

——《山海经·北山经》

译文

再往东三百里是阳山，山上有丰富的玉石，山下有丰富的金和铜。山中有一种野兽，外形像普通的牛而长着红尾巴，脖子上有肉瘤，像斗的形状。它的名称是领胡，叫声便是自己名字的读音。

“奇怪，那头牛的脖子下面怎么一层一层的？”小山问道。

大眼睛老师告诉他：“它叫领胡。领胡脖子下面垂挂着层层皮毛，这是它身上最为奇特的地方。”

“它的脖子上像挂着一个肉瘤，那是做什么用的？”小海也提出了问题。

“领胡的肉瘤就像骆驼的驼峰，可以储存能量。”大眼睛老师回答。

“还好我们都有背包，可以带上吃的喝的，不然我们也要长一个肉瘤背着了。”

“哈哈……”大家听到小海的话后都笑了起来。

领胡角细节图

骆驼的驼峰有什么作用？

骆驼的驼峰中贮存着脂肪，这些脂肪经过氧化可为骆驼提供生命活动需要的能量，所以驼峰就是骆驼的能量贮存库，它为长途跋涉的骆驼提供了充足的物质保障。

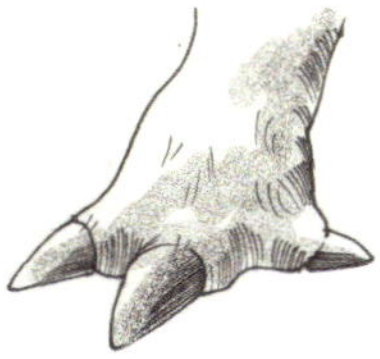

领胡掌部细节图

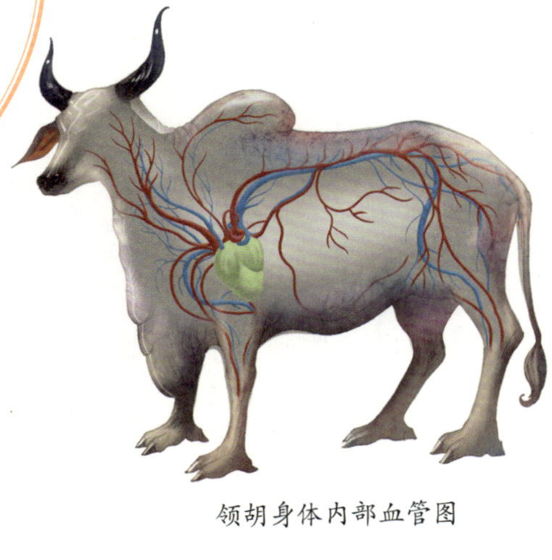

领胡身体内部血管图

27

zhū
朱
rú
獳

原文

又南三百里，曰耿山，无草木，多水碧，多大蛇。有兽焉，其状如狐而鱼翼，其名曰朱獳，其鸣自训，见则其国有恐。

——《山海经·东山经》

译文

再往南三百里是耿山，那里没有花草树木，到处是水碧，还有很多大蛇。山中有一种野兽，外形像狐狸，长着鱼鳍，它的名字叫朱獳，叫声就是自己名字的读音。它在哪个国家出现，哪个国家就会有恐怖的事情发生。

大奇看到一只长相怪异的狐狸，它表情呆呆的，背后还有一对鱼鳍似的小翅膀。

大眼睛老师说道：“这是朱獳，它的翅膀十分短小，所以它并不能飞行。翅膀就像是一种天生的装饰物，尽管这样使它看上去有些滑稽，但它还是非常珍视这对小翅膀。”

“它为什么一直盯着我们看呀？”小遇接着问道。

“那是因为它要保护自己储藏的食物。”大眼睛老师说道，“朱獳的捕食能力不佳，所以经常会把收集的果实藏在树洞里，它们就是依靠这些储备粮食度过冬天的，因此要提防别的动物抢夺。”

都有哪些动物会储存食物？

自然界中有许多动物都会储存食物，有的是把一次吃不完的食物放在别的动物无法靠近或发现的地方，留到下一次食用，例如美洲狮等会爬树的捕食者，通常会将吃剩的食物挂在树上。还有些动物为了度过食物匮乏的冬季会提前储存粮食，例如松鼠等动物会把食物藏在洞穴里。还有许多昆虫也有储存食物的习惯，例如蚂蚁和蜜蜂。

朱獳耳部图

28

huàn

羪

原文

又东四百里，曰洵（xún）山，其阳多金，其阴多玉。有兽焉，其状如羊而无口，不可杀也，其名曰羪。

——《山海经·南山经》

译文

再往东四百里是洵山，山的南面盛产金，山的北面多出产玉石。山中有一种野兽，外形像羊却没有嘴巴，不吃东西也死不了，名字叫羪。

“前面又有一头羬羊！”小遇指着远处的动物说道。

“不对，它怎么没有嘴巴？”大奇摇摇头，提出了问题。

大眼睛老师带领着大家观察了一会儿，说道：“你们看到的是䍺，它确实没有嘴巴，不用吃东西也能生存。䍺和我们之前看到的䝙胡一样，身体的部分器官和植物一样，能产生能量，自给自足。而且䍺比䝙胡更奇特，它的上下颌骨趋向融合，最终长成了一整块骨头，没有口鼻，所以完全不需要进食了。”

如果不吃东西，动物最长可以活多久呢？

在不吃不喝的状态下，能够存活时间最长的动物非缓步动物莫属。缓步动物俗称水熊虫，在面对恶劣环境时具有隐生的能力。处于隐生状态的缓步动物，身体的代谢率会下降到正常状态的万分之一，含水量会下降到正常状态的百分之一，在此状态下的缓步动物可以不吃不喝坚持30年以上，甚至有隐生超过120年的记录。

䍺头骨图

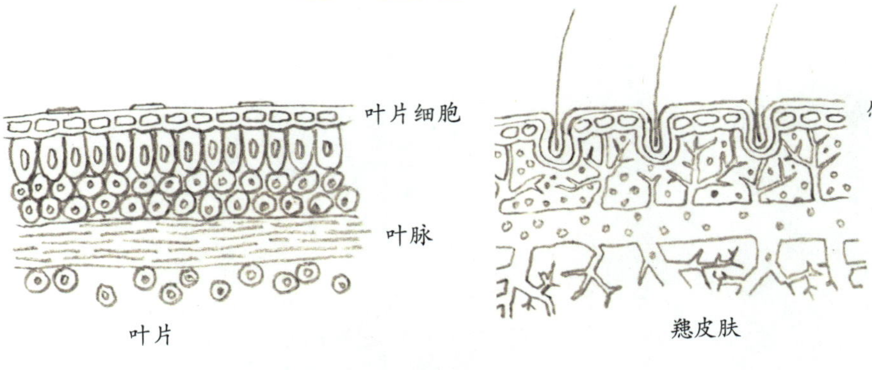

叶片细胞（左）与䍺皮肤组织（右）对比图

29

mèng
孟

jí
极

原文

又北二百八十里，曰石者之山，其上无草木，多瑶、碧。泚水出焉，西流注于河。有兽焉，其状如豹，而文题白身，名曰孟极，是善伏，其鸣自呼。

——《山海经·北山经》

译文

再往北二百八十里是石者山，山上没有花草树木，到处是瑶、碧之类的美玉。泚水发源于此，向西流入黄河。山中有一种野兽，外形像豹子，长着有花纹的额头和白色的身子，名字叫孟极，善于伏身隐藏，叫声就像是在呼喊自己的名字。

马上就要离开毛门馆了，大奇和小遇感到非常舍不得。他们贴着观光车的后窗，想要再看一眼还有什么动物。

岩石上面居然真的蹲着一只体形硕大的野兽，似乎正在目送他们离开。

“老师，那是什么？”小遇问。

大眼睛老师一看，明白过来，说道：“那是孟极，它的前额上有美丽的花纹，长得很像雪豹。孟极的肢体非常灵活，善于在山地上奔跑和跳跃。如果察觉到有危险，它的四肢关节就会折叠起来，让它的身躯能够紧贴地面，在这种体色的保护下，敌人很难发现它。”

博物小科普

什么是保护色？

动物的保护色又称隐蔽色，是指与周边环境接近或随着环境而改变的动物体色，它是动物适应环境、谋求生存的一种方式。

有一些猎食者的身上出现保护色，是为了提高它们捕食的成功率。以螳螂为例，它绿色的外表能帮它完美地隐藏在草丛中，让它的猎物不易察觉。同时，会捕食螳螂的鸟类也很难发现隐藏着的螳螂，所以保护色对螳螂具有双重功能。

孟极独特的前额花纹

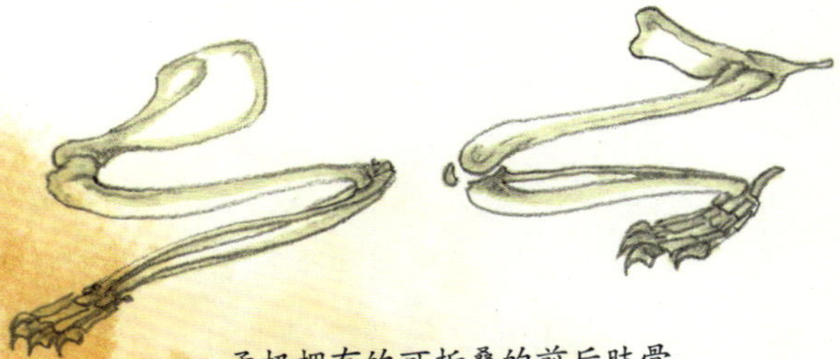

孟极拥有的可折叠的前后肢骨

观光车最终离开了毛门馆。四周逐渐变得荒凉起来，连树木也渐趋稀疏。大家不由得情绪低落起来。

大眼睛老师安慰他们："放心吧，虽然毛门馆我们已经参观完了，但山海经野生动物园是一个综合型的动物世界，许多习性相似的动物会被归到一起，即便离开了毛门馆，前面的场馆中也还会出现许多长着皮毛的可爱动物，到时候老师再给大家一一介绍。"

大眼睛老师停下车，说道："现在让我们整理行装，稍事休息吧。猜猜接下来我要带你们去哪里？"

大家喝了水，吃了些东西，随后开始议论起来，却始终想不出答案，看来只能等待大眼睛老师揭开谜底了。

SHAN HAI JING LI DE SHENQI DONGWU 3.MAOMEN GUAN
山海经里的神奇动物 3.毛门馆

出版统筹：汤文辉　　封面设计：苏　玥
质量总监：李茂军　　内文制作：高巧玲
选题策划：张国辰　　视觉绘制：吕　洋　茶水间工作室
　　　　　兰心仪　　　　　　　秦　卓
责任编辑：戚　浩　　内容顾问：师　旭　程超源
特约编辑：兰心仪　　　　　　　俞永祥　陈之旸
营销编辑：宋婷婷　　　　　　　马雪云
　　　　　金　梦　　责任技编：郭　鹏

图书在版编目（CIP）数据

山海经里的神奇动物. 3, 毛门馆 / 五色神石编著. --桂林：广西师范大学出版社，2022.7
ISBN 978-7-5598-5010-2

Ⅰ. ①山… Ⅱ. ①五… Ⅲ. ①历史地理－中国－古代－青少年读物②动物－青少年读物 Ⅳ. ①K928.626-49②Q95-49

中国版本图书馆 CIP 数据核字（2022）第 090965 号

广西师范大学出版社出版发行
（广西桂林市五里店路 9 号　邮政编码：541004
网址：http://www.bbtpress.com）
出版人：黄轩庄
全国新华书店经销
北京博海升彩色印刷有限公司印刷
（北京市通州区中关村科技园通州园金桥科技产业基地环宇路 6 号
邮政编码：100076）
开本：787 mm × 1 092 mm　1/16
印张：4.5　　字数：80 千字
2022 年 7 月第 1 版　　2022 年 7 月第 1 次印刷
定价：198.00 元（全 6 册）

山海经里的神奇动物

五色神石　编著

④

昆门馆

GUANGXI NORMAL UNIVERSITY PRESS
广西师范大学出版社
·桂林·

序言

这套书叫作《山海经里的神奇动物》。小朋友们可能最先会提两个问题：什么是《山海经》？什么是神奇动物？

先来回答“什么是《山海经》”。

《山海经》是一本从古代流传下来的奇书，最早被人们当作记录上古时期山川、河流和物产的地理志，但阅读它的人们逐渐发现，这本书所展现的世界是如此奇幻，到处是奇异的植物和动物，和现实世界完全对不上啊！同时，人们还在书中发现了原始版本的神话故事，例如夸父追日、精卫填海、大禹治水等。看来《山海经》不仅记录地理，还记录了神话、历史、天文、历法、民俗等。虽然有人认为其中的一些记载是荒诞不经、无法被证实的，然而正是这份荒诞不经，为我们打开了想象之门，让这个书中描绘的世界充满了奇思妙想，显得生动而鲜活。

既然《山海经》的价值那么高，为什么很少有人去阅读呢？这是因为《山海经》写成的年份太久远了，一般认为是在春秋至东汉之间，那时候人们用的语言和文字都与今天有很大差别，加上历经很多年的流传和转抄，存在一些错漏和散佚的地方。以今天小朋友们的知识储备，是很难直接阅读原文的，甚至许多学富五车的老前辈也不敢说自己能完全理

解《山海经》。

可我们为什么仍然要推荐小朋友们去认识、阅读《山海经》呢？因为阅读《山海经》时，不同的人可以享受到不同的阅读乐趣。小朋友们不仅可以了解《山海经》里记录的神奇动物，还能以童心童趣与懵懂天真的上古人类进行心灵交流。我们就是想让小朋友们知道，中国的经史子集，不仅有严肃的创作态度，还有天马行空的浪漫想象。

接着回答“什么是神奇动物”。

我们在生活中会看到各种各样的动物，例如陪伴人们的宠物猫、宠物狗，动物园里的大象、狮子，随处可见的小昆虫，等等。正因为我们在生活中能够观察到、接触到这些动物，产生了一定的熟悉感，所以不觉得它们神奇。而《山海经》里记载的动物，往往是多种常见动物的融合体，习性也很特殊，这就打破了我们的熟悉感，使我们不免要惊叹，要发问：“世界上真的存在这么神奇的动物吗？”这样惊奇的感觉，很能激发人们对学习动物知识的热情。

这套书要展示什么呢？

我们想展示《山海经》世界中的神奇动物，除此之外，还想介绍虎、狼等现实中的动物，从而构建一个奇幻的野生动物园。小朋友们在里面畅快地“游览”，既能体验到《山海经》里记载的动物的神奇之处，又能获得关于动物的科学知识。

为了贴近现实中的动物园，我们把所有需要介绍的动物做了分类。不同于现代生物学上纲目科属的分类方法，我们借用古代的五虫纲思想，按照《大戴礼记》中的“毛羽昆鳞赢”来

分类，使其分别代表五类动物。毛虫类就是身上被毛的动物，以麒麟为代表；羽虫类就是有翅膀、带羽毛的鸟类，以凤凰为代表；昆虫类是指带甲壳的动物，除了今天我们熟悉的一些节肢动物以外，贝类、螃蟹等水生动物也归为此类，以玄龟为代表；鳞虫类指的是身上带鳞的动物，主要代表为鱼类；而蠃虫类也称为裸虫类，指的是没有毛也没有鳞，裸露着皮肤的动物，包括青蛙、蚯蚓等，也包括人。

在《西游记》中，如来佛祖曾说：“周天之内有五仙：乃天、地、神、人、鬼；有五虫：乃蠃、鳞、毛、羽、昆……又有四猴混世，不入十类之种。”加上孙悟空大闹地府的时候，一口气把猴类的名字都勾了，也让猴子成了神话中别样的门类，志怪小说和民间传说中都常见它们的身影。因此我们把这些神通广大的猴子也单独分了一类，称为禺。

不过，经过这样分类，各类动物的数量悬殊，我们只好再加一条分类标准，那就是动物的栖息环境：森林、冰原、荒漠、溪流、海洋等。让拥有相似习性的动物生活在同一环境中，形成一个完整的模拟生态系统。这样一来，我们构建的山海经野生动物园，就被分为了蠃门馆、鳞门馆、毛门馆、羽门馆、昆门馆和禺门馆。

了解完以上内容，相信各位小朋友已经准备好了，那就开始我们这趟特殊的“游览”旅程吧！

中国科学院动物研究所
程超源 博士

小遇
大奇
小山
大奇、小遇的父母

结束了一场梦幻般的森林之旅，大奇和小遇跟随着大眼睛老师来到了草木稀疏的荒原。

之前遮天蔽日的树木让人看不到辽阔的天空，如今走在这里，却感觉四周空旷至极。大家看到远处出现了黎明的光亮，那光亮很快就照耀在了一望无际的广阔荒漠上。他们似乎来到了一个显微镜下的世界，四面八方都是土地的裂痕，只有零星的、矮小的植物在地面上投下细长的影子。而他们刚刚抖落身上的雪花，如今走进炎热的荒漠，感受到了阳光的炙烤。

时间似乎正以奇怪的速度流逝，在这里的每一分，每一秒，都像度过了一整天那样漫长。这是一种就像陷入了未知世界的感觉，大奇和小遇看看身边的大眼睛老师，他们觉得要想探究这个世界，只能首先保持静默，认真地倾听、观察身边的一切……

目录

01

qīn yuán
钦原

原文

西南四百里，曰昆仑之丘，是实惟帝之下都，神陆吾司之……有鸟焉，其状如蜂，大如鸳鸯，名曰钦原，蠚（hē）鸟兽则死，蠚木则枯。

——《山海经·西山经》

译文

往西南四百里是昆仑山，这里是天帝在下界的都邑，天神陆吾主管这里……山中有一种禽鸟，它的外形像蜜蜂，大小与鸳鸯差不多，名叫钦原。其他鸟兽被这种鸟蜇到就会死去，树木被这种鸟蜇到就会枯死。

大家正在小声地讨论眼前世界的真实性，突然听到了巨大的嗡嗡声。

一只体形硕大的昆虫出现在他们面前，它外形恐怖、体态怪异。它在一棵小树上停留了一会儿，小树很快便枯萎了。

大眼睛老师告诉大家："那是钦原，一种巨大的昆虫。古人可能把会飞的大型动物都当作鸟类，所以《山海经》把钦原记作一种禽鸟。它的毒性很强，头顶和尾端都有毒刺，被蜇到的话，无论是动物还是植物，都会立刻死亡。"

小伙伴们紧张起来，大奇盯着钦原红色的复眼，忍不住说道："我们还是赶紧离开吧。"

昆虫的发声方式有哪几类呢？

昆虫无法像人类一样通过呼气带动声带来发声，它们发声主要利用身体某些部位的摩擦或振动来实现，依据发声方式的不同可分为三类：通过专门的发声器发出声音，例如雄蝉的腹基部有可振动的鼓膜，通过快速振动发出蝉鸣；通过前后翅摩擦发出声音，例如蟋蟀；飞行时通过翅膀振动发出声音，例如蚊子。

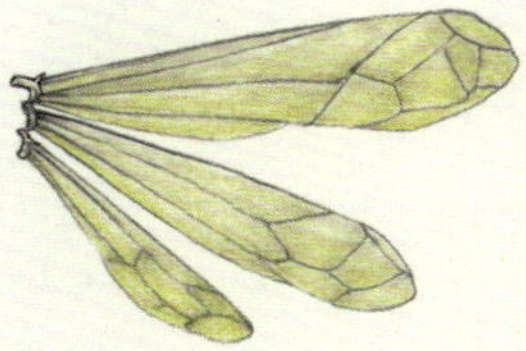

钦原三对翅膀细节图

昆虫的眼睛都是复眼吗？

大多数昆虫都长有一对复眼，同时有若干个单眼。复眼和单眼的作用不同，昆虫的视觉成像主要依靠复眼，而单眼只有感光的功能。

钦原的巢

02

huá yú
鲭鱼

原文

又西三百七十里，曰乐游之山。桃水出焉，西流注于稷泽，是多白玉。其中多鲭鱼，其状如蛇而四足，是食鱼。

——《山海经·西山经》

译文

再往西三百七十里，有座乐游山。桃水发源于此，向西流入稷泽。这里到处是白玉，水中有很多鲭鱼，这种鱼的外形像蛇，却长着四只脚，以鱼为食。

大家刚离开钦原所在的荒原，就远远地看见了一片绿洲，湖水波光粼粼，从里面钻出一条长着鳍的“蛇”。

小海特别怕蛇，他盯着眼前的生物一动也不敢动。

大眼睛老师说：“这是鲭鱼，它主要生活在水中。为了适应水下环境，它们长出了足和鳍。放心吧，它是没有毒的。蛇和鱼都有鳞片，照理说应该同属于鳞虫一类。不过古代有一种奇怪的认识，古人相信蛇和龟是同类，所以把蛇和龟都分在了昆门馆。”

怎么辨别蛇是否有毒呢？

毒蛇与无毒蛇的根本区别在于毒蛇具有毒腺、毒牙，而无毒蛇没有，但这一点是很难从蛇的外表上分辨的。

如果只看外表，一般情况下，毒蛇的头部呈三角形，尾巴短而粗，体色较为鲜艳。某些毒蛇还有独特体征，例如响尾蛇的尾部有响环，眼镜蛇的颈部较为膨大等。

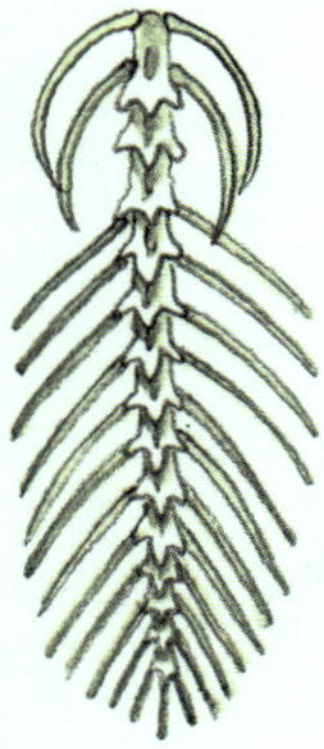

鲭鱼尾骨

鲭鱼的食物

03

冉遗

rǎn yí

原文

又西三百五十里，曰英鞮(dī)之山，上多漆木，下多金、玉，鸟兽尽白。涴（yuān）水出焉，而北流注于陵羊之泽。是多冉遗之鱼，鱼身蛇首六足，其目如马耳。

——《山海经·西山经》

译文

再往西三百五十里是英鞮山，山上生长着茂密的漆树，山下蕴藏着丰富的金和玉石，禽鸟野兽都是白色的。涴水发源于此，然后向北流入陵羊泽。这里的水中有很多冉遗，它长着鱼身、蛇头和六只脚，眼睛像马耳朵一样。

小遇指着前方道："快看！那也是一条蛇吗？它怎么长了那么多只脚？"

原来湖水中潜藏着一个绿色的生物，正用凸出的眼睛盯着他们。

"这是冉遗。"大眼睛老师介绍道，"它的身体长得像鱼，鱼鳍是由它的六条腿演化而来的。冉遗的头长得像蛇的头，习性也和蛇很像。好了，我们快走吧，不要等它朝我们露出牙齿。"

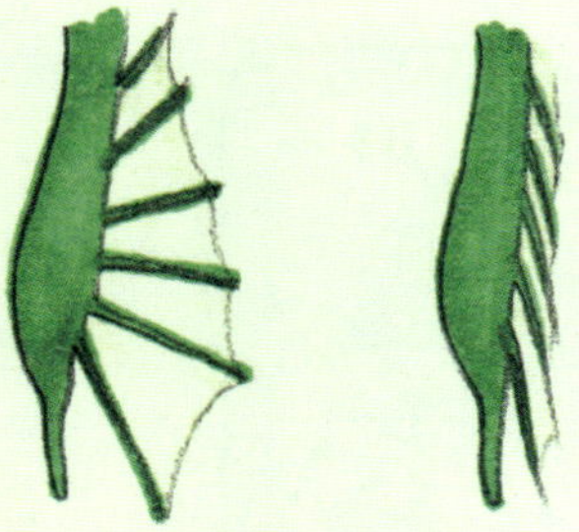

冉遗蹼状结构撑开（左）与合拢（右）示意图

蛇露出牙齿意味着什么？

一般来说，蛇嘴里布满尖锐的倒钩状牙齿。这些牙齿通常有两种结构：一种是有槽的，另一种是中空的。这两种牙齿构造都可以有效地释放毒液。在有槽的毒牙中，毒液会沿着毒牙的凹陷处流动；在中空结构的毒牙中，毒液会在其内部流动。捕猎时，毒蛇会将毒腺分泌的毒液注入牙齿后喷出，用以攻击猎物。如果我们看到一条蛇张开嘴并露出了尖牙，就一定要小心，要赶紧走开，因为这是它准备发起攻击的信号。

04

chánɡ
长
shé
蛇

原文

北二百八十里，曰大咸之山，无草木，其下多玉。是山也，四方，不可以上。有蛇名曰长蛇，其毛如彘豪，其音如鼓柝（tuò）。

——《山海经·北山经》

译文

往北二百八十里是大咸山，山上没有花草树木，山下盛产玉石。大咸山呈四方形，人不能攀登上去。山中有一种蛇叫长蛇，它身上的毛与豪猪身上的刺毛相似，发出的声音像敲击木棒的声音。

观光车远离了绿洲，开始向一望无垠的荒漠驶去。小遇趴在车窗边，远远地看见一座四四方方的石山，一条大蛇盘在上面。

“天哪，它太大了！”小遇惊呼起来，那条蛇身上的鳞片，每一片都有一叶小舟那么大。它的头在山顶直入云层，尾巴尖却垂到了山脚。

大眼睛老师说：“那是长蛇，是我们山海经野生动物园中最大的动物。有一个传说叫巴蛇吞象，很有可能就是关于它的故事。也就是说，它可能可以轻松吞下大象这类动物，整整消化三年后才把骨头吐出来。”

蛇是靠什么消化食物的？

蛇无法咀嚼，会把猎物整个吞下去，依靠各种消化器官分泌的消化液消化食物。蛇分泌消化液的器官有毒腺、肝脏和胰脏。

蛇为什么能吞掉比自己大很多的动物？

蛇的头骨中缺少其他动物所具有的后额骨、方额骨和上下颞骨，由此在蛇的头骨两侧形成了一个较大的空腔，而蛇的下颌骨与其他头骨部件连接的关节可以活动，所以蛇嘴可以张得非常大，能吞掉比自己头部大很多的猎物。此外，蛇没有胸骨，肋骨也可以活动，消化道又富有弹性，吞下的大型猎物可以在蛇的消化道内顺利地通过。

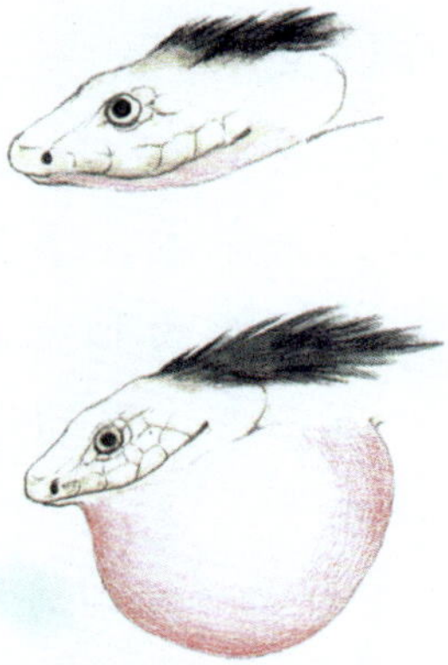

长蛇声囊收起（上）
与鼓出（下）对比图

05

肥(féi)遗(yí)

原文

又北百八十里，曰浑夕之山，无草木，多铜、玉。嚣水出焉，而西北流注于海。有蛇一首两身，名曰肥遗，见则其国大旱。

——《山海经·北山经》

译文

再往北一百八十里是浑夕山。山上没有花草树木，盛产铜和玉石。嚣水发源于此，然后向西北流入大海。这里有一种长着一个头、两个身子的蛇，名叫肥遗。它在哪个国家出现，哪个国家就会发生严重的旱灾。

大奇用胳膊撞了撞小遇，提醒她收回目光，注意近处的另一条蛇。这条蛇的长相更恐怖，竟然有一长一短两个身体。

大眼睛老师告诉他们：“这是肥遗，它有很多跟其他蛇类不同的地方，例如喜欢把卵悬挂在树上。肥遗颈部以下约七寸的地方，出现了分叉的脊骨，于是它就拥有了一粗一细两个身体，细小的副躯常常盘在主躯上。遇到危险，它能像壁虎断尾一样舍弃一条尾巴脱身，过一段时间还能慢慢长出新的尾巴。”

打蛇的七寸能致其死亡吗？

“打蛇打七寸”是古人对打蛇经验的一个总结。七寸指的是蛇心脏的位置，因为心脏是蛇较为脆弱的地方，一旦受到打击很可能导致死亡。但是蛇的种类多样，长度差异很大，心脏的位置并不一定都在距头七寸的地方，因此严格按照七寸去打蛇并不一定能致其死亡。

肥遗会用膜囊将卵悬挂在树上

蛇通常把卵产在什么地方？

蛇是变温动物。大多数的蛇都不存在孵化行为，因此通常会把卵产在洞穴、石缝、落叶堆等隐蔽且能遮风挡雨的地方。像眼镜王蛇这种有孵化行为的蛇，会把卵产在自己用落叶和枯枝搭建的巢中。海蛇等卵胎生的蛇，则会选择在体内孵化，发育成熟后直接产下小蛇。

肥遗断尾后重生示意图

06

bó mǎ
䍶马

原文

又北三百五十里，曰敦头之山，其上多金、玉，无草木。旄（máo）水出焉，而东流注入邛（qióng）泽。其中多䍶马，牛尾而白身，一角，其音如呼。

——《山海经·北山经》

译文

再往北三百五十里是敦头山。山上有丰富的金和玉石，但不生长花草树木。旄水发源于此，然后向东流入邛泽。敦头山中有很多䍶马，它们长着牛的尾巴、白色的身子，只有一只角，发出的声音如同人的呼喊声。

“你们看那边的小河，露出了一只尖角。”小遇说。

大眼睛老师说：“你看到的是犸马，它是生活在水里的爬行动物，平时会让鼻孔露出水面呼吸，所以你能看到它的角。当它快速游动时，就只能看到它背脊上长长的一列鳞片，仿佛是一条细长的水蛇正在游动。不过，犸马并不像水蛇那样安静，它很擅长鸣叫。它长着两个气囊：一个是位于下颌的声囊，鼓动时会发出洪亮的声音；另一个是位于前胸处的喉囊，通常用于储藏食物或空气。”

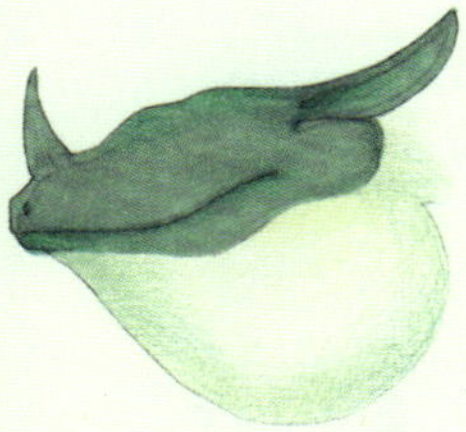

声囊位于下颌

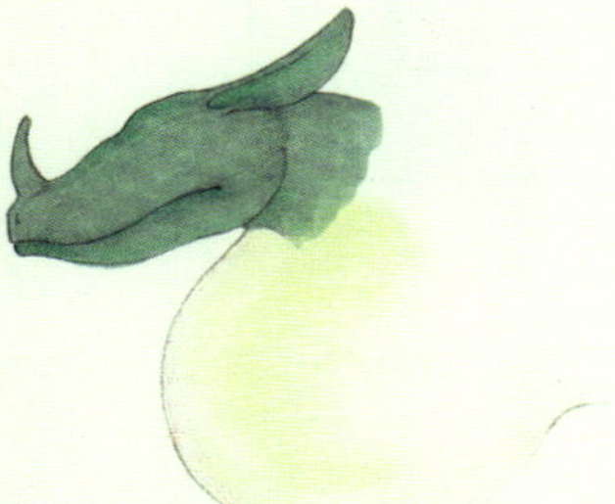

喉囊位于前胸

蛇会发出叫声吗？

蛇一般是不会叫的。它们发出响声通常是在吐舌头的时候，空气快速进入舌头下面的小洞，从而发出嗞嗞声。响尾蛇则是通过尾部的振动发出咔咔的响声。

犸马头骨细节图

07

dà
大
shé
蛇

原文

又北五百里，曰錞于毋逢之山……浴水出焉。是有大蛇，赤首白身，其音如牛，见则其邑大旱。

——《山海经·北山经》

译文

再往北五百里是錞于毋逢山……浴水发源于此。山中有一种大蛇，长着红色的脑袋、白色的身子，发出的声音如同牛叫。它在哪里出现，哪里就会有严重的旱灾。

小山又看到了一条蛇，这条蛇上半身直立起来，嘶嘶地吐着舌头。他猜测这条蛇一定有毒。

大眼睛老师告诉大家：“它叫大蛇，名字听起来很普通，但却是一种厉害的毒蛇，头部红色就是带有毒性的表现。脖子两侧还有可张开的翼，就像眼镜蛇一样。大蛇口中有四颗獠牙，上方的两颗獠牙后面各有一条毒腺。在用牙齿攻击敌人时，它会挤压毒腺，将毒液喷洒在牙齿上。”

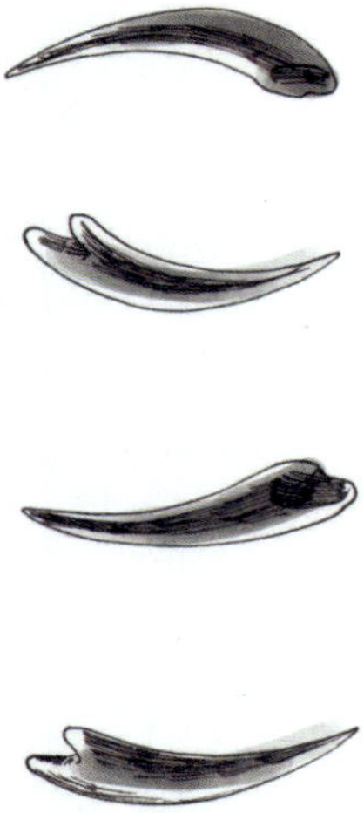

大蛇齿部细节图

蛇为什么总吐舌头？

蛇的视觉已经退化，主要依靠嗅觉来发现猎物。蛇的嗅觉感受器位于犁鼻器的内壁，但犁鼻器与鼻腔并不连通，因此无法通过吸气来辨别气味。蛇的犁鼻器在口腔顶壁上有开口，蛇吐出舌头吸附周围空气中的气味分子，等舌头缩回口腔后就能通过犁鼻器产生嗅觉，所以蛇吐舌头是为了嗅气味。

08

shèn yáo

蜃珧

原文

又西南四百里，曰峄（yì）皋（gāo）之山，其上多金、玉，其下多白垩。峄皋之水出焉，东流注于激女之水，其中多蜃珧。

——《山海经·东山经》

译文

再往西南四百里是峄皋山，山上有丰富的金和玉石，山下有丰富的白垩土。峄皋水发源于此，向东流入激女水，水中有很多蜃珧。

一路走来，大家见到了各种各样的蛇，因此精神一直都很紧张。

大眼睛老师试图缓和气氛，便指向一处溪流，对大家说道：“在山间的溪水中生活着独特的蜃珧，作为一种贝类，它们向来与世无争，是没有攻击性的生物。蜃珧的外壳坚硬无比，主要依靠足丝过滤水中的泥沙来获取食物，水中的微生物、苔藓等都是它们的食物。”

足丝可以帮助贝类动物走路吗？

足丝本质上是一类强韧的蛋白纤维，它们的作用是帮助贝类固定在岩石、水草或其他动物的身体上，以免贝类自身被水流冲走，所以足丝是不能帮助贝类动物走路的。

09

xī guī
蠵龟

原文

又南水行五百里，曰流沙，行五百里，有山焉，曰跂（qǐ）踵（zhǒng）之山，广员二百里，无草木，有大蛇，其上多玉。有水焉，广员四十里皆涌，其名曰深泽，其中多蠵龟。

——《山海经·东山经》

译文

再往南走五百里水路，经过流沙，再走五百里，有一座跂踵山，方圆二百里，山中没有花草树木，有大蛇，山上有丰富的玉石。这里还有水潭，方圆四十里都在喷涌泉水，它的名字叫深泽，水中有很多蠵龟。

“看啊，好大的一只龟！”小山指着前方，那里有一只头上有角的大乌龟正慢悠悠地爬过沙地，它身上的甲壳像一座峰峦高低不平的小山。

“这是蠵龟。”大眼睛老师说，“它喜欢生活在温暖的水域中，会把卵产在细密的沙地上，再用沙子盖起来，让阳光来温暖和孵化这些卵。”

卵生动物的性别是由什么因素决定的呢？

卵生动物的性别决定因素有很多，不同种类的卵生动物，其性别决定因素截然不同。一些原始的卵生动物是雌雄同体的，例如蚯蚓。黄鳝等动物出生时都是雌性，之后慢慢变为雄性。鸟类等卵生动物的性别主要是由受精卵的性染色体类型决定的。鳄鱼等爬行动物和某些两栖动物的性别则取决于孵化时的温度。蜜蜂等膜翅目昆虫的性别取决于染色体的倍数，单倍体为雄性，二倍体为雌性。

10

nuó

䳱

原文

《中山经》薄山之首，曰甘枣之山。共水出焉，而西流注于河。其上多杻（niǔ）木……有兽焉，其状如䶂（huǐ）鼠而文题，其名曰䳱。

——《山海经·中山经》

译文

《中山经》所记录的中央第一系列山系薄山的第一座山是甘枣山。共水发源于此，然后向西流入黄河。山上有茂密的杻树……山中还有一种野兽，形状像䶂鼠，额头上有花纹，它的名字叫䳱。

小遇见到一只蜥蜴趴在岩石上，不禁瑟缩了一下，叫道：“好恐怖呀，它好像满身都是眼睛。”

大眼睛老师说道：“别害怕，那只是它身上的花纹。它的名字叫𪕪，它的身上之所以会长出类似眼睛的花纹，是为了吓退敌人。”

为什么很多动物的身上会有花纹？

长期生活在野外的动物，在进化的过程中，会将能够保护自己的东西保留下来，比如身上长有花纹，这就是动物生存过程中的自我保护。有些食肉动物的身上有花纹，是为了在捕猎的时候伪装自己，不被猎物发现，提高捕猎的成功率。有些哺乳动物甚至在毛下面的皮肤上也长着和毛一样的花纹，这样即使是在受伤没有毛的时候，身上依然拥有花纹，同样能在环境中伪装和保护自己。

𪕪身上的花纹细节图

11

míng shé
鸣蛇

原文

又西三百里，曰鲜山，多金、玉，无草木。鲜水出焉，而北流注于伊水。其中多鸣蛇，其状如蛇而四翼，其音如磬，见则其邑大旱。

——《山海经·中山经》

译文

再往西三百里是鲜山，那里有丰富的金和玉石，但不生长花草树木。鲜水发源于此，然后向北流入伊水。水中有很多鸣蛇，外形像蛇，却长着四只翅膀，叫声如击磬发出的声音。它在哪里出现，哪里就会发生严重的旱灾。

小遇听到远远传来击磬的声音，非常悦耳。她不由得循声望去，却看到一条蛇飞在空中，顿时吓了一跳。

大奇却对这种动物很有兴趣，仔细观察，发现它身上有两对翅膀，尾巴上还有一大簇羽毛似的结构，击磬的声音就是这“一大簇羽毛”发出来的。

大眼睛老师说道：“它叫鸣蛇，因为能飞行，和古代神话里的腾蛇很相似。更奇特的是它能发出声响来引诱猎物，就像响尾蛇一样。”

博物小科普

响尾蛇是怎么发出声音的？

响尾蛇的尾部有角质的响环，这种响环内部中空，形似串珠。当响尾蛇快速地摆动尾部时，空气就会流过响环内部的空腔，并使空腔产生振动，从而发出声音。

鸣蛇尾部图

鸣蛇卵细节图

12

xuán guī
旋龟

原文

又东三百七十里，曰杻阳之山，其阳多赤金，其阴多白金……怪水出焉，而东流注入宪翼之水。其中多玄龟，其状如龟而鸟首虺（huǐ）尾，其名曰旋龟，其音如判木。

——《山海经·南山经》

译文

再往东三百七十里是杻阳山。山的南面盛产赤金，山的北面盛产白金……怪水发源于此，然后向东流入宪翼水。水中有很多暗红色的龟，外形像乌龟，却长着鸟头和蛇尾巴。它的名字叫旋龟，它的叫声像劈开木头时发出的响声。

小遇看到一只大龟，它长着鸟的头和蛇的尾巴。

大眼睛老师说道："这是旋龟，它的长相奇特，看起来就像是由几种动物的不同部位组合在一起似的。不同年龄的旋龟，头部会出现相应的演化现象，从雀鸟的头骨缓慢地向鹰隼的头骨变形。"

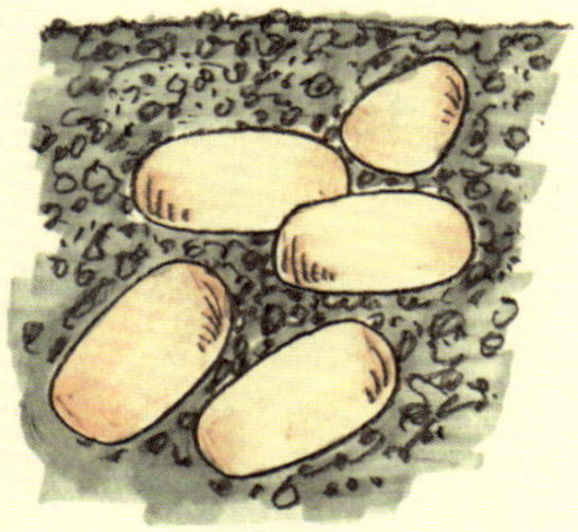

旋龟卵

冬眠的时候龟会变瘦吗？

冬眠中的龟确实会变瘦，不过瘦下来的程度并不高。龟在冬眠时会极大地降低身体新陈代谢的速率（只有冬眠前的5%左右），依靠冬眠前储存的能量来维持生命。冬眠中的龟每个月因消耗而下降的体重大约占原体重的1%，具体消耗量会受到外界温度的影响而出现差异。

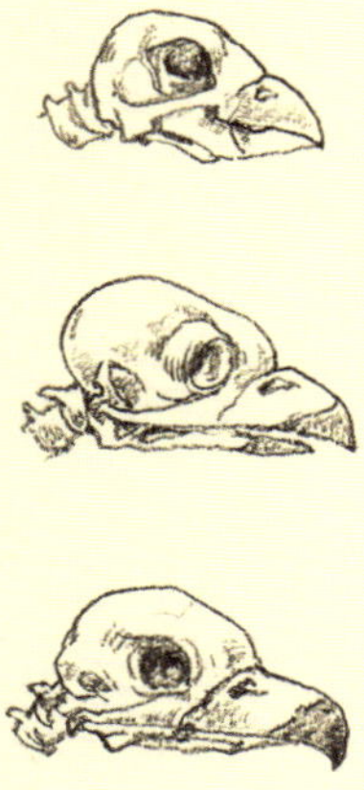

旋龟头骨发育过程图

旋龟的食物

13

lí lì
狸力

原文

《南次二经》之首，曰柜山，西临流黄，北望诸毗（pí），东望长右。英水出焉，西南流注于赤水，其中多白玉，多丹粟。有兽焉，其状如豚，有距，其音如狗吠，其名曰狸力，见则其县多土功。

——《山海经·南山经》

译文

《南次二经》所记录的南方第二列山系的头一座山是柜山，西边临近流黄，北边可以望见诸毗山，东边可以望见长右山。英水发源于此，向西南流入赤水，水中多产白玉和粟粒般大小的丹砂。山中有一种野兽，外形像小猪，长着鸡爪，叫声如狗叫，它的名字是狸力。它在哪里出现，哪里就一定会有繁重的土木工程。

前面扬起了一阵阵沙尘，小遇踮起脚才勉强看清，有个小动物似乎正在掘土。它的身形滚圆短小，除了面部和四足外，身体的其余部位均被角质化的鳞片覆盖。

狸力头骨图

大眼睛老师告诉大家：“这种动物叫狸力，特别擅长钻洞。它的幼崽刚出生时没有鳞甲保护，所以要躲藏在地下的巢穴中。因为长年生活在地下，它的视觉退化了，靠鼻子来寻找食物。如果发现了地下的植物根茎，它就用两根长长的獠牙拱出来吃掉。”

有些动物长出獠牙的作用是什么？

“獠牙”一词并非确切的解剖学术语，仅能定义为哺乳动物上颌骨或下颌骨生长出来的、从颚部伸出、极其强壮、无齿根且持续生长的牙齿。不同动物的獠牙生长的位置有所不同，例如大象和独角鲸的獠牙是极度发达的门齿，海象的獠牙是上犬齿，野猪的獠牙则是下犬齿。不同动物的獠牙用处也不一样，在独角鲸群体中，獠牙可作为力量和地位的象征，大象和野猪会使用獠牙进行挖掘和自卫，而海象则会将獠牙作为支点，让自己从水中爬到冰面上。

狸力的幼崽

14

féi

肥

wèi

𧔥

原文

又西六十里，曰太华之山，削成而四方，其高五千仞，其广十里，鸟兽莫居。有蛇焉，名曰肥𧔥，六足四翼，见则天下大旱。

——《山海经·西山经》

译文

再往西六十里是太华山，山崖像刀削一样陡峭，呈现四方形，高五千仞，宽十里，禽鸟野兽无法栖身。山中有一种蛇，名叫肥𧔥，长着六只脚和四只翅膀，它一出现天下就会大旱。

一只形态奇特的动物出现在大家的视线里，大奇认为它是蛇，可是它长着六只脚和两对翅膀。

大眼睛老师说：“它叫肥𧌒，身体构造比较奇怪，翅膀不能用于飞行，只能在落差不大的岩石间滑翔一阵子。它的脚底构造和壁虎相似，脚可以吸附在岩石上，无论坡度多大它都不会滑落。它身上还长着火焰一般的纹路，可以在植物间隐藏自己。不过，它最喜欢的事还是待在岩石上晒太阳。”

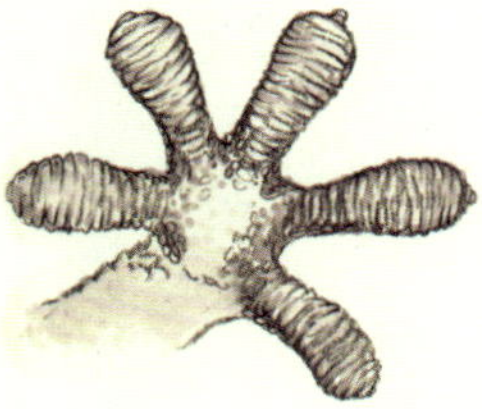

肥𧌒脚掌特写图

肥𧌒藏在枯叶间时显现的体色

爬行动物会害怕阳光照射吗？

大多数爬行动物并不会害怕阳光，反而是喜欢晒太阳的。因为爬行动物是变温动物，体温调节能力较差，在体温较低时，它们的身体会变得僵硬，从而影响活动能力，所以当环境温度较低的时候，爬行动物便需要通过晒太阳来使体温上升到适合活动的水平。

肥𧌒的毒腺

15

bàng yú
鲜鱼

原文

又西七十里，曰英山。其上多杻、橿，其阴多铁，其阳多赤金。禺水出焉，北流注于招水，其中多鲜鱼，其状如鳖，其音如羊。

——《山海经·西山经》

译文

再往西七十里是英山。山上到处都是杻树和橿树，山的北面盛产铁，山的南面盛产赤金。禺水发源于此，向北流入招水，水中有很多鲜鱼，这种鱼外形像鳖，叫声像羊叫。

“这也是一只龟吗？为什么它的尾巴和四肢不同于普通的乌龟，形状看起来更接近鱼鳍呢？”小海盯着眼前的生物看了好久，忍不住问道。

大眼睛老师说道：“这是鲱鱼，虽然有些鱼类的特征，却属于龟鳖这一种类。它是水陆两栖生物，在水里和陆地上都能生活，变异的前肢能帮助它快速游动，只不过一旦上岸爬行，速度就变得非常缓慢。”

鱼鳍里有骨头吗？

鱼鳍是鱼类身上非常重要的器官，里面有很多骨骼，这些骨骼可以为鱼鳍的运动提供强有力的支撑。在鱼类运动的时候，鱼鳍不但能维持游泳姿态的稳定，还能控制运动的方向。此外，远古时代有一类叫作肉鳍鱼的鱼，它们的鱼鳍里的骨骼在进化中最终变成了陆生动物的四肢骨骼，如此说来，肉鳍鱼算得上是陆生动物的超级“老祖宗”了。

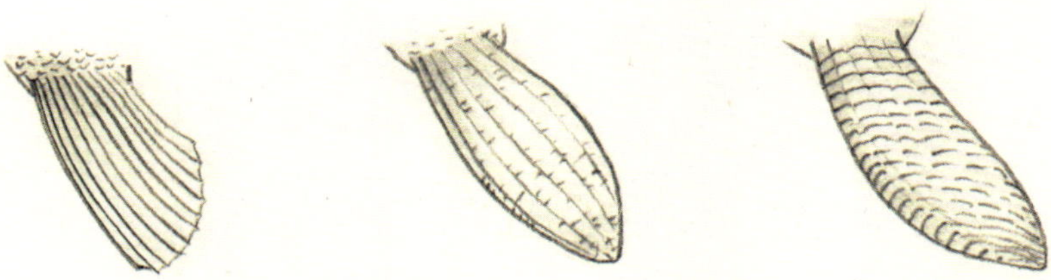

鲱鱼的鱼鳍变形过程图

16

bái
白
shé
蛇

原文

西二百里，曰泰冒之山，其阳多金，其阴多铁。浴水出焉，东流注于河，其中多藻玉，多白蛇。

——《山海经·西山经》

译文

向西二百里是泰冒山，山的南面多产金，山的北面多产铁。浴水发源于此，向东流入黄河，水中有很多藻玉，还有很多白蛇。

小山发现了水中的白蛇，它全身覆盖着细鳞，在阳光和水流的映衬下闪着细碎的光亮。

大眼睛老师说道：“这是白蛇，它们喜欢生活在蕴藏有藻玉的溪流中。在古代，人们相信蛇是一种拥有神力的动物，因为蛇会冬眠，而且长大时会蜕皮——像是‘死而复生’了。人们一直以来都热衷于创作与蛇类有关的志怪故事，描写它们有了较长的寿命后，能预测气候变化，还能未卜先知，甚至能化身为人。”

蛇类可以预知天气吗？

在发生天气变化之前，周围环境中的气压、湿度和温度等往往会出现一定程度的改变，蛇类能够感知到这些细微的变化，从而在一定程度上预知天气。

藻玉

17

dà è
大鹗

原文

又西北四百二十里，曰钟山。其子曰鼓，其状人面而龙身，是与钦䲹（péi）杀葆江于昆仑之阳，帝乃戮之钟山之东曰𡾰崖。钦䲹化为大鹗，其状如雕而黑文白首，赤喙而虎爪，其音如晨鹄（hú），见则有大兵。

——《山海经·西山经》

译文

再往西北四百二十里是钟山。钟山山神的儿子叫鼓。鼓有人的脸庞和龙的身子，他曾和钦䲹同谋，在昆仑山的南面杀死了天神葆江，天帝因此将鼓与钦䲹诛杀在钟山东面一个叫𡾰崖的地方。钦䲹化为一只大鹗，外形像雕，长有黑色的斑纹、白色的脑袋、红色的喙和老虎一样的爪子，叫声如晨鹄叫声。它一出现就会有大的战争。

这片干燥、空旷的小天地并不只是昆门动物的乐土，它们的一些天敌也陆续迁徙了过来，共同维持生态链的完整。大鹗就是处在生态链顶端的一种捕食者。

当观光车开过一处峡谷时，只见一只大鸟腾空而起，拎起一条体形硕大的蛇，带到高空后将它摔向地面。小山和小海都为它展示出的强大力量发出惊叹。

大眼睛老师告诉大家：“那只大鸟就是大鹗，非常凶猛。大鹗的颈修长，骨节多，能够灵活转动，类似天鹅的颈。它的喙像鹰喙，尖端有倒钩。它的翅膀内侧还有火焰似的纹路，飞起来极有气势。”

鸟类的脖子都很灵活吗？

经常有人惊叹于鸟类的脖子可以超大角度旋转，例如猫头鹰，它们的头可以旋转270度。猫头鹰有14节颈椎，而人类只有7节，想想看，我们都可以90度转动脖子，它们的颈椎节数比我们的多出一倍，270度旋转脖子对它们来说简直是小菜一碟。

大鹗翅膀内侧的火焰纹理

18

jùn
鵕
niǎo
鸟

原文

又西北四百二十里，曰钟山……鼓亦化为鵕鸟，其状如鸱（chī），赤足而直喙，黄文而白首，其音如鹄，见则其邑大旱。

——《山海经·西山经》

译文

再往西北四百二十里是钟山……鼓化为鵕鸟，外形像鸱，长着红色的脚和直直的喙，身上有黄色的斑纹，头是白色的，叫声与鸿鹄的鸣叫声相似。它在哪里出现，哪里就会有严重的旱灾。

大眼睛老师望着掠过天际的一只飞鸟，给大家讲了一个故事。

“在远古时代，北方的钟山有一位山神，名叫烛阴。他的孩子叫鼓，因为违背了天帝定下的法则，和同伴杀害了天神葆江，受到了严厉的惩罚。鼓被变成了一只鵕鸟，它长得像鸱，能飞得很高很高。它走到哪里，哪里就会出现严重的旱灾。也许是因为鼓心里有罪恶感吧，他变成鵕鸟后一般只在夜间出来活动。”

“啊，怪不得这里这么荒凉。”小遇看着发黄的草叶感叹道。

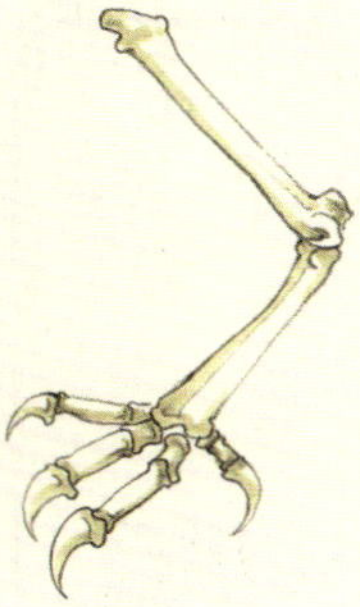

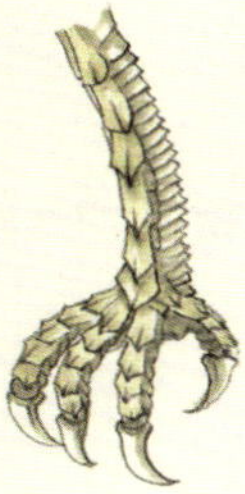

鵕鸟足骨（上）与鳞状角质层（下）细节图

为什么有的鸟类会在夜间捕食？

夜间捕食的鸟类主要有雕鸮、仓鸮、长耳鸮、夜鹰等，它们都是出色的暗夜猎手。因为鼠类、刺猬等小动物一般在夜间活动，以这些小动物为食的鸟类在夜间也就更为活跃。雕鸮还会捕食其他的鸟类，那些白天活动的鸟类没有雕鸮那样良好的夜间视力，到了晚上通常只能束手就擒。夜鹰是另一类主要在夜晚捕食的鸟类，它们以夜间活动的昆虫为食，依靠青蛙一般的大嘴在空中吞下飞行的昆虫。

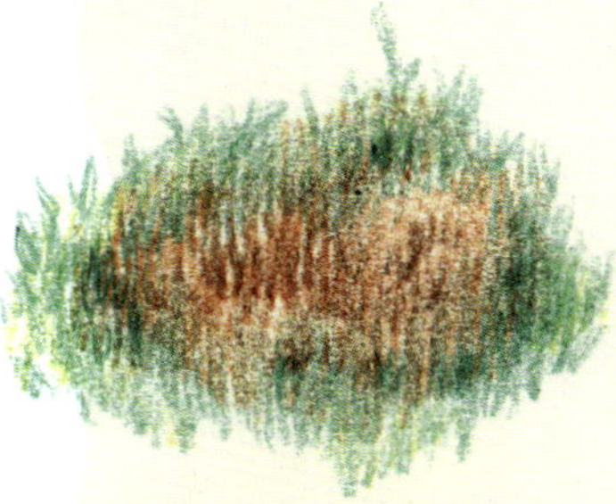

鵕鸟停留过的草地

19

yú

颙

原文

又东四百里，曰令丘之山，无草木，多火。其南有谷焉，曰中谷，条风自是出。有鸟焉，其状如枭（xiāo），人面四目而有耳，其名曰颙，其鸣自号也，见则天下大旱。

——《山海经·南山经》

译文

再往东四百里是令丘山，没有花草树木，到处是野火。山的南边有一条峡谷，叫中谷，东北风就是从这里吹出来的。山中有一种禽鸟，外形像猫头鹰，却长着一副人的面孔，上面有四只眼睛和一对耳朵，它的名字叫颙，叫声就是自己名字的读音。它一出现，天下就会大旱。

“快看那儿！”大奇指向了一只长着两对眼睛的鸟。

大眼睛老师说道：“这是颙，长得像猫头鹰。”

“它和鹞鸟一样也喜欢干旱的地方吗？”小遇问道。

大眼睛老师说道：“它们不仅喜欢干旱的荒山，还喜欢待在热风出入的山谷中，哪怕是火山口也不怕呢！”

“它为什么有两对眼睛呢？”大奇跟着问道。

大眼睛老师说道：“这是一种叫作重华的特征。”

什么是重华？

重华也叫作重瞳，一般是说人的一只眼睛中出现两个瞳孔的现象。在遥远的古代，重瞳被认为是一种异相，如果一个人拥有重瞳，那么他一定拥有非同寻常的能力。在历史记载中，仓颉、虞舜、重耳、项羽等著名人物都有重瞳的特征。后来人们对古代的这种文献记录产生了误解，于是出现了上下四目的画像，例如造字的仓颉，便被误解为长有四只眼睛；还有能驱鬼的巫师方相氏，也有“黄金四目”的记录。

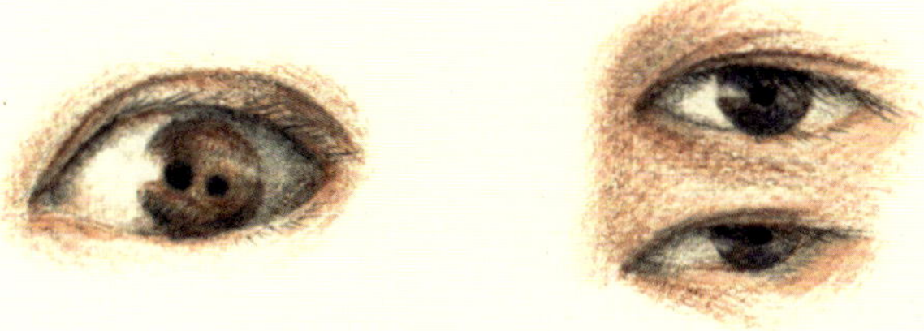

两种重华现象示意图

20

xiāo
嚣

原文

又北三百五十里，曰梁渠之山，无草木，多金、玉……有鸟焉，其状如夸父，四翼、一目、犬尾，名曰嚣，其音如鹊。

——《山海经·北山经》

译文

再往北三百五十里是梁渠山，山上没有花草树木，那里盛产金和玉石……山中有一种禽鸟，外形像夸父，长着四只翅膀、一只眼睛和狗的尾巴。它的名字叫嚣，叫声像喜鹊的叫声。

大家正说着话，一只四翼大鸟突然从空中俯冲下来，把大家吓坏了。

大眼睛老师连忙安慰道：“不要害怕，这是嚣，虽然它是捕猎的鸟类，但一般只攻击体形较小的动物，不会攻击人类。它突然俯冲下来，很有可能是因为迷失了方向。”

鸟类怎么辨别方向？

鸟类依靠许多外界信息来辨别方向。迁徙中的鸟类通过观察星星和太阳的位置来辨别方向，和人类利用北斗七星判断方向的方法十分类似。如果天气不佳，云层遮挡了星星和太阳，鸟类还可以通过地形，例如山脉、河流的走向等，来获取位置信息。科学家在实验中发现鸽子能根据地球磁场的变化来确定方向，还有一些鸟类能通过气味辨别巢穴所在的方向。

21

jū
居
jì
暨

原文

又北三百五十里，曰梁渠之山，无草木，多金、玉。脩水出焉，而东流注于雁门。其兽多居暨，其状如彙（huì）而赤毛，其音如豚。

——《山海经·北山经》

译文

再往北三百五十里是梁渠山，山上没有花草树木，盛产金和玉石。脩水从这座山发源，然后向东流入雁门水。山中的野兽大多是居暨，外形像刺猬，却长着红色的毛，发出的声音如同小猪叫。

器飞走之后，小遇听见了类似小猪叫的声音，连忙回头，却见石头后面拱出了一个小家伙。它就像一只粉色的刺猬，拖着一条长长的、带着尖刺的尾巴。

“难道刚才冲过来的器是为了抓这只小动物吗？”小遇问道。

大眼睛老师说道：“应该是这样的。这只小动物叫居暨，依靠浑身的刺保护自己。”

刺猬的刺有什么作用呢？

刺猬的刺不能像豪猪的刺那样脱落，也没有倒刺，因此刺猬的刺在自卫方面发挥的作用较为有限。科学家最新的研究成果表明，刺猬身上的刺更类似于一种减震装置，刺中心下方的蜂窝状结构能够起到缓冲作用。当刺猬从高处跌落时，会迅速蜷缩成球状，这样落地就能减轻冲击力度，避免摔断骨头或跌破内脏。此外，刺猬以食虫为主，并不会像传说中的那样把水果扎在刺上背走。

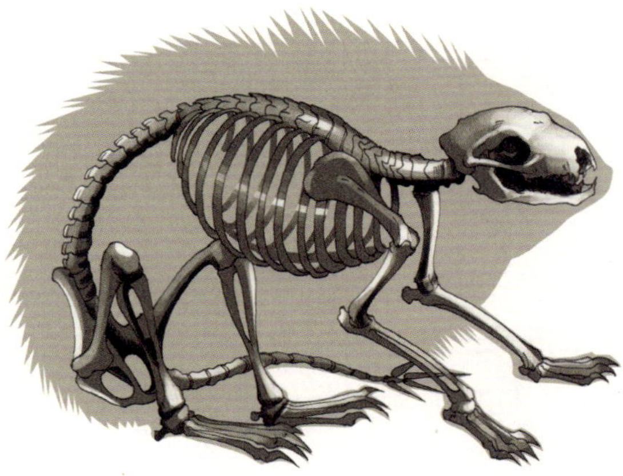

居暨骨骼图

22

qiú yú

犰狳

原文

又南三百八十里，曰余峨之山，其上多梓、楠，其下多荆芑（qǐ）。杂余之水出焉，东流注入黄水。有兽焉，其状如菟而鸟喙，鸱目蛇尾，见人则眠，名曰犰狳，其名自讣，见则螽（zhōng）蝗为败。

——《山海经·东山经》

译文

往南三百八十里是余峨山，山上有茂密的梓树和楠树，山下有茂密的牡荆和枸杞。杂余水发源于此，向东流入黄水。山中有一种野兽，外形像兔子，却长着鸟的嘴、鸱的眼睛和蛇的尾巴，一见人就躺下装死。它的名字叫犰狳，叫声就像是呼喊它自己的名字。它一旦出现，就会有螽斯、蝗虫出现，危害庄稼。

“好可爱呀。”小遇叫起来，“像一只长着鸟嘴的小兔子。”

“这是犰狳。”大眼睛老师说，“在古代人的描述中，它是兔身蛇尾，还长着鸟类的喙。而在现实世界，也有一种叫犰狳的动物。现实世界中的犰狳身上布满铠甲，一旦有危险就蜷缩起来，变成一个坚硬的球体，让敌人无从下手。”

现实世界中的犰狳是怎么觅食的？

犰狳的视力很差，觅食时基本不依靠视觉，而是利用嗅觉寻找目标，或使用强有力的前爪在泥土中掘出通道，用长而黏的舌头将蚂蚁、白蚁和其他昆虫卷入口中。此外，犰狳在夏季还会进食水果、树皮，个别种类还会捕食蟾蜍、青蛙、蜥蜴、蛇等，有时犰狳甚至会吃腐肉。

《山海经》中的犰狳食物图

23

bì bì
獙獙

原文

又南三百里，曰姑逢之山，无草木，多金、玉。有兽焉，其状如狐而有翼，其音如鸿雁，其名曰獙獙，见则天下大旱。

——《山海经·东山经》

译文

往南三百里是姑逢山，山上没有花草树木，有丰富的金和玉石。山中有一种野兽，外形像狐狸，却有翅膀，它的声音如同大雁鸣叫。它的名字叫獙獙，它一出现天下就会发生严重的旱灾。

大奇叫来小遇，指着一只蹲坐在沙地上的动物说道：“妹妹你看，那只动物的耳朵像一对翅膀，不知道它能不能飞呢？”

大眼睛老师说道：“这是獭獭，看上去如同一只娇小的狐狸，十分讨人喜欢。与可爱的外表不相称的是它强大的适应能力，即使在环境恶劣的沙漠，它也能凭借自己灵活的身手抓到昆虫和蛇类。你们看它那硕大的耳朵，不仅能广泛地收集声音信息，还能帮助身体散热。”

动物的大耳朵有什么作用呢？

动物的耳朵一般具有收集声波的功能，较大的耳朵有利于听到更细微的声音。另外，有些动物的大耳朵还有散热的功能，例如大象。

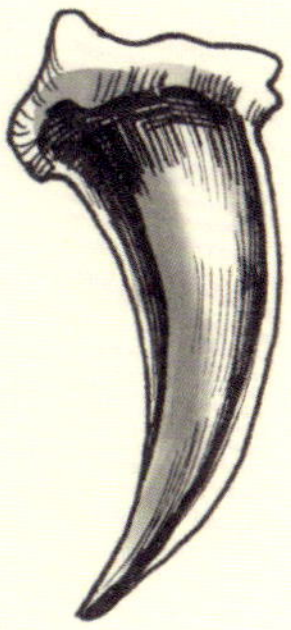

獭獭指甲细节图

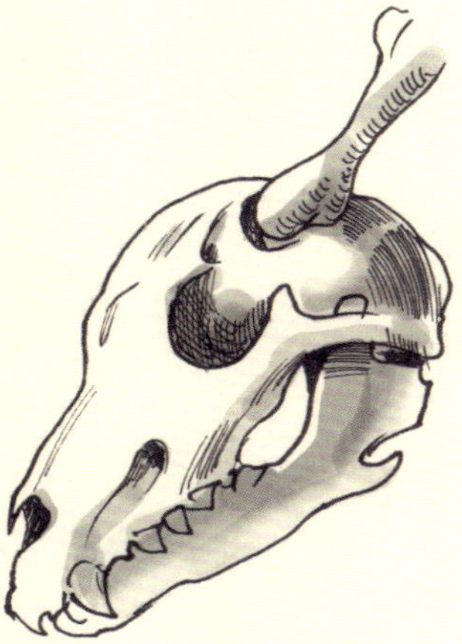

獭獭头部骨骼图

24

lóng zhì
蛮蛭①

原文

又南五百里，曰凫丽之山，其上多金、玉，其下多箴石。有兽焉，其状如狐，而九尾、九首、虎爪，名曰蛮蛭，其音如婴儿，是食人。

——《山海经·东山经》

译文

再往南五百里是凫丽山，山上有丰富的金和玉石，山下盛产箴石。山中有一种野兽，外形像狐狸，却有九条尾巴、九个脑袋，还有老虎的爪子。它的名字叫蛮蛭，它的声音像婴儿啼哭，这种野兽会吃人。

“那儿又有一只九尾狐！”小山激动地叫起来。

大眼睛老师摇摇头，说道：“那可不是九尾狐，而是蛮蛭。九尾狐只有一个头，而它有九个头呢。”

“有那么多头，身体该听谁的呢？”小海问道。

“不用担心，蛮蛭的头虽然多，但经常共同思考问题，它们各自都拥有敏锐的听觉，又能同时看向四面八方，最后由中间的头整合信息，做出决定。这样的合作让蛮蛭能更多地捕捉到猎物，毕竟它有那么多张嘴等着进食呢。”

动物会长出好几个头吗？

正常情况下，动物只能长出一个头。但也存在某些特殊的情况，例如动物胚胎发育时期遭遇某些变故导致胚胎畸形，出生后的幼崽有可能有两个头甚至更多的头。这种畸形的多头动物通常会在出生后不久就死亡，即使能够存活较长时间，它们的多头特征也无法遗传给下一代。

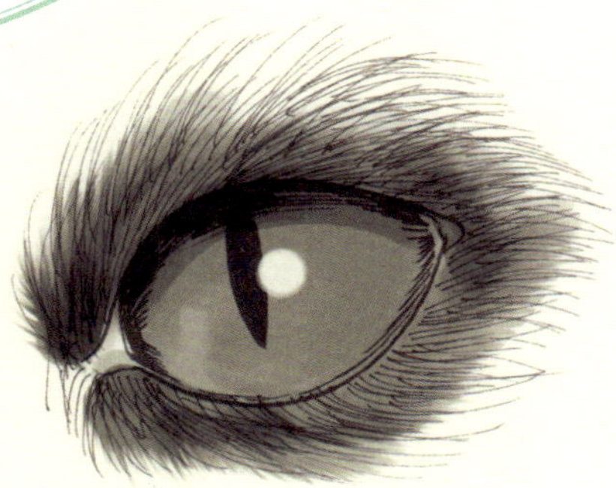

蛮蛭眼部细节图

25

lóng zhì

蛮蛭②

原文

又西二百里，曰昆吾之山，其上多赤铜。有兽焉，其状如彘而有角，其音如号，名曰蛮蛭。

——《山海经·中山经》

译文

再往西二百里是昆吾山，山上有丰富的赤铜。山中有一种野兽，外形像猪，却长着角，它的叫声如人在号啕大哭，名字叫蛮蛭。

"它也叫蛮蛭，"大眼睛老师指着一头长角的野猪说道，"就像我们之前看到的鹌鸪一样，《山海经》里同名的动物并不少见。"

"它看起来很强壮。"小海问道，"它也是肉食性动物吗？"

"确切地说，它是杂食动物，能通过出色的嗅觉找出植物的块根或野菌，也会吃蛇类等小型动物。它经常在空旷的地方奔跑，速度极快，即便撞到树木，性格粗暴的蛮蛭也不会停步，强壮的它甚至可以将参天大树连根撞翻。"

野猪能跑得很快吗？

人们通常认为野猪的身体非常笨重，行动就应该是迟缓的，但实际情况是野猪每日的运动量非常大，它们全身并没有多少脂肪，所以奔跑起来敏捷而快速。一头全速冲刺的野猪速度最高可达每小时56千米，而家猪一般只能达到每小时18千米。

26

lù shǔ

鹿蜀

原文

又东三百七十里，曰杻阳之山，其阳多赤金，其阴多白金。有兽焉，其状如马而白首，其文如虎而赤尾，其音如谣，其名曰鹿蜀。

——《山海经·南山经》

译文

再往东三百七十里是杻阳山。山的南边盛产赤金，山的北边盛产白金。山中有一种野兽，外形像马，长着白色的头，身上的斑纹像老虎，尾巴是红色的，它的叫声像人在唱歌，它的名字叫鹿蜀。

“相比两种长相凶恶的蚤蛭，鹿蜀的性情可要温和多了。”大眼睛老师介绍道。

大家看到成群的鹿蜀正互相打理鬃毛。

“它们身上的条纹好像老虎的斑纹，可它们的外形却更像马，是不是也可以叫作‘虎斑马’呢？”大奇开起了玩笑。

“老虎的斑纹是一种天然迷彩，可以起到隐蔽自身的效果。鹿蜀的斑纹也有同样的作用，能让它们从天敌眼中隐身。它们还会通过辨认不同条纹图案来识别同伴。”

鹿蜀斑纹产生莫尔干涉效果图

每只老虎身上的条纹图案都是独一无二的吗？

如同人类的指纹，每只老虎身上的条纹图案都是独一无二的。其实不只老虎，像斑马等很多种动物都是这样，每只动物身上的花纹图案都是独一无二的。

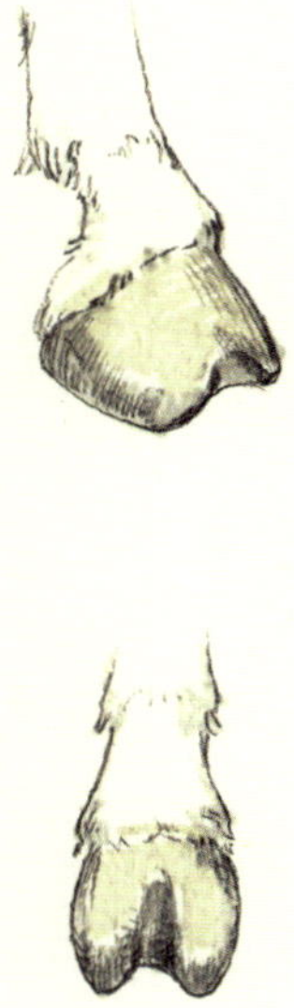

鹿蜀蹄子凹槽示意图

27

lèi

类

原文

又东四百里，曰亶（dǎn）爰（yuán）之山，多水，无草木，不可以上。有兽焉，其状如狸而有髦（máo），其名曰类，自为牝牡。

——《山海经·南山经》

译文

再往东四百里是亶爰山，山间多流水，没有花草树木，不能攀登。山中有一种野兽，外形像野猫，却长着像人一样的长发，名字叫类，雌雄一体。

小遇看见远处的岩石上蹲着一只猫，不由得想要上前逗逗它。大眼睛老师赶紧制止了小遇，故意挑逗野生动物可是很危险的，人类某些示好的举动在野生动物看来，是威胁它们生命的行为。

大眼睛老师说道：“这是类，外形和猫差不多，但有一头飘逸的‘秀发’，就像雄狮的鬃毛那样蓬松。”

“它为什么孤零零地待在这儿？别的动物都是成群结队的。”小遇问道。

“也许是因为类是雌雄同体的动物吧，它们可以自己生育后代，所以不需要伙伴。而且许多肉食性动物都有领地意识，不喜欢同类接近自己的地盘。”

什么是雌雄同体现象？

雌雄同体是雌雄异体现象的反面，即在一个生物体中雌、雄性状都明显的现象。雌雄同体的动物同时具有两性腺体。卵子和精子这两种完全不同的生殖细胞，由同一个个体产生。

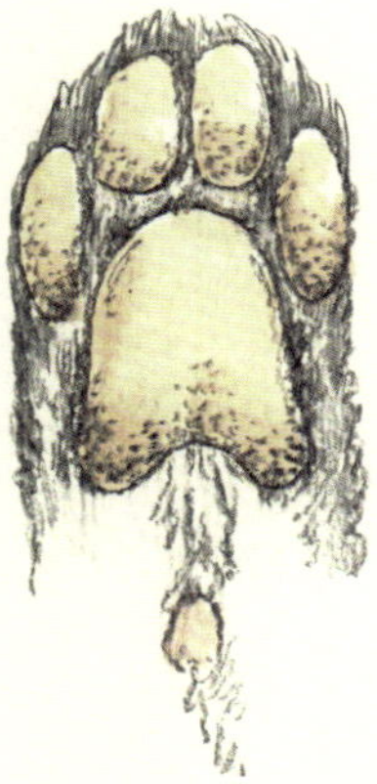

类的脚掌细节图

28

tuó tuó
橐驼

原文

又北三百八十里，曰虢山，其上多漆，其下多桐、椐。其阳多玉，其阴多铁。伊水出焉，西流注于河，其兽多橐驼。

——《山海经·北山经》

译文

再往北三百八十里，有座山叫作虢山，山上是茂密的漆树，山下是茂密的梧桐树和椐树。山的南面盛产玉石，山的北面盛产铁。伊水从这座山发源，向西流入黄河。山中的野兽以橐驼居多。

“你们看那边有一头骆驼，它为什么朝森林里走去，骆驼不是生活在沙漠里的吗？”大奇感到非常奇怪。

大眼睛老师解释说：“骆驼的确适合干旱的环境，可是《山海经》中的橐驼却是生活在相对寒冷的北山一带。也许在几千年前，存在一些类似骆驼的动物，可以在寒冷的森林中生存，这也不代表它们就不能去干旱的沙漠中啊。”

骆驼为什么能在沙丘上行走？

骆驼的脚掌上长着一层很有弹性的肉垫，这层肉垫又宽又厚，可以增加脚掌与沙地的接触面积。在沙漠中行走的时候，骆驼会叉开脚趾，这样就不会陷到沙窝里去了。

为什么雄骆驼总是伸出舌头？

在动物界，很多雄性动物为了获得雌性动物的欢心或者关注，会做一些特别的动作或者散发一些特殊的气味。在求偶期，雄骆驼会伸出舌头，因为其舌头底下长有一个袋状的肉球，这个肉球会散发出一种特殊的气味，用来吸引雌骆驼的注意。

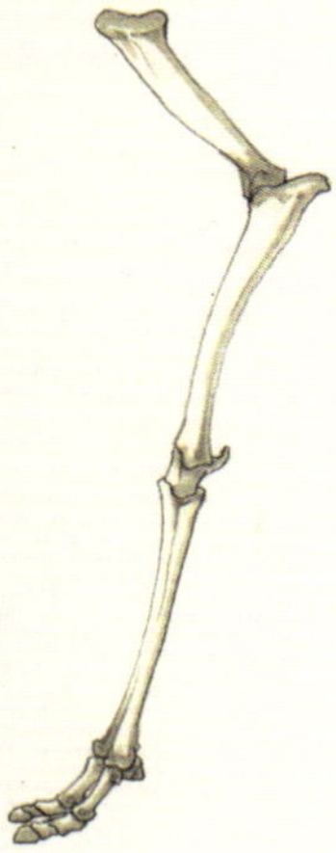

橐驼足肢骨骼图

橐驼伸舌示意图

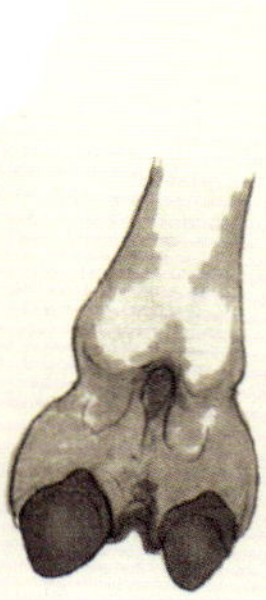

橐驼足部细节图

动物的世界真是太神奇了，原来干旱的荒原和沙漠里也生活着种类如此丰富的动物。想要了解这些动物，除了要多听大眼睛老师的讲解，还得多读书呀。

“我们继续参观下一个区域吧，那里还有好多神秘的动物等待着你们去认识呢。”大眼睛老师催促道。大家这才恋恋不舍地收回目光，等待观光车带他们进入下一个场馆。

SHAN HAI JING LI DE SHENQI DONGWU 4.KUNMEN GUAN
山海经里的神奇动物 4.昆门馆

出版统筹：汤文辉　封面设计：苏　玥
质量总监：李茂军　内文制作：高巧玲
选题策划：张国辰　视觉绘制：吕　洋　茶水间工作室
　　　　　兰心仪　　　　　　秦　卓
责任编辑：戚　浩　内容顾问：师　旭　程超源
特约编辑：兰心仪　　　　　　俞永祥　陈之旸
营销编辑：宋婷婷　　　　　　马雪云
　　　　　金　梦　责任技编：郭　鹏

图书在版编目（CIP）数据

山海经里的神奇动物. 4, 昆门馆 / 五色神石编著. --桂林：广西师范大学出版社，2022.7
ISBN 978-7-5598-5010-2

Ⅰ. ①山… Ⅱ. ①五… Ⅲ. ①历史地理－中国－古代－青少年读物②动物－青少年读物 Ⅳ. ①K928.626-49②Q95-49

中国版本图书馆 CIP 数据核字（2022）第 090984 号

广西师范大学出版社出版发行
（广西桂林市五里店路 9 号　邮政编码：541004
网址：http://www.bbtpress.com）
出版人：黄轩庄
全国新华书店经销
北京博海升彩色印刷有限公司印刷
（北京市通州区中关村科技园通州园金桥科技产业基地环宇路 6 号
邮政编码：100076）
开本：787 mm × 1 092 mm　1/16
印张：4.25　　字数：80 千字
2022 年 7 月第 1 版　　2022 年 7 月第 1 次印刷
定价：198.00 元（全 6 册）

山海经里的神奇动物

五色神石　编著

⑤

赢门馆

GUANGXI NORMAL UNIVERSITY PRESS
广西师范大学出版社
·桂林·

序言

这套书叫作《山海经里的神奇动物》。小朋友们可能最先会提两个问题：什么是《山海经》？什么是神奇动物？

先来回答“什么是《山海经》”。

《山海经》是一本从古代流传下来的奇书，最早被人们当作记录上古时期山川、河流和物产的地理志，但阅读它的人们逐渐发现，这本书所展现的世界是如此奇幻，到处是奇异的植物和动物，和现实世界完全对不上啊！同时，人们还在书中发现了原始版本的神话故事，例如夸父追日、精卫填海、大禹治水等。看来《山海经》不仅记录地理，还记录了神话、历史、天文、历法、民俗等。虽然有人认为其中的一些记载是荒诞不经、无法被证实的，然而正是这份荒诞不经，为我们打开了想象之门，让这个书中描绘的世界充满了奇思妙想，显得生动而鲜活。

既然《山海经》的价值那么高，为什么很少有人去阅读呢？这是因为《山海经》写成的年份太久远了，一般认为是在春秋至东汉之间，那时候人们用的语言和文字都与今天有很大差别，加上历经很多年的流传和转抄，存在一些错漏和散佚的地方。以今天小朋友们的知识储备，是很难直接阅读原文的，甚至许多学富五车的老前辈也不敢说自己能完全理

解《山海经》。

可我们为什么仍然要推荐小朋友们去认识、阅读《山海经》呢？因为阅读《山海经》时，不同的人可以享受到不同的阅读乐趣。小朋友们不仅可以了解《山海经》里记录的神奇动物，还能以童心童趣与懵懂天真的上古人类进行心灵交流。我们就是想让小朋友们知道，中国的经史子集，不仅有严肃的创作态度，还有天马行空的浪漫想象。

接着回答“什么是神奇动物”。

我们在生活中会看到各种各样的动物，例如陪伴人们的宠物猫、宠物狗，动物园里的大象、狮子，随处可见的小昆虫，等等。正因为我们在生活中能够观察到、接触到这些动物，产生了一定的熟悉感，所以不觉得它们神奇。而《山海经》里记载的动物，往往是多种常见动物的融合体，习性也很特殊，这就打破了我们的熟悉感，使我们不免要惊叹，要发问：“世界上真的存在这么神奇的动物吗？”这样惊奇的感觉，很能激发人们对学习动物知识的热情。

这套书要展示什么呢？

我们想展示《山海经》世界中的神奇动物，除此之外，还想介绍虎、狼等现实中的动物，从而构建一个奇幻的野生动物园。小朋友们在里面畅快地“游览”，既能体验到《山海经》里记载的动物的神奇之处，又能获得关于动物的科学知识。

为了贴近现实中的动物园，我们把所有需要介绍的动物做了分类。不同于现代生物学上纲目科属的分类方法，我们借用古代的五虫纲思想，按照《大戴礼记》中的“毛羽昆鳞蠃”来

分类，使其分别代表五类动物。毛虫类就是身上被毛的动物，以麒麟为代表；羽虫类就是有翅膀、带羽毛的鸟类，以凤凰为代表；昆虫类是指带甲壳的动物，除了今天我们熟悉的一些节肢动物以外，贝类、螃蟹等水生动物也归为此类，以玄龟为代表；鳞虫类指的是身上带鳞的动物，主要代表为鱼类；而羸虫类也称为裸虫类，指的是没有毛也没有鳞，裸露着皮肤的动物，包括青蛙、蚯蚓等，也包括人。

在《西游记》中，如来佛祖曾说：“周天之内有五仙：乃天、地、神、人、鬼；有五虫：乃羸、鳞、毛、羽、昆……又有四猴混世，不入十类之种。”加上孙悟空大闹地府的时候，一口气把猴类的名字都勾了，也让猴子成了神话中别样的门类，志怪小说和民间传说中都常见它们的身影。因此我们把这些神通广大的猴子也单独分了一类，称为禺。

不过，经过这样分类，各类动物的数量悬殊，我们只好再加一条分类标准，那就是动物的栖息环境：森林、冰原、荒漠、溪流、海洋等。让拥有相似习性的动物生活在同一环境中，形成一个完整的模拟生态系统。这样一来，我们构建的山海经野生动物园，就被分为了羸门馆、鳞门馆、毛门馆、羽门馆、昆门馆和禺门馆。

了解完以上内容，相信各位小朋友已经准备好了，那就开始我们这趟特殊的“游览”旅程吧！

中国科学院动物研究所
程超源 博士

小遇

大奇

大奇、小遇的父母

小山

大眼睛老师

小海

离开了干燥荒凉的昆门馆，眼前的世界再次发生了改变。

近处是青青的草地和潺潺的小溪；远处山峦起伏，在云层掩映下露出一抹黛绿，就像古代的山水画那样。不一会儿，天空中飘起了小雨。当雨点落在舒展的草叶上，又顺着叶片边缘滴进泥土里时，四周便泛起一股雨天独有的味道。

孩子们的心中充满了期待。在这里，他们可以走出观光车，近距离地与自然万物接触。池塘里灵活的游鱼，草丛中喧闹的青蛙，浮萍下冒出的气泡……到处都隐藏着关于奇异动物的谜题，等待他们亲自揭开谜底。

大眼睛老师告诉他们："嬴门馆的动物大多生活在临近水源的湿润环境中，喜欢温暖多雨的气候。这里不仅有水陆两栖的蛙类和怪鱼，还有以溪中生物为食的水鸟和兽类，它们形成了完整的生态系统。因此，我们参观的时候不要惊吓这些动物，要做到文明参观哦！"

目录

01

měng
黾

原文

又北百里，曰绣山，其上有玉、青碧。其木多栒（xún），其草多芍药、芎（xiōng）䓖（qióng）。洧（wěi）水出焉，而东流注于河。其中有鳠（hù）、黾。

——《山海经·北山经》

译文

再往北一百里，有座山叫绣山，山上盛产玉石和青碧，山中以栒树居多，草类以芍药、芎䓖居多。洧水从这里发源，向东流入黄河。水中有鳠鱼和黾蛙。

孩子们刚刚靠近小溪，就听到响亮的呱呱声。大奇定睛一看，原来有一只青蛙正蹲在荷叶上叫呢！它那鼓起的声囊上显露出了红色的纹路。

大眼睛老师笑着说道：“那可不是青蛙哟。它叫黾，生活在洧水中。洧水里还有鳠，那是一种很凶猛的食肉鱼类。”

“啊，这样的话，黾不就被鳠吃光了吗？”小遇替黾感到着急。

大眼睛老师解释说：“不用担心，虽然部分黾会被捕食，但它们是成熟的两栖动物，在水中受到威胁时，就会选择爬到岸上，从而逃过鳠的捕食，顺利存活下来。”

博物小科普

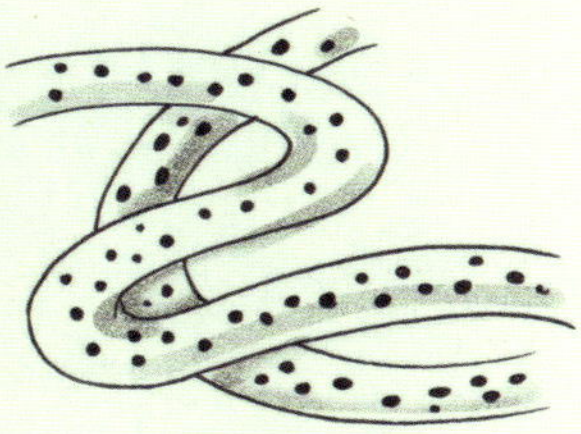

黾卵细节图

青蛙的舌头为什么可以伸得很长？

青蛙是天生的远程射手，它们能够依靠动态视觉迅速锁定运动中的猎物，随后伸出带有黏液的舌头，准确地捕捉猎物。由于它们的舌根与大多数生物不同，并不在口腔后方，而是长在口腔前方，所以张嘴时舌头能迅速弹出，扩大其捕猎的范围。

黾捕猎图

02

huó 活
shī 师

原文

又南三百里，曰藟（lěi）山，其上有玉，其下有金。湖水出焉，东流注于食水，其中多活师。

——《山海经·东山经》

译文

再往南三百里是藟山，山上产玉石，山下多金。湖水发源于此，向东流入食水，水中有很多活师。

“水里有好多绿色的小鱼，可是它们怎么没有胸鳍？它们游动的样子好像泥鳅啊。”大奇看着清澈的溪水问道。

大眼睛老师说道：“这是活师。有人猜测它们就是古人记录的蝌蚪。不过《山海经》成书的年代离我们太远了，我们现在也确定不了。”

“看它们的样子也不像蝌蚪啊。”大奇失望地说道。

小山和小海轻轻地推了推大奇，笑着说道：“也许远古的蝌蚪就是这么奇异呢，你还是运用一下你的想象力吧。”

大眼睛老师点点头，赞同地说道：“很对！这里的活师外形更像鱼类，甚至还有些攻击性。平时它们就隐藏在水草和淤泥当中躲避天敌。等到它们长大了，或许能像蝌蚪一样，长出四肢，退化掉尾巴，从此便能够登岸生活，而不需要一直待在水里。”

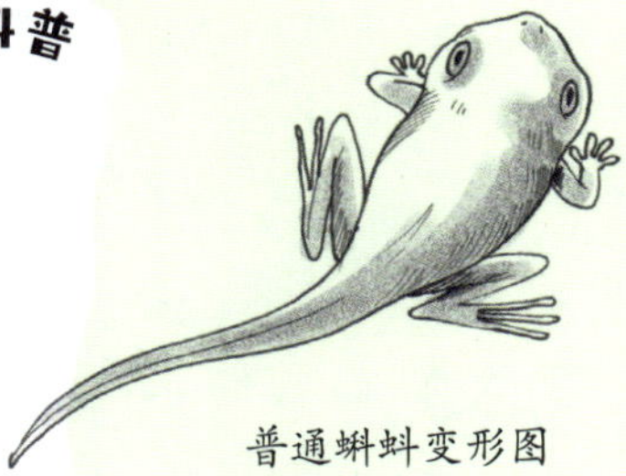

普通蝌蚪变形图

蝌蚪是经过哪些环节变成青蛙的？

蝌蚪从刚孵化出来到变成青蛙需要两到三个月的发育时间。在发育早期，蝌蚪的外鳃会逐渐消失并长出内鳃。在发育中期，蝌蚪会先长出后腿，再长出前腿，尾巴也开始缩短。到了发育后期，内鳃完全消失，同时肺形成，四肢发育得更加完善，尾巴继续缩短直至消失。经过一系列的发育，蝌蚪就长成了青蛙，可以去陆地上活动了。

活师卵图

03

gé gé yú
鲐鲐鱼

原文

又南水行五百里，曰流沙，行五百里，有山焉，曰跂（qǐ）踵（zhǒng）之山……有鱼焉，其状如鲤，而六足鸟尾，名曰鲐鲐之鱼，其鸣自叫。

——《山海经·东山经》

译文

再往南走五百里水路，经过流沙，再走五百里，有一座跂踵山……水中生长着一种鱼，它的外形像鲤鱼，却有六只脚和鸟一样的尾巴，名字叫鲐鲐鱼，叫声就像是在呼喊自己的名字。

大眼睛老师指向水边探出头的一只小动物，说道：“这是鮯鮯鱼，它身上的黄绿颜色能让它完美地融入池塘的自然环境中。我们如果不注意看的话，真的很难发现它。”

“它的名字很可爱，长相却很吓人。”小山忍不住说，“它叫鮯鮯鱼，那它是鱼类吗？”

大眼睛老师笑着说道：“鮯鮯鱼是一种两栖动物。你们看，它身上没有鳞片，能同时适应水下和陆上的环境，这些都是两栖动物的特征。另外，它的脚底有吸盘似的结构，这使它可以牢牢抓住自己所攀附的植物或岩石。鮯鮯鱼的叫声听起来清脆响亮，总是伴随春天的到来响起，这也让人不由得想到，它整个冬天都在做什么呢？”

两栖动物怎样度过冬天？

两栖动物会通过冬眠的方式度过寒冷的冬天。根据种类的不同，两栖动物会选择在树根、石块、洞穴等地方冬眠。

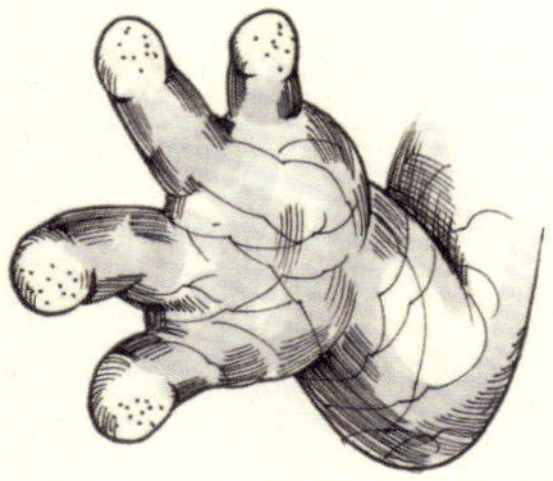

鮯鮯鱼掌部细节图

04

chì rú
赤鱬

原文

又东三百里，曰青丘之山，其阳多玉，其阴多青雘（huò）……英水出焉，南流注于即翼之泽。其中多赤鱬，其状如鱼而人面，其音如鸳鸯。

——《山海经·南山经》

译文

再往东三百里是青丘山，山的南面盛产玉石，山的北面盛产青雘……英水发源于此，然后向南流入即翼泽。水中有很多赤鱬，它们的外形像鱼，却有一副人的面孔，叫声像鸳鸯的鸣叫。

正走着，大家突然被眼前的动物吓了一跳，它的体形好大！不仅眼睛长得像人，还有人一样的眼神。

大眼睛老师说道：“那是赤鳕，是一种体形庞大的两栖动物。成年赤鳕的攻击性较强，但是幼年的赤鳕却很容易成为水鸟捕食的对象。因此，幼年的赤鳕经常躲避在水下的岩穴里。它们不仅能用肺呼吸，还可以通过湿润的皮肤进行氧气交换。”

“据考证，赤鳕有可能是古代的娃娃鱼。文献中记载着一种长着人面、可以爬到树上或岸上的鱼，它们被称为人鱼。除了外貌，还有声音，古人觉得它们的叫声像婴儿的哭声，这也是娃娃鱼名字的来历。不过现今我们所见的娃娃鱼大多是不会发出叫声的。”

两栖动物能用皮肤呼吸吗？

两栖动物的幼体没有肺，也不能用皮肤呼吸，只能用鳃呼吸。成年的两栖动物可以通过皮肤呼吸，只不过通过皮肤呼吸仅仅是一种辅助手段，大多数两栖动物还是需要使用肺呼吸来获得足够的氧气。

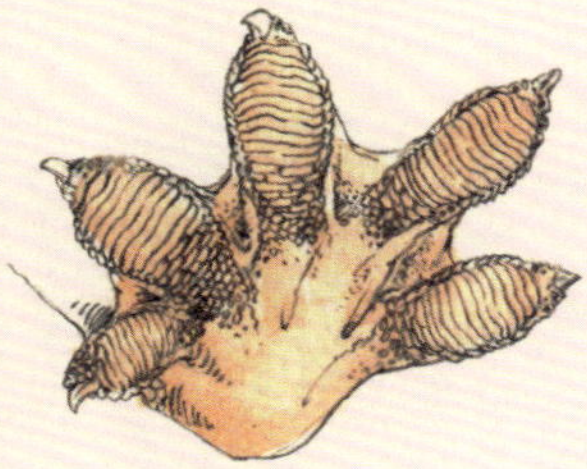

赤鳕足底细节图

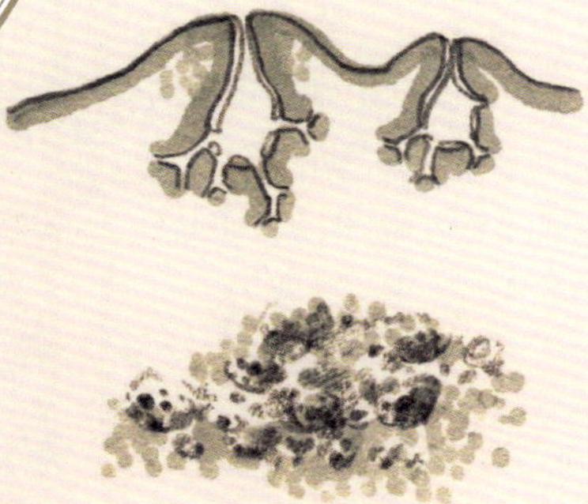

赤鳕皮肤表面的腺体颗粒

05

zhū biē yú
珠鳖鱼

原文

又南三百八十里，曰葛山之首，无草木。澧水出焉，东流注于余泽，其中多珠蟞鱼，其状如肺而四目，六足有珠。

——《山海经·东山经》

译文

再往南三百八十里，就是葛山的起始处，这里没有花草树木。澧水发源于此，向东流入余泽。水中有很多珠蟞鱼，它们的形状像动物的肺。它们长着四只眼睛，还有六只能产珠子的脚。

“那是什么动物？长得好奇怪，有点儿像蜗牛，可又没有壳……”小海指向小溪里上下翻腾舞蹈的一种奇怪生物。

“它们是在跳舞吗？”小遇跳了起来，“在阳光下看，它们像是透明的！”

小遇跳跃的脚步声惊扰了那些生物，它们迅速钻进石头下的缝隙，躲了起来。

大眼睛老师介绍道：“这叫珠鳖鱼，看上去就像没有壳的蜗牛，在阳光下，它们看起来是半透明的。它们有六只脚，可以在水中游动，而且这些脚还能生产珍珠。只不过珠鳖鱼的胆子特别小，一听到声音就会藏起来。”

珠鳖鱼眼部图

为什么有的动物是透明的？

有的动物之所以是透明的，主要是由于其体表和肌肉缺少色素，光线可以穿过其身体的大部分区域。这类动物多为水生动物，它们透明的身体在水中可以起到伪装作用，使自己不易被敌人发现。

珠鳖鱼透视图

06

guàn guàn

灌灌

原文

又东三百里，曰青丘之山，其阳多玉，其阴多青雘……有鸟焉，其状如鸠，其音若呵，名曰灌灌。

——《山海经·南山经》

译文

再往东三百里是青丘山，山的南面盛产玉石，山的北面盛产青雘……山中有一种禽鸟，它的外形像斑鸠，叫声如人在互相斥骂，名字叫灌灌。

远处有一群小鸟正停歇在树上。

“它们的羽毛颜色真好看。”小遇笑着说道。

大眼睛老师介绍道：“这是灌灌。它们和斑鸠一样，脖颈处有一圈带斑点的羽毛，就像戴着一条围脖似的。灌灌以谷物、果实等为食，每到秋冬季节，食物减少会成为它们的生存挑战。”

“它们不能飞到食物多的地方去吗，就像燕子、大雁那些迁徙鸟类一样？”大奇提出疑问。

大眼睛老师摇摇头，说道：“这可不行，灌灌不会迁徙，因为它们无法长时间、远距离地飞行。”

博物小科普

为什么有的鸟类不会迁徙？

一般情况下，鸟类通过迁徙来躲避因为季节交替而变得恶劣的环境（例如冬季的北半球），迁徙的目的是寻找食物丰富等生存条件适合的地区来度过冬季。热带和亚热带地区的鸟类由于常年生活在温暖的环境中，食物较为充足，通常就不会迁徙。生活在温带和寒带的鸟类，在冬季如果有足够的食物或者有相对温暖的环境，例如生活在温带、寒带城市里的麻雀、斑鸠、乌鸦等，它们能在人居环境里找到足够的食物，迁徙就变得不再必要了。

灌灌头部图

灌灌颈部羽毛细节图

07

xīng 胜 yù 遇

原文

又西三百五十里，曰玉山，是西王母所居也……有鸟焉，其状如翟（dí）而赤，名曰胜遇，是食鱼，其音如録，见则其国大水。

——《山海经·西山经》

译文

再往西三百五十里是玉山，这里是西王母居住的地方……山中有一种禽鸟，它的外形像长尾野鸡，通身是红色的，名字叫胜遇。这种鸟吃鱼，叫声如鹿鸣。它在哪里出现，哪里就会发生严重的水灾。

水面上泛起一圈圈涟漪，很快一只色彩鲜艳的水鸟浮了上来。大奇仔细观察，发现它没有翅膀，反而长着鱼鳍和蹼，显然是长久生活在水里的动物。

大眼睛老师说道：“它叫胜遇，传说生活在西王母居住的玉山附近，捕捉游鱼为食。它几乎不离开水，只有发大水的时候才会出现在人们面前。”

“它能够潜入水底吗？”大奇问道。

“当然可以。”大眼睛老师回答道，“胜遇是鸟与鱼的结合体，它体内也有类似鱼鳔的器官，可以储存空气，还能帮助它增强浮力。”

自然界有会潜水的鸟吗？

自然界会潜水的鸟为数不少，像鸬鹚、企鹅、海雀、潜鸟以及鸭子中的潜鸭类都能潜水捕食。这些鸟通常体形修长，这种体形可以降低在水中游动时的阻力，同时它们的后肢十分强健，可以快速游动以追捕鱼类。不同于大部分鸟类充满空腔的骨骼，企鹅、潜鸟都拥有部分实心的骨骼，方便它们潜入水下。潜鸟能下潜到水面以下数十米的深度，而海雀能下潜到水面以下两百米左右的深度，在水下停留四到五分钟之久，同时在水下就能吃掉猎物。

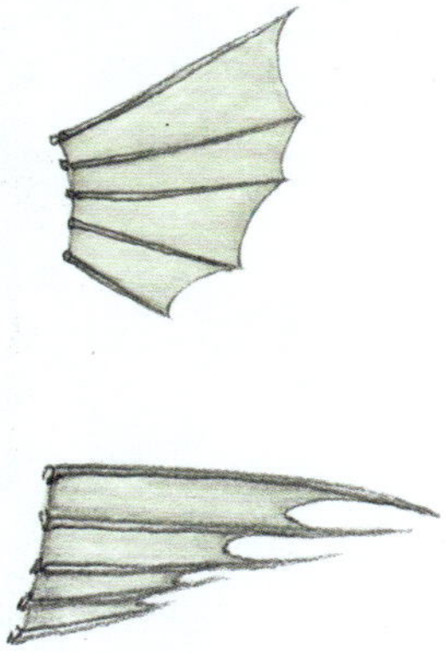

胜遇鳍的展开（上）与收拢（下）形态图

胜遇的游泳姿态呈流线型

08 dāng 当 hù 扈

原文

又北百二十里，曰上申之山，上无草木，而多硌（luò）石，下多榛（zhēn）、楛（hù），兽多白鹿。其鸟多当扈，其状如雉，以其髯（rán）飞，食之不眴（shùn）目。

——《山海经·西山经》

译文

再往北一百二十里是上申山，山上没有花草树木，到处都是大石头，山下是茂密的榛树和楛树，野兽以白鹿居多。山里多当扈鸟，这种鸟外形像野鸡，能用髯毛当翅膀奋起高飞。人吃了它们的肉能不眨眼。

当扈长着修长的脖子和双腿，漫步在靠近河岸的浅水区域，不时将头伸进水里，不一会儿就能叼起一条小鱼。

大眼睛老师介绍当扈：“它同样没有翅膀，可神奇之处在于它面颊上长长的羽毛组成了奇异的部件。通过羽毛的不断舒展和收拢，它也能飞起来。”

“当扈的眼睛又圆又大，能在水里睁开吗？”小遇问道。

“当然能。你看它喙上的那个凸起，那是一块外翻的骨质结构，专门用来保护当扈的眼睛不被尖锐的东西碰伤。除此之外，当扈只有三个脚趾，却能很大程度地张开，使它即使踩在淤泥上也不会下陷，还能帮助它捕捉水里的鱼。”

鸟类一般有几个脚趾呢？

绝大部分的鸟类拥有四个脚趾，三个朝前，一个朝后。啄木鸟则是两个脚趾朝前、两个朝后，方便它们在树干上攀爬。有些鸟类只有三个脚趾，且都是朝前的，例如三趾滨鹬。鸵鸟是唯一一种只有两个脚趾的鸟类，其中一个脚趾和指甲非常粗大，类似马蹄，能让它们快速奔跑。许多鸡形目的鸟在跗跖（腿部）上有一根突出的距，看起来就像第五根脚趾，例如家鸡。雄鸟的距尤其发达，是它们在繁殖期互相争斗的工具。

当扈飞行姿势示意图

09

bái
白

yè
鵺

原文

又北百八十里，曰单张之山，其上无草木……有鸟焉，其状如雉，而文首、白翼、黄足，名曰白鵺。

——《山海经·北山经》

译文

再往北一百八十里是单张山，山上没有花草树木……山中有一种禽鸟，它的外形像野鸡，却长着带有花纹的脑袋、白色的翅膀和黄色的脚，名字叫白鵺。

小海叫喊着："那边也有一只在湿地里走得飞快的鸟！"

大眼睛老师说："那是白鹇。这种鸟栖息在湿地里，长长的足肢和足趾能让它们在淤泥和水草上快速奔走，即便踩在不规则的砂石上也能保持身体平衡。"

"它为什么总在河滩附近活动？它在觅食吗？"小山问道。

"是的。"大眼睛老师回答说，"白鹇喜欢吃小鱼、泥鳅、小螃蟹和贝类，它们基本都生活在河水较浅的地方。除了觅食，白鹇还会选择在河滩上产卵。河滩上的水略微漫过，可以隐藏它们的卵，以免被天敌发现，同时这些卵又能依靠阳光来孵化。"

鸟类可以吃带硬壳的食物吗，例如螃蟹、贝类等？

许多在海边觅食的鸻鹬（héng yù）类鸟都可以吃螃蟹、贝类等带硬壳的食物。鸻鹬类鸟都有特化的喙，能把螃蟹、贝类等各种无脊椎动物从沙土中挑出来吃掉。举例来说，蟹鸻就是一种以蟹类为主食的鸟，它们有粗壮的喙，捉住螃蟹后，会在石头上将螃蟹壳敲碎再吃肉；蛎鹬以各种各样的双壳类动物为食，它们会将长长的喙插入没有闭紧的贝壳里，破坏闭壳肌，然后吃掉贝壳里的肉；体形较大的杓（biāo）鹬更是会直接将小型螃蟹一口吞掉。

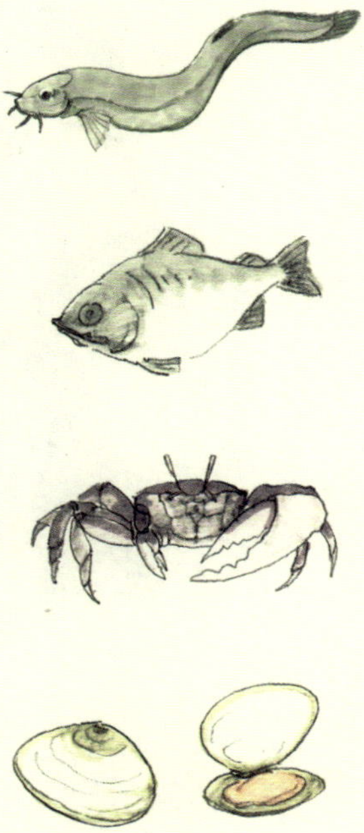

白鹇的食物

10

lí 鵹 hú 鶘

原文

又南三百里，曰卢其之山，无草木，多沙、石。沙水出焉，南流注于涔（cén）水，其中多鵹鶘，其状如鸳鸯而人足，其鸣自讠，见则其国多土功。

——《山海经·东山经》

译文

再往南三百里是卢其山，那里寸草不生，到处是沙石。沙水就发源于此，向南流入涔水，水中有很多鵹鶘，它们的外形像鸳鸯，却长着像人足一样的脚，叫声就是它们名字的读音。它们在哪个国家出现，哪个国家就会有许多土木劳役。

继续前行，大眼睛老师带大家来到鸳鹕的领地。

浮在水面上的鸳鹕色彩鲜艳，和鸳鸯一模一样，可它走上岸来，却露出了一双怪异的近似于人的脚。

“看起来好奇怪啊！”小遇说道。

大眼睛老师点点头，对她说道：“别看它长得奇怪，人们猜测它是古人记录下来的某种鹈鹕呢！现在的鹈鹕都有一张大嘴，还有喉囊，捕鱼时可以连鱼带水一起吞下，再过滤出多余的水，就能享用猎物了。只不过鹈鹕细细的脖子支撑着重重的大嘴，这使它们走起路来左摇右摆的，显得十分笨拙。”

为什么鹈鹕经常梳理自己的羽毛？

这是因为鹈鹕尾羽的根部有油脂腺体，可以分泌油脂。鹈鹕梳理羽毛时，先用嘴沾上油脂，再将其涂抹到其他羽毛上。这样做不仅能保持羽毛的洁净与鲜亮，还能增强防水性，使鹈鹕在水中游动时羽毛不会被沾湿。

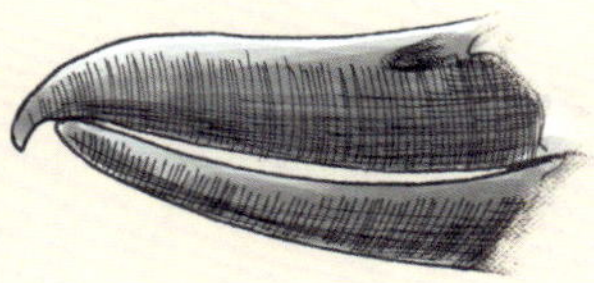
鸳鹕喙部细节图

鸳鹕颈部纹理图

11

qú
瞿
rú
如

原文

东五百里，曰祷过之山，其上多金、玉，其下多犀、兕，多象。有鸟焉，其状如䴔（jiāo），而白首、三足、人面，其名曰瞿如，其鸣自号也。

——《山海经·南山经》

译文

往东五百里是祷过山，山上盛产金和玉石，山下有很多犀和兕，还有很多大象。山中有一种禽鸟，它的外形像䴔，却是白色的脑袋，长着三只脚和人一样的脸，名字叫瞿如，叫声就像是在呼喊自己的名字。

大奇看到一只长着三条腿的鸟，它警惕地望向四周。大奇恍惚觉得那只鸟正皱着眉头，摆出一副严肃的表情。

大眼睛老师说道："那是瞿如。瞿如是一种高傲的三足异鸟，其外形有些像鹤，又带有些许鹰隼的特征。因为腿特别长，一旦卧倒就很难站起来，所以它们选择站着睡觉，三条腿正好可以轮流作为身体的支撑。需要奔跑的时候，靠近尾巴的那条腿会收起来，紧贴在胸腹部。"

鸟类有眉毛吗？可以做出表情吗？

鸟类并没有类似于人类的眉毛，不过许多鸟类眼睛上方的羽毛上有特殊的条纹，鸟类学家称之为眉纹。眉纹是识别鸟类的重要依据之一。

鸟类的面部没有灵长类动物那样发达的肌肉，因此不能做出复杂的面部表情。不过，鸟类可以通过羽冠、翅膀等的动作，或发出不同的叫声来表达自己的情绪。

瞿如睡眠姿势图

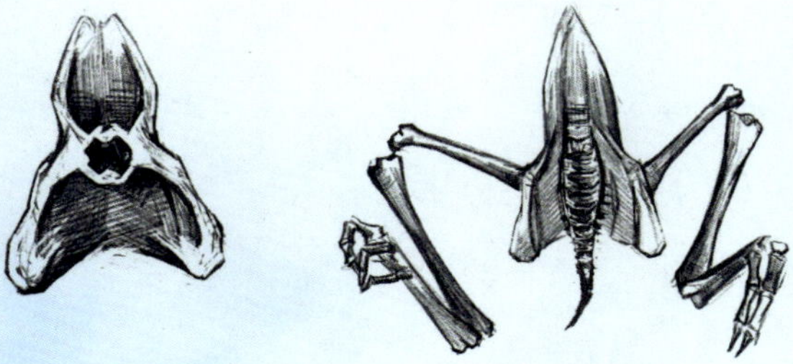

瞿如盆骨（左）与一般鸟类盆骨（右）对比图

12

mín
鸓

原文

又西八十里，曰符禺之山，其阳多铜，其阴多铁……其鸟多鸓，其状如翠而赤喙，可以御火。

——《山海经·西山经》

译文

再往西八十里是符禺山，山南面盛产铜，山北面盛产铁……山中禽鸟以鸓鸟居多，它们的外形像翠鸟，却有红色的嘴巴，可以防御火灾。

小遇一抬头，看见树枝上停栖着一只羽毛红蓝相间的小鸟。它的喙很长，是鲜红色的。

“好漂亮啊！”她不禁赞叹道。

大眼睛老师说道：“那是鸥，它经常独自栖息在近水的树枝或岩石上。别看它个头不大，却是捕捉鱼虫的高手呢。”

“它也像鹈鹕那样抓鱼吗？”小遇问。

“不太一样。”大眼睛老师回答，“鸥更像翠鸟，它的水性很好，可以潜入水下。由于眼睛上覆盖着一层透明的眼睑，在水里抓鱼时，这层眼睑是闭合的，起到像泳镜一样的作用，可以防止水流和污物伤害眼睛。同时，它的眼睛还有很强的感光能力，进入水中，能迅速适应水中光线，保证自己在水中也拥有清晰的视力，以利于捕鱼。”

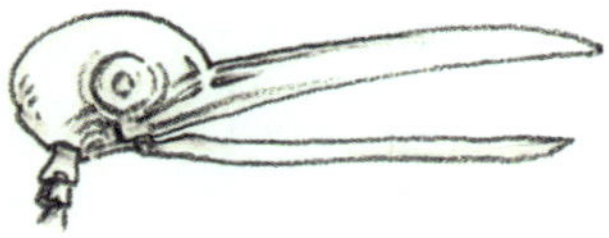

鸥头部骨骼图

鸟类可以识别颜色吗？

鸟类能识别颜色，有些鸟类甚至拥有发达的色觉，能看到很多人类看不见的颜色。可以说，在视觉的进化上，绝大多数鸟类要比我们人类更优秀，它们就是利用出色的视觉觅食和生存的。

鸥入水时（左）和出水时（右）的透明眼睑对比图

13

féi
肥
yí
遗

原文

又西七十里，曰英山，其上多杻（niǔ）、橿（jiāng），其阴多铁，其阳多赤金……有鸟焉，其状如鹑，黄身而赤喙，其名曰肥遗。

——《山海经·西山经》

译文

再往西七十里是英山，山上到处都是杻树和橿树，山的北面盛产铁，山的南面盛产赤金……山中有一种禽鸟，它的外形像鹌鹑，黄身子、红嘴巴，名字叫肥遗。

绕过池塘和溪流，大家靠近了一片低矮的灌木丛，听到从中传来石子滚动一般的声响。大眼睛老师说：“这是肥遗的叫声。”

之前在昆门馆中，大家已经见过名为肥遗的双身蛇，现在听起来那声音距离大家那么近，不由得害怕起来。

大眼睛老师连忙安慰大家：“不要怕，这里说的肥遗指的是一种小鸟，只是和双身蛇同名而已，就像我们之前看到的两种鹌鹑那样。”

正说着，树丛间钻出一只圆滚滚的、头顶还有鲜红冠子的小鸟。

“原来它长这样啊。”大奇他们长出一口气，再也不害怕了。

大眼睛老师说道：“肥遗可以适应多种地形环境，只要是长有茂盛的野草或灌木丛的地方，它们都能筑巢繁衍，所以它们的家族很兴旺。通常自然界中的鸟类多是雄性的羽毛色彩鲜艳，雌性的羽毛则色彩素净，但肥遗却没有遵循这一法则，雌雄肥遗的羽毛色彩差异不大。”

鸟类中雌性和雄性的外形差异很大吗？

同一物种中的雌雄个体存在明显差异的情况被称为性二型。性二型在鸟类中比较普遍，许多鸟类的羽毛颜色在雌雄个体间会有明显不同，还有些鸟类则在雌雄之间出现明显的体形差异。但不是所有鸟类都有明显的雌雄差异，例如我们熟悉的大雁、天鹅、鸠鸽、猫头鹰以及一些小型的雀鸟，想要知道它们的性别，通常需要通过行为、叫声，乃至遗传学技术判断。

肥遗孵卵的窝

14

líng líng

軨軨

原文

《东次二经》之首，曰空桑之山，北临食水，东望沮（jǔ）吴，南望沙陵，西望湣（mǐn）泽。有兽焉，其状如牛而虎文，其音如钦，其名曰軨軨，其鸣自叫，见则天下大水。

——《山海经·东山经》

译文

《东次二经》所记录的东方第二列山系的第一座山，叫空桑山，北面临近食水，向东可以望见沮吴，向南可以望见沙陵，向西可以望见湣泽。山中有一种野兽，其外形像牛，却有老虎一样的斑纹，叫声如同人在呻吟。它的名字叫軨軨，叫声就像是在呼喊自己的名字。它一旦出现，天下就会发生严重的水灾。

越过了灌木丛，地势开始出现起伏变化。此刻，大家眼前是一座小山，有一头牛正站在山道上，口中嚼着草叶。

“它身上的条纹好像老虎啊。”大奇说。

“难道它不是普通的牛，而是像老虎那样的肉食性动物？”小海大胆猜测。

大眼睛老师眯起了眼睛，说道：“它叫羚羚，属于食草动物，只不过它的脾气不太好，一旦遇到同类，总要用头上的尖角打上一架。我们千万不要招惹它，赶紧绕开小山，往前方的河边去吧。”

同类动物之间为什么要打斗？

同类动物之间打斗的原因主要有争夺领地、争夺配偶和确立等级关系等。例如老虎等肉食性动物大多拥有自己的领地范围，当别的个体进入它们的领地时，便可能发生打斗。在繁殖季节，许多雄性动物之间会为了争夺配偶而爆发斗争。在一些具备社会性的动物群体中，等级的高低往往会通过战斗的胜负来确定。

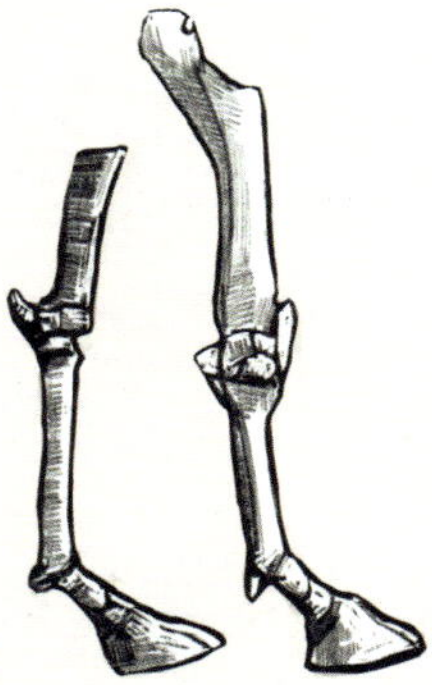
羚羚足部骨骼图

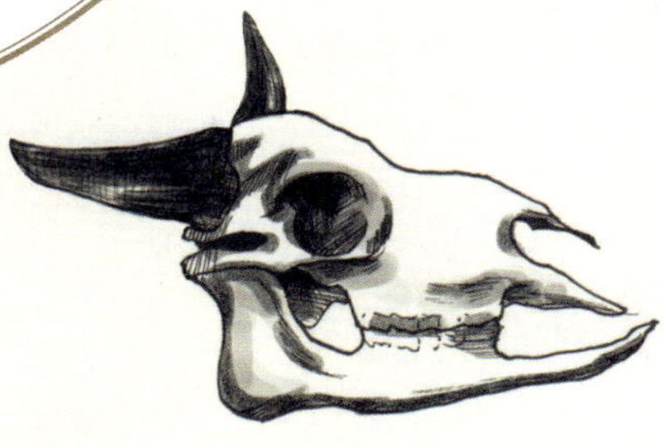
羚羚头部骨骼图

15

mèng 孟
huái 槐

原文

又北四百里，曰谯明之山。谯水出焉，西流注于河……有兽焉，其状如貆而赤豪，其音如榴榴，名曰孟槐，可以御凶。

——《山海经·北山经》

译文

再往北四百里，有座山叫谯明山。谯水从这里发源，然后向西流入黄河……这座山中有一种外形像豪猪的野兽，长着红色的毛，叫声就像辘轳抽水的声音。它的名字叫孟槐，可以辟邪。

半路上，大奇突然蹲下身，仔细看起了一处隐蔽的小洞，里面好像有什么动物正在刨土。不一会儿，那只小动物钻了出来，它的外形像豪猪，背上长满了尖刺。

大眼睛老师说道：“这是盂槐，是比较典型的穴居动物。你们看，它的前后足有四个脚趾，爪子特别坚硬，这样的结构有助于它进行挖掘。挖掘是穴居动物必备的生存技能。”

盂槐的食物

穴居动物有哪些特点？

穴居动物分陆生和水生两种。大多数穴居动物都不太喜欢运动。由于环境原因，它们的视觉器官已经退化，但其他感觉器官发达，例如嗅觉器官。穴居动物天生具备出色的挖洞能力，它们挖洞的目的主要是躲避食肉动物的袭击。正因为穴居动物会挖掘洞穴，当一些物种因灾难灭绝时，它们反而能幸存下来。穴居动物非常聪明，例如刺猬，当它们受到威胁时，会迅速咬住自己的尾巴，把身体蜷成球状，竖起满身的尖刺，形成防御姿态。

穴居动物吃什么？

穴居动物一般都是杂食性动物，几乎什么都吃。根据洞穴环境不同，有的会吃各种死去的动植物的残体，有的会吃各种小虫子，有的会吃栖息在洞内的蝙蝠、金丝燕的粪便，还有一些会吃真菌、放线菌等微生物。

16

mán
蛮
mán
蛮

原文

又西二百里，至刚山之尾。洛水出焉，而北流注于河。其中多蛮蛮，其状鼠身而鳖首，其音如吠犬。

——《山海经·西山经》

译文

再往西二百里，便到了刚山的尾端。洛水就发源于此，然后向北流入黄河。这里有很多蛮蛮，它们外形像鼠，却长着鳖一样的脑袋，发出的声音如同狗叫。

终于绕过了小山，大家再次见到了河流与湿地，都感到神清气爽。

小山忍不住跑到水边，凑近看水底圆圆的鹅卵石。这时水中游过的动物引起了他的注意。它长得太奇特了，一个小巧的猪鼻，四肢上都长着蹼，指甲尖尖的，还有一条跳鼠似的长尾巴。

大眼睛老师说：“它叫蛮蛮，是一种在水中觅食的哺乳类动物。蛮蛮平时生活在靠近水源的洞穴中，饿了就潜入水下，寻找小鱼和水草充饥。”

长着蹼的动物都会游泳吗？

蹼是某些动物脚掌上生长的、位于脚趾之间的一层皮膜，其功能是帮助这些动物在水中游泳或潜水。脚上长有蹼的动物可称为蹼足动物。常见的蹼足动物有鸭、鹅、蛙、蟾蜍、水獭、河狸、鸭嘴兽、企鹅等。通常蹼足动物都会游泳，但也有些例外。某些生活在洞穴、沙漠中的蝾螈和壁虎，它们的蹼足是为了增大与光滑潮湿或布满沙砾的地面接触的面积，从而提高行动能力，并非用于游泳。

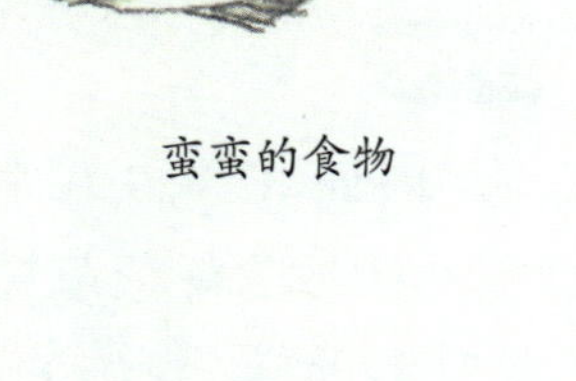

蛮蛮的食物

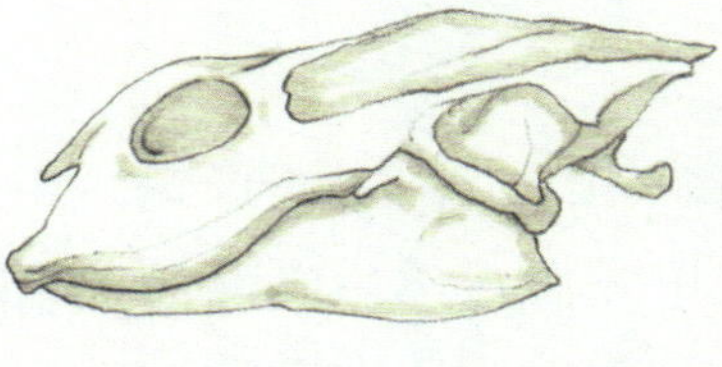

蛮蛮头骨细节图

17

shuǐ mǎ

水马

原文

又北二百五十里，曰求如之山，其上多铜，其下多玉，无草木。滑水出焉，而西流注于诸𣲰（pí）之水……其中多水马，其状如马，文臂牛尾，其音如呼。

——《山海经·北山经》

译文

再往北二百五十里，有座山叫求如山，山上盛产铜，山下盛产玉石。这座山上没有花草树木。滑水从这里发源，然后向西流入诸𣲰水……水中有很多水马，它们的外形与马相似，只是前腿上有花纹，还长着一条牛尾巴，它们的叫声就像人在呼喊。

小遇也靠近河边，想近距离地看一看蛮蛮，可她突然发现一片水草动了起来，吓得她连连后退。她拉住大眼睛老师问道："老师你快看，那是什么？"

大眼睛老师仔细看了看舞动的"水草"，笑着说道："那是水马，它们身上的鳍很像叶片，所以看起来像一片水草。"

"它们是马吗？"小遇接着问道。

"水马和海马一样，也是因为外形近似马才得名。水马是生活在水下的动物，它们的嘴巴不能张合，也没有肺，取而代之的是近似鳃的构造，耳朵下方的一排小孔布满了能够收集溶解于水中的氧气的血管。这些血管可以帮助水马在水中进行气体交换，这样它们就可以在水下自由地呼吸了。另外，在育儿方面，水马也像海马一样，由雄性孵化和照料幼崽。"

为什么海马幼崽由雄性孵化和照顾？

雄性海马的腹部长有孵卵囊。在繁殖季节，雌性海马会把卵注入雄性海马的孵卵囊内完成受精。这些卵会一直待在孵卵囊内，直到孵化，因此小海马是由雄性海马孵化的。海马属于鱼类，本身是卵生动物，孵卵的行为会使后代的成活率升高。雄性海马为何会长有孵卵囊，这个问题在学界尚未形成定论，但雄性海马孵化小海马的行为无疑减轻了雌性海马的负担。

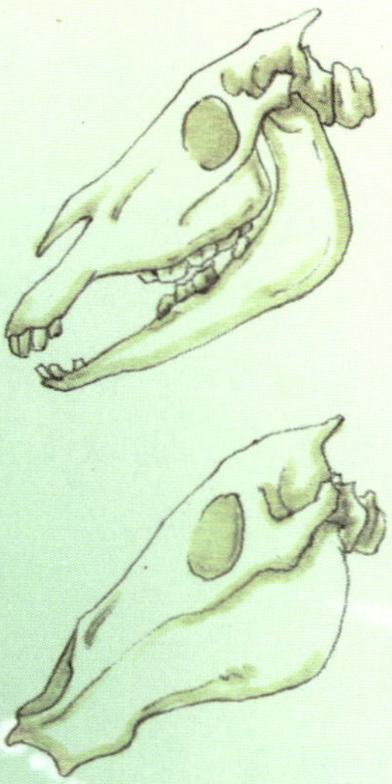

马的头骨（上）与水马头骨（下）对比图

18

nà
那
fù
父

原文

又北三百二十里，曰灌题之山，其上多樗（chū）、柘（zhè），其下多流沙，多砥。有兽焉，其状如牛而白尾，其音如訆，名曰那父。

——《山海经·北山经》

译文

再往北三百二十里是灌题山，山上是茂密的臭椿树和柘树，山下到处是流沙，还多出产磨刀石。山中有一种野兽，它的外形像普通的牛，却拖着一条白色的尾巴，发出的声音如同人在高声呼唤。它的名字叫那父。

“为什么有一头牛卧在河床附近？那儿虽然水浅，但湿漉漉的，能舒服吗？”大奇问道。

大眼睛老师为他解答，说：“它叫那父，和水牛很像，体形比水牛要小一些，但它的角比水牛的大，看上去显得很重，它还有一条白尾巴。那父喜欢凉爽的环境，只在早晨和傍晚进食，其他时候就会寻找阴凉或有水的地方休憩。”

“看它很闲适的样子，性格应该很温和吧？”大奇问道。

“恰恰相反，那父的性格是很火爆的。如果谁招惹了它，它一定会用角把对方顶翻。”

为什么水牛总是泡在水里？

水牛属的动物汗腺不发达，皮肤又厚，所以不耐热，需要饮水或泡在水里散热，尤其是在光照充足的时候。

那父角细节图

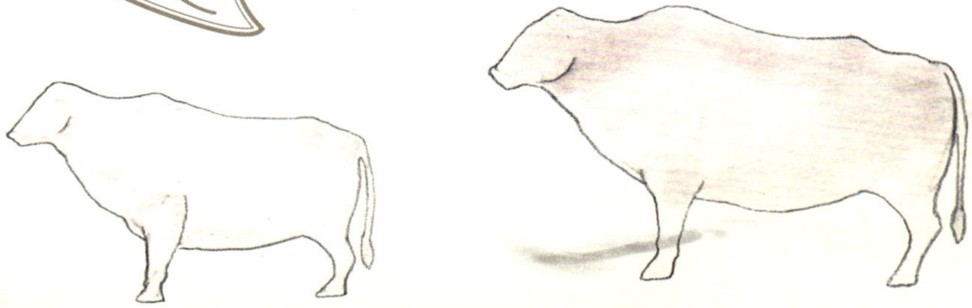

那父（左）与水牛（右）体形对比图

19

xī
谿边
biān

原文

又西三百五十里，曰天帝之山，上多棕、楠，下多菅（jiān）、蕙（huì）。有兽焉，其状如狗，名曰谿边。

——《山海经·西山经》

译文

再往西三百五十里是天帝山，山上有茂密的棕树和楠树，山下生长着菅草和蕙草。山中有一种野兽，其外形像狗，名字叫谿边。

“喜欢生活在水源附近的动物有很多。这里除了那父，还有一种外形像狗的动物，叫谿边，它们名字的读音和‘溪边’是一样的。”大眼睛老师说道。

小遇踮起脚尖，果然看见了一只像狗一样的动物站在溪流对岸，正在四处张望，似乎在寻找什么东西。“它在找吃的吗？”小遇问道。

大眼睛老师说道：“它是在找一种香草。谿边的家在天帝山，山上长着一种蕙草，像兰花一样美丽，谿边很喜欢用蕙草装饰自己的洞穴。一旦发现了蕙草，哪怕是生长在悬崖上，它也会飞奔过去，凭借敏捷的四肢在岩壁上腾挪采摘。”

有的动物看上去体形细长，这是为什么？

动物细长的体形往往是长期自然选择的结果，这种体形能让它们在特殊的环境中更自由地活动，从而拥有更强的竞争力。例如水獭、江獭、蛇鹈、潜鸟等以鱼为食、需要潜水捕食的动物，它们的体形都很细长，这能降低它们在水中游动时的阻力。还有鼬科动物，例如黄鼠狼和伶鼬，细长的身体方便它们钻洞，捕捉躲藏在洞穴里的老鼠和兔子。所有的蛇的身体都十分细长，这让它们能钻入各种狭窄的地方去追捕猎物。

天帝山上生长的蕙草

谿边身体伸展的示意图

20

lǘ

闾

原文

又北五十里，曰县雍之山，其上多玉，其下多铜，其兽多闾、麋，其鸟多白翟、白鴹（yǒu）。

《山海经 · 北山经》

译文

再往北五十里是县雍山，山上蕴藏着丰富的玉石，山下蕴藏着丰富的铜。山中的野兽大多是闾和麋，禽鸟以白色野鸡和白翰鸟居多。

“自然界中充满了未知的危险，所以动物们会用各种方法来保护自己。”大眼睛老师正在给大家讲解，突然听到奔腾的马蹄声。

大家循声望去，看到一群棕黄色的动物沿着起伏的草原跑过，扬起了一阵阵尘土。

“那是闾，长得像驴子，但长着角。它们正在迁徙呢。”目送它们远去后，大眼睛老师才接着介绍道，“在动物界，为了觅食、找到中意的伴侣、发现合适的巢穴、避免被天敌伤害等，许多动物会从一个地方迁徙到另一个地方。”

大奇看着闾在地上留下的脚印，问道：“为什么闾的蹄印和牛、马的蹄印完全不一样呢？闾的蹄印看上去更像狼一类的捕食者。”

“这是一种伪装。”大眼睛老师说道，“闾通过构造奇特的蹄子留下足迹，用来恐吓或迷惑捕食者，这样能避免被天敌追踪。”

动物会伪装自己的脚印吗？

虽然有不少故事提到动物会掩盖自己的脚印以免被追捕，例如说雪豹会用尾巴扫掉脚印，但现今并没有充分的证据证明这一点。按照动物的捕猎习惯，通过足迹来追踪猎物并不是一种稳妥的办法，毕竟除了雪地和泥沙地之外，别的环境难以留下足迹，而新旧足迹常常叠在一起，难以辨认。所以动物更多的是依靠气味来追踪猎物，或者直接通过伏击等方式完成捕猎。也就是说，动物并不需要刻意伪装自己的脚印。

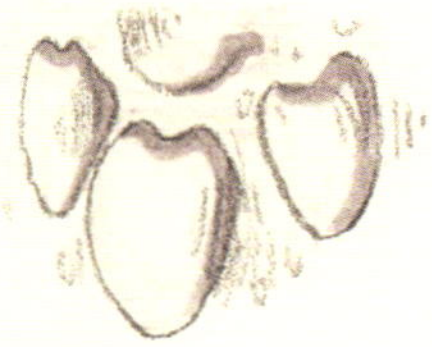

闾的足印

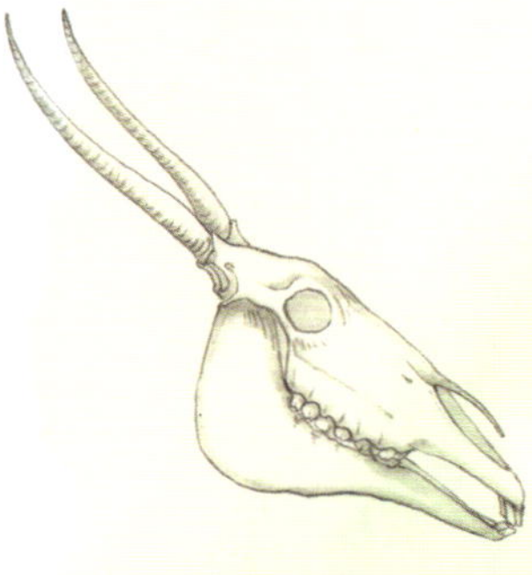

闾头骨图

21

huān

讙

原文

西水行百里，至于翼望之山，无草木，多金、玉。有兽焉，其状如狸，一目而三尾，名曰讙，其音如夺百声，是可以御凶。

——《山海经·西山经》

译文

往西行一百里水路，便到了翼望山。山上没有花草树木，到处都是金和玉石。山中有一种野兽，其外形像一般的野猫，只长着一只眼睛，却有三条尾巴。它的名字叫讙，发出的声音好像能赛过一百种动物的叫声。它可以辟凶邪之气。

“孩子们，前面出现的动物是谨，大家看看，它有什么特点？”大眼睛老师问道。

大家离开水草丰茂的原野，到达小山绵延的地方。这里的灌木丛逐渐密集起来，前方似乎还有稀疏的树林。一只毛茸茸的动物从岩石上跳了下来，这就是大眼睛老师说的谨。

“哇，它有三条尾巴！可是只有一只眼睛！”大奇惊讶地说。

动物的尾巴有什么用呢？

猫的尾巴会让它在跑跳的时候保持平衡，让它能够四脚着地，不至于摔伤。袋鼠蹦蹦跳跳虽然要依靠两条后腿，但假如没有尾巴的话，它们就很容易摔倒。有的动物用尾巴来保护自己，例如壁虎和某些蜥蜴，当它们的尾巴被咬住的时候，它们会选择断掉自己的尾巴，以便逃生。有些动物甚至会用尾巴储存能量，例如绵羊会将营养储存在尾巴里。

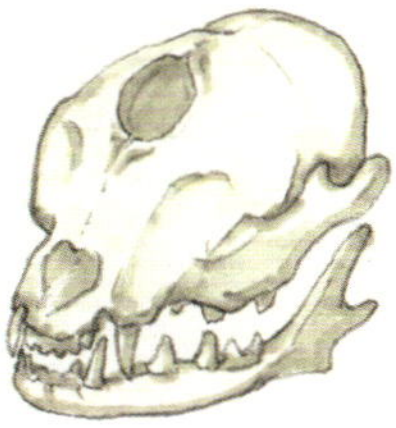

谨头骨细节图

谨尾骨连接示意图

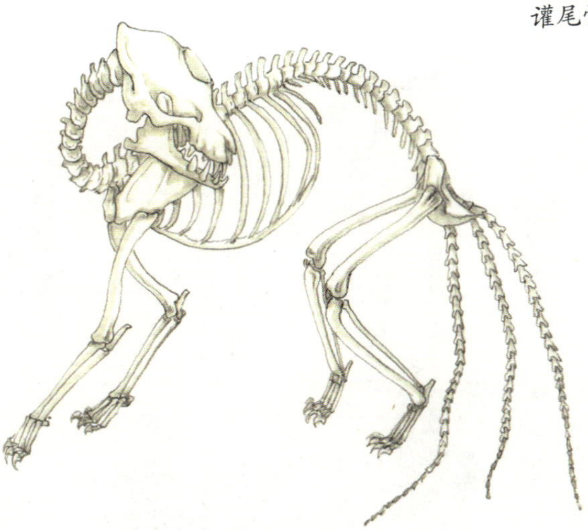

谨骨骼图

22

zuó niú
牸牛

原文

又西八十里，曰小华之山，其木多荆、杞，其兽多牸牛，其阴多磬石，其阳多㻬（yǔ）琈（fú）之玉，鸟多赤鷩（biē），可以御火。

——《山海经·西山经》

译文

再往西八十里是小华山，山上多牡荆和枸杞，山中多牸牛，山的北面盛产磬石，山的南面盛产㻬琈玉。山中有许多赤鷩鸟，它们可以防御火灾。

小山看见一头牛正在啃食树皮，那高耸的后背和垂挂的皮肉与之前在毛门馆中见到的领胡非常相似，只是毛发的颜色不太一样。

大眼睛老师说道：“这是牪牛，是传说中的一种特别大的牛。它体形大、皮厚，还有厚厚的脂肪层，可以有效耐寒。在水草丰富的温暖时节，它就生活在水源附近或树林中。注意看它的眼睛，你们会发现它的睫毛特别长，你们猜猜这是为什么。”

为什么牛的睫毛那么长呢？

睫毛具有遮光、防异物和防汗水进入眼睛等作用，被称为眼睛的第二道防线。当异物碰触到睫毛时，眼睑便会反射性地闭合，防止眼睛受伤。牛是食草动物，在低头吃草时很容易被参差不齐的植物枝叶戳到眼睛，因此长长的睫毛可以帮助牛及时地感知靠近眼睛的异物。不只是牛，很多动物都有长长的睫毛，例如骆驼等生活在风沙较多地区的动物，睫毛不仅很长，还非常密。

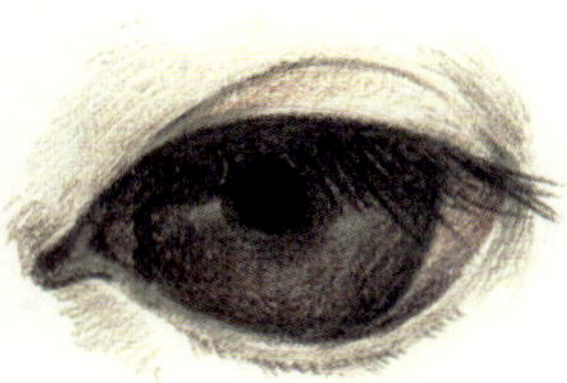

牪牛眼睛细节图

23

dāng kāng
当康

原文

又东南二百里，曰钦山，多金、玉而无石。师水出焉，而北流注于皋泽，其中多鳝（qiū）鱼，多文贝。有兽焉，其状如豚而有牙，其名曰当康，其鸣自叫，见则天下大穰（ráng）。

——《山海经·东山经》

译文

再往东南二百里是钦山，山中有丰富的金和玉石，没有石头。师水发源于此，然后向北流入皋泽。水中有很多鳝鱼，还有很多带有花纹的贝。山中有一种野兽，它的外形像猪，却长着大獠牙，名字叫当康，叫声就像是在叫自己的名字。它一出现，天下就会大丰收。

“当康！当康！”

小遇仿佛听见了谁在呼喊。她回头寻找，发现那声音竟是一头大野猪发出的叫声。

大眼睛老师告诉她：“它的名字和它的叫声一样，就是当康。当康的外形很像巨型的野猪，它肌肉发达，动作敏捷，而且身上还有卷曲如云的花纹。更重要的是，古人认为当康的出现预示着大丰收即将到来。”

“这么说，当康是对人很有益的野兽了？那么我们可以饲养它吗？”小遇问。

“野生动物有自己的生活方式与栖息环境，它们更喜欢在栖息地自由自在地奔跑，所以，如非必要，我们最好不要干涉它们。人类对野生动物固然有威胁，但野生动物也有可能会伤害人类。”

小遇点点头，又看了一眼当康，它口中的獠牙让她有些害怕，于是她便催促大家继续走。

野猪的獠牙有什么作用？

雄性野猪下颌生有一对突至口外的獠牙，这是区分雄性野猪与雌性野猪最明显的标志。这对獠牙的前端十分锋利，其最主要的作用有两个：一是与口鼻部配合，用于挖掘植物根茎、捕食小型动物；二是在与同类打斗、防御敌害时作为攻击对手的武器。

在野猪群体中，鹿豚的獠牙比较特殊，既不能用于挖掘，也无法用于打斗，唯一的用处是在发情期间进行展示，以便吸引异性。

当康（上）与一般野猪（下）体形对比图

24

huà 化 shé 蛇

原文

又西三百里，曰阳山，多石，无草木。阳水出焉，而北流注于伊水，其中多化蛇，其状如人面而豺身，鸟翼而蛇行，其音如叱（chì）呼，见则其邑大水。

——《山海经·中山经》

译文

再往西三百里是阳山，山上到处都是石头，没有花草树木。阳水发源于此，然后向北流入伊水。水中有很多化蛇。这种动物有人一样的面孔，却长着豺一样的身子，有禽鸟的翅膀，却像蛇一样爬行，叫声如同人的呵斥声。它们在哪里出现，哪里就会发生严重的水灾。

很快，他们走到了化蛇的聚集地。

化蛇是一种神奇的动物，身形似豺，长有人面，四肢上都长有鸟的翅膀。这样的翅膀能起到鱼鳍一样的作用，令它们可以在水中自由“飞行”。除此之外，柔软的身体能让它们在地面上匍匐前行，就像蛇一样悄无声息。

为了迁徙方便，成年的化蛇总是用嘴叼住幼崽的后颈，这样即便在水中也能让幼崽露出水面，顺畅地呼吸。而被叼住的幼崽似乎感觉不到疼痛，不叫也不闹，任由“父母”将它们带往新的居住地。

为什么当后颈被提起时，动物的幼崽感觉不到疼痛？

很多动物幼崽的后颈处有一块松弛的软皮，它与颈部的肌肉不直接相连，上面的神经末梢也不敏感，当这里被抓住时，幼崽也就不会感到特别疼痛。许多动物不像灵长类动物那样具有功能完善的前肢。要想携带或转移幼崽，雌性动物就得用嘴咬住幼崽的这块松弛的软皮，把幼崽提起来。人类在需要拎起家养宠物时也可以通过抓住宠物的这块松弛的软皮来实现。

幼年化蛇图

25

xī

犀

原文

东五百里，曰祷过之山，其上多金、玉，其下多犀、兕，多象。

——《山海经·南山经》

译文

往东五百里是祷过山，山上盛产金和玉石，山下到处都是犀、兕，还有很多大象。

顺着化蛇远去的方向，大奇的目光越过河流，看到远处有些令他觉得眼熟的动物。

“那不是犀牛吗？”大奇叫起来，让大家一起往那个方向看过去。

“它们也许和我们今天认识的犀牛并不完全一样。”大眼睛老师说，“古书中记载的犀是我国本土的野生动物，现在已经没有了，今天的我们也无法确定那是不是一个独有的犀牛种类。”

“看，还有小鸟围绕着它们。”小遇开心地跳起来。

犀牛和站在它们身上的小鸟之间有什么关系吗？

那种小鸟叫牛椋（liáng）鸟，专门吃大型食草动物身上的寄生虫，还可以帮助它们整理毛发、清理创口，甚至帮助它们警惕天敌等，所以牛椋鸟和犀牛之间存在着共生关系。

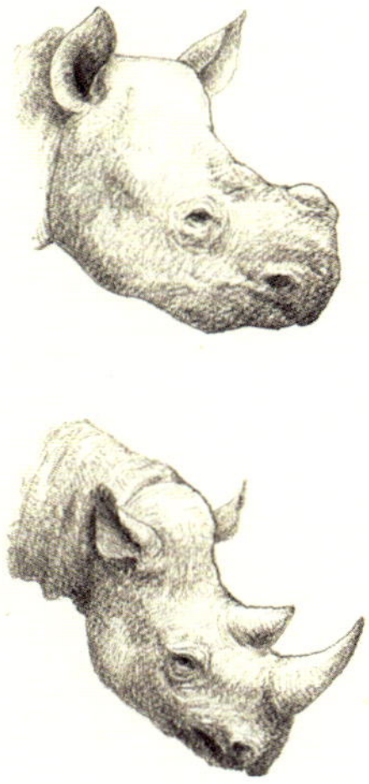

犀角雌（上）雄（下）对比图

与犀共生的牛椋鸟

26

sì

兕

原文

东五百里，曰祷过之山，其上多金、玉，其下多犀、兕，多象。

——《山海经·南山经》

译文

往东五百里是祷过山，山上盛产金和玉石，山下到处都是犀、兕，还有很多大象。

在犀的栖息地附近，还生活着另外一种大型兽类——兕。它的外形和牛很像，浑身青黑，头顶只有一只角。

“好酷啊！”大奇说道，“兕看上去很强壮。”

大眼睛老师说道：“是啊，在古代的书籍上，兕经常和老虎并列，是古人眼中的猛兽。在《山海经》中，除了兕外，还有一种外形类似猪而长着人面的神兽，叫作兕兕，它能叫出所见之人的名字，非常神奇。只是不知道兕和兕兕之间是否存在着某种联系。”

历史上兕真的存在过吗？

应该是真实存在过的，只是兕具体长什么样子无法确定。除了有关神话的书之外，还有一些史书、地方志里都提到过兕，孔子就说过“虎兕出于柙”，可见是真的存在一种名为“兕”的动物。这种动物性情凶狠，是和老虎一样可怕的动物。

因为古书上记录的兕是独角，所以许多人认为它是犀牛的别名，可兕也经常与犀相提并论，可见它们是两种不同的生物。还有人猜测兕是一种特殊的野牛，因为头顶的两只角几乎连在一起，而被古人误以为是同一只角。

兕角生长过程

27

mǐn

犛

原文

又西百八十里，曰黄山，无草木，多竹箭。盼水出焉，西流注于赤水，其中多玉。有兽焉，其状如牛，而苍黑大目，其名曰犛。

——《山海经·西山经》

译文

再往西一百八十里是黄山，山上没有别的花草树木，到处是竹丛。盼水发源于此，向西流入赤水，水中有很多玉石。山中有一种野兽，它的外形像牛，却长着苍黑色的皮毛和大大的眼睛，名字叫犛。

大家继续前行。附近的树木越来越多，伴随着林间小溪的潺潺声，大家看见一头大牛来到溪边喝水。

“它叫犨，和㸲牛一样身躯庞大，四肢粗短。二者的区别在于犨的头骨较小，头顶向上凸起，一对角短小而弯曲，显得没有多少攻击力。”大眼睛老师对大家说，“由于犨的四肢粗壮笨重，行动比较迟缓，不擅长跳跃和奔跑，所以在面对敌人时，它们不会选择逃跑，而是和同伴挤在一起，把头、角一致向外，让捕食者无处下口。”

为什么长角动物的角有大有小？

一般而言，长角动物角的大小差异可以从以下几个角度考虑：年龄较大的通常大于年龄较小的；身体健康、营养充足的通常大于身体羸弱、营养不良的。

对于众多长角的有蹄动物而言，角是它们展现自身实力的重要载体，体壮角大的雄性个体在与同性别个体的竞争中有更大的概率胜出，从而得到更多繁衍后代的机会。同时，长着大角的个体在迎战猎食动物时自然而然地具备了更为强大的攻防能力。

普通黄牛（上）与犨（下）体形对比图

28

yóu

峳

yóu

峳

原文

又南五百里，曰䃌（yīn）山，南临䃌水，东望湖泽。有兽焉，其状如马，而羊目、四角、牛尾，其音如獆（háo）狗，其名曰峳峳，见则其国多狡（jiǎo）客。

——《山海经·东山经》

译文

再往南五百里是䃌山，南面临近䃌水，向东可以望见湖泽。山中有一种野兽，它的外形像马，却长着羊一样的眼睛、四只角和牛一样的尾巴，叫声如狗叫。它的名字叫峳峳。它在哪个国家出现，哪个国家就多有奸猾的人。

一头长着两对角的小红马从山坡上跑来。小海正想走近看看，它却像被吓到了一样，扭头便跑进了树林中。

大眼睛老师摸摸小海的头，让他不要难过：“它是峳峳，对声音和运动的事物非常敏感。它的眼睛长在头颅两侧，可以看到很大的范围，唯独容易忽略自己正前方的东西，所以它要用出色的听力来弥补。”

小海觉得可惜，刚才跑过的峳峳明明在非常快乐地踏步和跳跃，却被自己吓跑了。大眼睛老师告诉他：“峳峳在追求异性时会跳舞。踏起舞步，发出富有节奏感的踢踏声，是它奋力展现自己的一种方式。”

有蹄类动物一般怎么求偶？

现今的有蹄类动物包含奇蹄目和偶蹄目等七个目，种类繁多。不同种类的蹄类动物求偶方式和求偶过程不尽相同，它们并不像鸟类求偶那样由雌性进行选择，而是雄性之间通过打斗来确定谁可以和雌性交配，雌性的选择权因而相对较小。

峳峳踏步图

29

xié gōu

絜钩

原文

又南五百里，曰硜山，南临硜水，东望湖泽……有鸟焉，其状如凫而鼠尾，善登木，其名曰絜钩，见则其国多疫。

——《山海经·东山经》

译文

再往南五百里是硜山，南面临近硜水，向东可以望见湖泽……山中有一种禽鸟，它的外形像野鸭，却长着老鼠一样的尾巴。它擅长攀爬树木，名字叫絜钩。它在哪个国家出现，哪个国家就会频繁暴发瘟疫。

最后一站，大家来到了絜钩的领地—— 一片隐藏在树林深处的水域。

生活在这里的絜钩有着柔软的皮毛，颜色为棕褐色。这种保护色能让它们完美地隐藏在水草、泥沼和丛林灌木之间。

“它们看起来好像鸭嘴兽啊。”大奇说道。

大眼睛老师表示赞同：“根据《山海经》的记载，絜钩长得像野鸭，却有像老鼠一样的尾巴，能在水中生活，也能爬上树木穿梭于林间，所以古人认为它们是一种鸟类。而这种综合了鸟类和哺乳动物的特征，既能卵生又能哺乳的动物，不正与鸭嘴兽类似吗？”

鸭嘴兽会用乳汁哺育孩子吗？

虽然鸭嘴兽长着一副鸭嘴，但它其实属于比较原始的哺乳动物。和其他哺乳动物一样，鸭嘴兽也会通过分泌乳汁来哺育后代，只是鸭嘴兽没有乳房和乳头，乳汁是由腹部两侧皮肤内的腺体分泌出来的，幼崽可以直接舔食。

絜钩爪部图

絜钩头部细节图

走到这里，赢门馆的出口也近在眼前了。

大眼睛老师召集大家回到观光车上，可大奇和小遇还想和动物们近距离接触。他们喜欢这种方式，如果观赏是一种获取知识的学习方式，那么亲身体验更是一种不可多得的沉浸式学习方式。

大眼睛老师连忙劝说："大家赶快回到车上吧，我们马上要去下一个场馆了。那是鳞门馆，位于水下，不乘坐观光车是到不了的。"

听到鳞门馆的名称，大奇和小遇立即充满了兴趣。"那里都有什么样的动物呀？"小遇问。

"那里有各种各样奇异的鱼类，一定都是你们没有见过的。"大眼睛老师回答。

于是大家快乐地上了车，向着另一个场馆进发。

SHAN HAI JING LI DE SHENQI DONGWU 5.LUOMEN GUAN
山海经里的神奇动物 5.赢门馆

出版统筹：汤文辉		封面设计：苏 玥	
质量总监：李茂军		内文制作：高巧玲	
选题策划：张国辰		视觉绘制：吕 洋	茶水间工作室
兰心仪		秦 卓	
责任编辑：戚 浩		内容顾问：师 旭	程超源
特约编辑：兰心仪		俞永祥	陈之旸
营销编辑：宋婷婷		马雪云	
金 梦		责任技编：郭 鹏	

图书在版编目（CIP）数据

山海经里的神奇动物. 5, 赢门馆 / 五色神石编著. --桂林：广西师范大学出版社，2022.7

ISBN 978-7-5598-5010-2

Ⅰ. ①山… Ⅱ. ①五… Ⅲ. ①历史地理—中国—古代—青少年读物②动物—青少年读物 Ⅳ. ①K928.626-49②Q95-49

中国版本图书馆 CIP 数据核字（2022）第 090982 号

广西师范大学出版社出版发行
（广西桂林市五里店路 9 号 邮政编码：541004
网址：http://www.bbtpress.com）
出版人：黄轩庄
全国新华书店经销
北京博海升彩色印刷有限公司印刷
（北京市通州区中关村科技园通州园金桥科技产业基地环宇路 6 号
邮政编码：100076）
开本：787 mm × 1 092 mm 1/16
印张：4.5 字数：80 千字
2022 年 7 月第 1 版 2022 年 7 月第 1 次印刷
定价：198.00 元（全 6 册）

山海经里的神奇动物

五色神石　编著

⑥

鳞门馆

GUANGXI NORMAL UNIVERSITY PRESS
广西师范大学出版社
·桂林·

序言

这套书叫作《山海经里的神奇动物》。小朋友们可能最先会提两个问题：什么是《山海经》？什么是神奇动物？

先来回答“什么是《山海经》”。

《山海经》是一本从古代流传下来的奇书，最早被人们当作记录上古时期山川、河流和物产的地理志，但阅读它的人们逐渐发现，这本书所展现的世界是如此奇幻，到处是奇异的植物和动物，和现实世界完全对不上啊！同时，人们还在书中发现了原始版本的神话故事，例如夸父追日、精卫填海、大禹治水等。看来《山海经》不仅记录地理，还记录了神话、历史、天文、历法、民俗等。虽然有人认为其中的一些记载是荒诞不经、无法被证实的，然而正是这份荒诞不经，为我们打开了想象之门，让这个书中描绘的世界充满了奇思妙想，显得生动而鲜活。

既然《山海经》的价值那么高，为什么很少有人去阅读呢？这是因为《山海经》写成的年份太久远了，一般认为是在春秋至东汉之间，那时候人们用的语言和文字都与今天有很大差别，加上历经很多年的流传和转抄，存在一些错漏和散佚的地方。以今天小朋友们的知识储备，是很难直接阅读原文的，甚至许多学富五车的老前辈也不敢说自己能完全理

解《山海经》。

可我们为什么仍然要推荐小朋友们去认识、阅读《山海经》呢？因为阅读《山海经》时，不同的人可以享受到不同的阅读乐趣。小朋友们不仅可以了解《山海经》里记录的神奇动物，还能以童心童趣与懵懂天真的上古人类进行心灵交流。我们就是想让小朋友们知道，中国的经史子集，不仅有严肃的创作态度，还有天马行空的浪漫想象。

接着回答“什么是神奇动物”。

我们在生活中会看到各种各样的动物，例如陪伴人们的宠物猫、宠物狗，动物园里的大象、狮子，随处可见的小昆虫，等等。正因为我们在生活中能够观察到、接触到这些动物，产生了一定的熟悉感，所以不觉得它们神奇。而《山海经》里记载的动物，往往是多种常见动物的融合体，习性也很特殊，这就打破了我们的熟悉感，使我们不免要惊叹，要发问：“世界上真的存在这么神奇的动物吗？”这样惊奇的感觉，很能激发人们对学习动物知识的热情。

这套书要展示什么呢？

我们想展示《山海经》世界中的神奇动物，除此之外，还想介绍虎、狼等现实中的动物，从而构建一个奇幻的野生动物园。小朋友们在里面畅快地“游览”，既能体验到《山海经》里记载的动物的神奇之处，又能获得关于动物的科学知识。

为了贴近现实中的动物园，我们把所有需要介绍的动物做了分类。不同于现代生物学上纲目科属的分类方法，我们借用古代的五虫纲思想，按照《大戴礼记》中的“毛羽昆鳞赢”来

分类，使其分别代表五类动物。毛虫类就是身上被毛的动物，以麒麟为代表；羽虫类就是有翅膀、带羽毛的鸟类，以凤凰为代表；昆虫类是指带甲壳的动物，除了今天我们熟悉的一些节肢动物以外，贝类、螃蟹等水生动物也归为此类，以玄龟为代表；鳞虫类指的是身上带鳞的动物，主要代表为鱼类；而蠃虫类也称为裸虫类，指的是没有毛也没有鳞，裸露着皮肤的动物，包括青蛙、蚯蚓等，也包括人。

在《西游记》中，如来佛祖曾说：“周天之内有五仙：乃天、地、神、人、鬼；有五虫：乃蠃、鳞、毛、羽、昆……又有四猴混世，不入十类之种。”加上孙悟空大闹地府的时候，一口气把猴类的名字都勾了，也让猴子成了神话中别样的门类，志怪小说和民间传说中都常见它们的身影。因此我们把这些神通广大的猴子也单独分了一类，称为禺。

不过，经过这样分类，各类动物的数量悬殊，我们只好再加一条分类标准，那就是动物的栖息环境：森林、冰原、荒漠、溪流、海洋等。让拥有相似习性的动物生活在同一环境中，形成一个完整的模拟生态系统。这样一来，我们构建的山海经野生动物园，就被分为了蠃门馆、鳞门馆、毛门馆、羽门馆、昆门馆和禺门馆。

了解完以上内容，相信各位小朋友已经准备好了，那就开始我们这趟特殊的“游览”旅程吧！

中国科学院动物研究所

程超源 博士

从嬴门馆出来后，大眼睛老师说接下来要带着大家去鳞门馆看鱼。大奇和小遇可开心了，因为他们经常去海洋馆游览。虽然隔着厚厚的玻璃，无法真实地感受海洋鱼群的自由自在，但大奇和小遇时常幻想，如果有一天，能和鱼儿们一起在海里自由地徜徉该多好啊！

大家坐在观光车里钻进了隧道。隧道内部通体闪光，像有无数盏灯在闪烁一样，这让大奇想到了电影《星际穿越》中的场景。一眨眼，闪光消失了，他们先看到了粼粼的水面，随后一头扎进水中，视野中出现了辽阔的水底世界。有那么一刻，大家觉得眼前的一切都是不真实的，他们不知道水下的世界竟然那么大，鱼儿成群结队，一会儿顺着波涛游，一会儿逆流而上，像是从水底卷起的阵阵旋风。

大奇和小遇忍不住想要打开车窗，伸手摸一摸游来游去的小鱼。大眼睛老师连忙制止了他们。他告诉大家，观光车现在变化成了一条鱼形大船，可以潜入水下，鱼类认不出来，所以他们即便靠近鱼群，它们也不会害怕地散开。一旦打开窗户，外面冰冷的水就会流进车内，大家很快就不能呼吸了。而且鱼类也会发现他们是闯入水下的外来者，很快就会躲进岩石下面，不肯出来。

大奇和小遇点点头，安静地趴在车窗边向外看。水体极其透明，到处都是奇异的鱼群，在他们的身边成群结队地游来游去。有的鱼能像鸟一样跃出水面，有的鱼竟然长有好几个头……这里真是一个神奇的水下世界。

目录

01

luǒ
蠃鱼
yú

原文

又西二百六十里，曰邽山……濛水出焉，南流注于洋水，其中多黄贝、蠃鱼——鱼身而鸟翼，音如鸳鸯，见则其邑大水。

——《山海经·西山经》

译文

再往西二百六十里是邽山……濛水发源于此，向南流入洋水，水中有很多黄贝。还有一种蠃鱼，长着鱼的身子，却有鸟的翅膀，叫声像鸳鸯的鸣叫。它在哪里出现，哪里就会有严重的水灾。

小遇看到了一条红色的鱼，它的鳍又大又薄，像透明的纱。小遇忍不住说道：“太漂亮了，它还长着翅膀！”

大眼睛老师说道：“它叫蠃鱼，是一种外形优美、色彩绚丽的有翼鱼。蠃鱼会飞行迁徙，在水中时，翅膀就收起来不用了，依靠美丽的鳍来游动。”

鱼鳍都有什么作用呢？

自然界中的鱼，在自然选择的影响下演化出了各种各样的鱼鳍。鱼类除了腹鳍、背鳍、尾鳍之外，还长有胸鳍、臀鳍和脂鳍，不同的鱼鳍有不同的作用。背鳍是为了保持鱼的身体平衡，防止鱼体侧翻；尾鳍决定着鱼的运动方向，产生前进动力；胸鳍的主要功用是控制身体前进的方向或帮助鱼在行进中急刹车；臀鳍的基本功能则是维持身体平衡，还可以协调游泳姿势……当然，鱼类的各种鱼鳍都能够帮助它们更好地在水中游动。

蠃鱼带幼鱼迁徙图

02

sāo yú

鳋鱼

原文

又西二百二十里，曰鸟鼠同穴之山，其上多白虎、白玉。渭水出焉，而东流注于河。其中多鳋鱼，其状如鳣（zhān）鱼，动则其邑有大兵。

——《山海经·西山经》

译文

再往西二百二十里是鸟鼠同穴山，山上有很多白虎和白玉。渭水发源于此，然后向东流入黄河。水中生长着许多鳋鱼，它的外形像鳣鱼，它在哪里出没，哪里就会发生大的战争。

大眼睛老师指着另一条鱼让大家观察它的鳞片，并告诉大家：“这是鳋鱼，它头尖身窄，尾巴强而有力，游泳的速度很快，在水中穿梭的样子就像射出的箭一般。它浑身的鳞片细密而坚硬，紧紧贴合在一起，既能帮助它减小水流的阻力，又能折射光线，显示出不同的色彩。你们看，它身上的斑块似乎是不断变化的，那就是鳞片折射的光线在变化。”

鱼鳞的作用是什么？

鱼鳞为鱼体提供了一道保护屏障，使它与周围的无数微生物隔绝，有效地避免感染。同时鱼鳞还是鱼的一副外部骨架，可以使鱼体保持一定的外形。鳞片上环生的年轮（一圈表示一年），可以供人们判知鱼的年龄。还有一点，鱼鳞可使鱼体减少与水的摩擦，减少阻力，也能使捕食者在捕捉鱼类时不容易抓牢，从而使它们得以逃生。

鳋鱼在贝壳中产卵

为什么有的鱼会把卵产在贝类的壳里？

对于鱼而言，卵是它们繁衍的后代，是需要被精心保护的，所以有的鱼会将卵产在死去的贝类的壳里，这样天敌就不容易吃到这些卵了。除此之外，洞穴、石头缝也是鱼类产卵的好地方。

03

rú pí
鴽魮

原文

又西二百二十里，曰鸟鼠同穴之山，其上多白虎、白玉。渭水出焉，而东流注于河……滥水出于其西，西流注于汉水，多鴽魮之鱼，其状如覆铫，鸟首而鱼翼鱼尾，音如磬石之声，是生珠玉。

——《山海经·西山经》

译文

再往西二百二十里是鸟鼠同穴山，山上有很多白虎和白玉。渭水发源于此，然后向东流入黄河……滥水从此山西面发源，向西流入汉水。水中有很多鴽魮鱼，其外形像反转过来的铫，长着鸟的脑袋、鱼的鳍和尾巴，叫声就像敲击磬石发出的响声。它们能产出珠玉。

小山指着前方惊奇地说：“快看啊！那种动物上半身像鸟，下半身像鱼！”

大眼睛老师告诉大家：“这是鲨魮，它们虽然长着鸟的头，身上也有羽毛，但是它们并没有翅膀，不会飞。它们最神奇的地方是体内能够产生珍珠，就像一些珠蚌似的。另外，它们眼睛周围那一圈蓝色的细毛，可以防止异物进入眼睛，帮助它们在捕食时拥有清晰的视野。”

鱼类都能识别颜色吗？

多数鱼是有颜色的，例如生活在距水面30～40米可见光区的浅水鱼，很多都进化出了五彩斑斓的体色。鱼类是可以识别颜色的，但生活在光线无法到达的漆黑海底的深水鱼则有可能是色盲。

鲨魮产下的珍珠

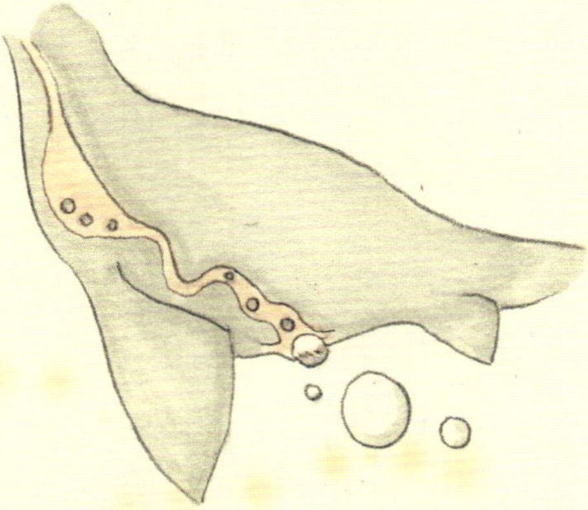

鲨魮体内产珍珠示意图

04

huá yú

滑鱼

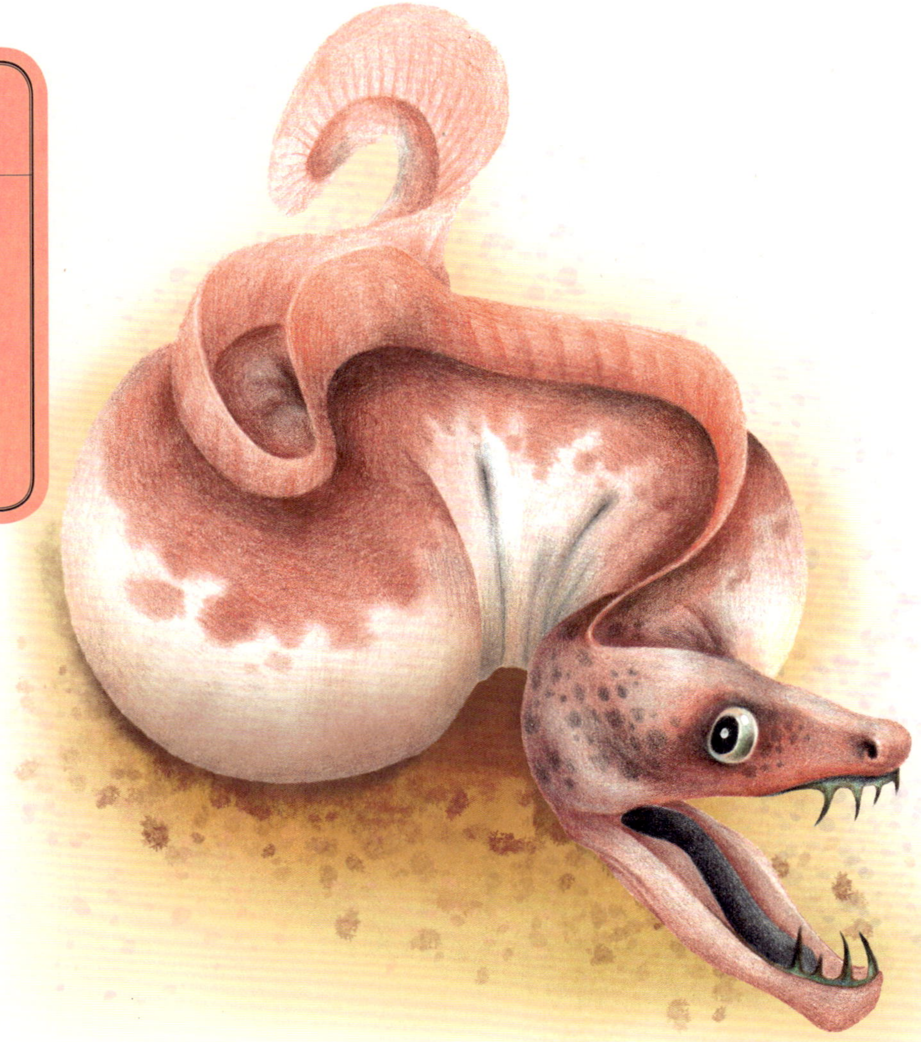

原文

又北二百五十里，曰求如之山，其上多铜，其下多玉，无草木。滑水出焉，而西流注于诸妣（pí）之水。其中多滑鱼，其状如鳝（shàn），赤背，其音如梧。

——《山海经·北山经》

译文

再往北二百五十里是求如山，山上盛产铜，山下盛产玉石，但没有花草树木。滑水发源于此，然后向西流入诸妣水。水中有很多滑鱼，其外形像鳝鱼，有红色的脊背，叫声像琴瑟之声。

窗外突然出现了一条长相凶恶的大蛇，撞到了观光车身上，发出咚咚的声响。

小遇吓得马上扑进哥哥怀里，大奇也只能强装镇定，问道：“老师，它不会闯进来吧？”

大眼睛老师说道：“大家先别慌。我们太靠近水底，到了滑鱼的地盘。滑鱼是生活在水底洞穴里的食肉鱼类，会袭击路过它们洞穴的鱼群。它们的头部有两个毒囊，分别位于两只眼睛的后方，毒腺从牙齿一直连接到全身的神经系统。不过大家放心，我们的观光车非常坚固，滑鱼是进不来的。”

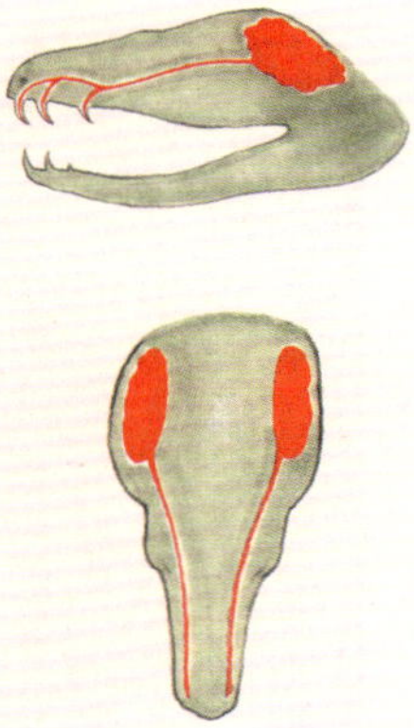

滑鱼头部毒腺位置图

有毒鱼类分为哪些类别呢？

有毒鱼类一般分为三大类，分别是毒鱼类、棘毒鱼类和黏液毒鱼类。毒鱼类的肌肉、皮肤、血液或内脏含有毒素，例如河豚、海鳝、马鲛鱼等；棘毒鱼类的特点是通过鱼鳍上的硬棘释放毒素，例如魟鱼、鲇鱼、刺尾鱼等；黏液毒鱼类可以分泌有毒黏液使周围的生物中毒，例如箱鲀、鳗鲡、黄鲈等，不过这种有毒鱼类比较罕见。

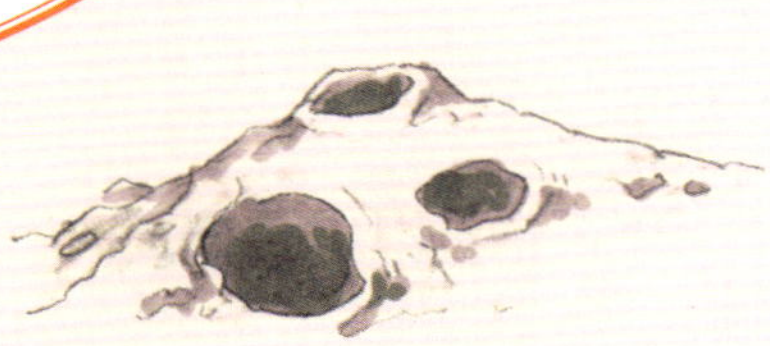

滑鱼生活的水底洞穴

05

yóu
儵
yú
鱼

原文

又北三百里，曰带山，其上多玉，其下多青碧……彭水出焉，而西流注于芘湖之水，其中多儵鱼，其状如鸡而赤毛，三尾、六足、四首，其音如鹊。

——《山海经·北山经》

译文

再往北三百里是带山，山上盛产玉石，山下盛产青碧……彭水发源于此，然后向西流入芘湖水。水中有很多儵鱼，其外形像鸡，长着红色的羽毛，有三条尾巴、六只脚、四个脑袋，叫声与喜鹊的相似。

为了躲避滑鱼，观光车上浮了一段距离。在接近水面的地方，大家看到了另一种美丽的红色的鱼。

大眼睛老师告诉他们：“这是儵鱼，它们有鸟类、鱼类和昆虫三类动物的特征。它们的头像鸟，尾巴像金鱼，腿又是蝉足的样子。儵鱼虽然长得奇怪，但因为它们生活在水中，《山海经》就把它们记录为一种鱼了。”

鱼类有哪些特征？

鱼类是一种大多数终生生活在水中，以鳃呼吸，通过尾部、躯干的摆动和鳍的协调作用游泳，身体被鳞片覆盖的变温水生脊椎动物，属于脊索动物门中的脊椎动物亚门。大部分的鱼是冷血动物，只有极少数为温血动物。

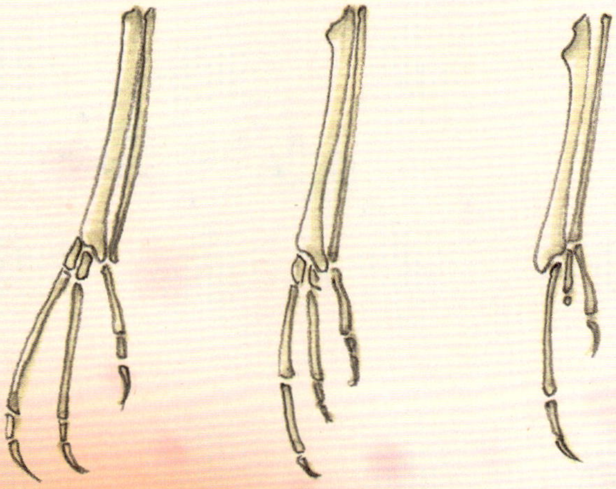

儵鱼足肢骨骼退化图

06

hé luó yú

何罗鱼

原文

又北四百里，曰谯明之山。谯水出焉，西流注于河。其中多何罗之鱼，一首而十身，其音如吠犬。

——《山海经·北山经》

译文

再往北四百里是谯明山。谯水发源于此，向西流入黄河。水中生长着很多何罗鱼。这种鱼长着一个脑袋、十个身子，叫声像狗叫。

大眼睛老师让大家来看何罗鱼。何罗鱼只有一个头，但有十个身子。与头相连的是主躯干，其余肢体则在不同的方向与主躯干连接。何罗鱼浑身布满细鳞，颜色由紫色过渡到黄色，在游动时能产生视觉干扰，迷惑捕食者。

鱼类也有保护色吗？

鱼类的许多天敌是靠视觉捕食的，因此鱼类也进化出了各种各样的保护色。最常见的颜色保护方式是鱼类身体的配色，总是背部颜色深而腹部颜色浅。从上向下看时，它们可以融入幽深的水中，从下向上看时，它们又能融入明亮的天空，这样天敌就难以发现它们。此外，比目鱼等底栖鱼类的体色通常和周围环境的色调一致；斑马鱼等群居性鱼类具有体表条纹或斑纹，在群体游动时能迷惑天敌。至于某些洞栖鱼和深海鱼，它们的生活环境缺少光线，也就不需要保护色了。

（1）　（2）　（3）

何罗鱼游动示意图

07

xí xí yú
鳛鳛鱼

原文

又北三百五十里，曰涿光之山。嚻水出焉，而西流注于河。其中多鳛鳛之鱼，其状如鹊而十翼，鳞皆在羽端，其音如鹊，可以御火。

——《山海经·北山经》

译文

再往北三百五十里是涿光山。嚻水发源于此，然后向西流入黄河。水中生长着很多鳛鳛鱼，这种鱼外形像鹊鸟，长着十只翅膀，鳞甲长在羽毛的一端，叫声与鹊鸟的鸣叫相似。它们可以防御火灾。

又有一条鱼猛地跃出水面，蓝绿色的鳞片反射的光映照在飞溅的水珠上，折射出异样的光彩。小海被它吸引了目光，忍不住说道：“那条鱼的颜色好像孔雀羽毛的颜色啊。”

大眼睛老师介绍说：“这是鳛鳛鱼，它们身上的鳞片正在慢慢转化成羽毛，而且它们身体两侧的鳞片有一条明显的分界线，许多形状不规则、与蜻蜓翅膀相似的翅膀从这条分界线下长出来。”

蜻蜓翅膀（左）与鳛鳛鱼翅膀（右）对比图

鳛鳛鱼鳞片向羽毛转化图

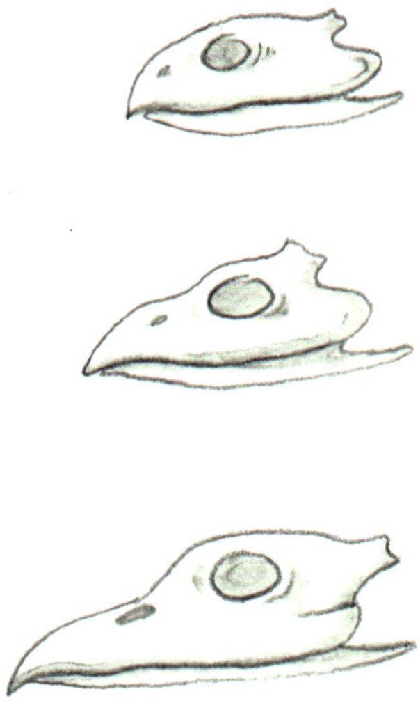
鳛鳛鱼头骨发育过程图

有些鱼跃出水面的目的是什么？

鱼类通常不会轻易跃出水面，一般是在遭到攻击、躲避捕食者或受到船只引擎声音的刺激时，才会施展出这种本领。它们通过这种举动，可以暂时离开危险的水域。

08

chì 赤
guī 鲑

原文

又北三百二十里，曰敦薨（hōng）之山，其上多棕、楠，其下多茈草。敦薨之水出焉，而西流注于泑（yōu）泽。出于昆仑之东北隅，实惟河原。其中多赤鲑。

——《山海经·北山经》

译文

再往北三百二十里是敦薨山，山上有茂密的棕树和楠树，山下是大片的紫草。敦薨水发源于此，然后向西流入泑泽。泑泽位于昆仑山的东北角，实际是黄河的源头。水中有很多赤鲑。

大眼睛老师指着前面出现的动物对大家说道："大家不要觉得这种鱼长得很普通。它们叫赤鲑，是一种洄游性的淡水鱼，生于高山的河源，但生活在山脚下的湖泽中。"

"赤鲑每四年洄游一次，整个过程需要近一个月的时间。在洄游过程中，它们不会进食，因此在出发前需要储备足够的能量。它们的腹部可以扩展到原来的三倍大，能储蓄足够的脂肪，这些脂肪为它们一路奋进提供能量。在上游产卵之后，赤鲑又会集体回到沩泽。赤鲑一生只洄游两次，第二次洄游的赤鲑产卵后便会死去。"

为什么有些鱼要洄游？

鱼类洄游是由它们本身的生理需求决定的。影响鱼类洄游的环境因素有水流、地形、温度、盐度、水质、光线等。

赤鲑常态（上）与腹部最大程度拉伸（下）对比图

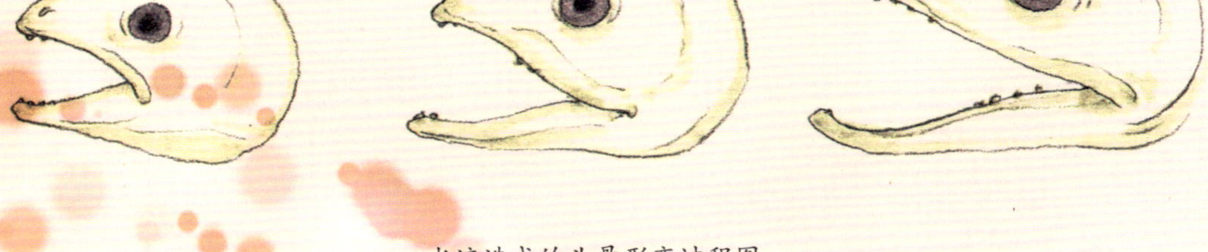

水流造成的头骨形变过程图

09

pèi pèi yú
魳魳鱼

原文

又北二百里，曰少咸之山，无草木，多青碧……敦水出焉，东流注于雁门之水，其中多魳魳之鱼，食之杀人。

——《山海经·北山经》

译文

再往北二百里是少咸山，山上没有花草树木，到处是青碧……敦水发源于此，向东流入雁门水。水中生长着很多魳魳鱼，人吃了它们的肉就会中毒而亡。

小遇看到一条肚子圆圆的鱼，忍不住做了个鬼脸，笑着问："它是不是一口气吃得太多，撑到了？"

大眼睛老师笑了笑说："这是鲱鲱鱼。它能鼓起腹部是因为它的肠道下方有一个气囊，可以迅速膨胀。而且其腹部的皮肤弹性极强，可以随气囊膨胀，把身体变成一个圆球，以增大体积，吓退天敌。就像河豚一样，鲱鲱鱼也是有毒的，所以千万不要误食它们哟！"

鲱鲱鱼的食物

鱼鳔起什么作用？

鱼鳔是鱼体内一种充满气体的囊状器官，主要作用是通过收缩或膨胀来改变产生的浮力大小，从而使鱼可以下潜或上浮。除此以外，部分鱼类的鱼鳔还具有辅助呼吸的作用。

鲱鲱鱼的毒腺位置图

10

zǎo 鳔 yú 鱼

原文

又北二百里，曰狱法之山。瀤（huái）泽之水出焉，而东北流注于泰泽。其中多鳔鱼，其状如鲤而鸡足。

——《山海经·北山经》

译文

再往北二百里是狱法山。瀤泽水发源于此，然后向东北流入泰泽。水中生长着很多鳔鱼。这种鱼外形像鲤鱼，却长着鸡一样的爪子。

大奇盯着窗外的一处水草，突然打了个冷战，他好像看到了什么。大家顺着他的目光，果然看到有个东西藏在那里！大眼睛老师说道：“藏在水草里的是鲽鱼，它们生活在湖泽底层，通常整天蹲守在水草中间，把自己伪装成植物的一部分，等待猎物游过。鲽鱼猎食水下的软体动物、小型虾蟹等底栖生物。鲽鱼游动时，双足向后收起，紧贴身体。当冬季到来，水面结冰的时候，它们也会躲在水底一动不动，就像进入冬眠一样。”

鱼类会冬眠吗？

目前的研究认为，鱼类不会冬眠，但当环境不适合活动时，鱼类会进入类似冬眠的休眠状态。此时的鱼类会表现出活动减弱、反应迟钝、停止进食等特点，但它们内在的生理活动仍然与冬眠的动物有巨大的差异。因此人们认定鱼类不会冬眠，只会休眠。

鲽鱼游动时双足收起

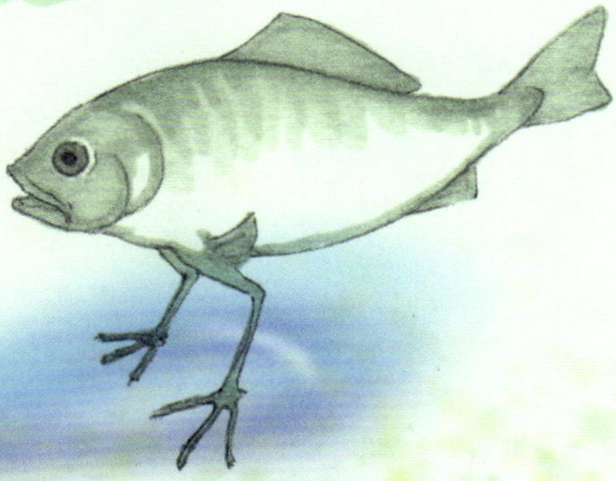

鲽鱼站立时双足前伸

11

yì yú
䱶鱼

原文

又北二百里，曰北岳之山，多枳、棘、刚木……诸怀之水出焉，而西流注于嚣水。其中多䱶鱼，鱼身而犬首，其音如婴儿。

——《山海经·北山经》

译文

再往北二百里是北岳山，山上到处是枳、酸枣和木质坚硬的树……诸怀水发源于此，然后向西流入嚣水。水中有很多䱶鱼。这种鱼长着鱼的身子和狗的脑袋，叫声像婴儿发出的声音。

小遇看到一条游得非常快的鱼，它身体银白，背部排列着黑色斑点，身形优美，就是头像猎狗的头，看上去怪怪的。

大眼睛老师说：“那是鲻鱼，它的叫声很像婴儿的啼哭声，非常特别。最神奇的是鲻鱼的繁殖方式，幼鱼是胎生的，每一胎只有一条。幼鱼会跟随雌鱼生活，直到成年。”

鱼类也有胎生的繁殖方式吗？

鱼类繁殖后代的方式有卵生、卵胎生和胎生。大部分鱼类都是卵生，卵生鱼类的胚胎在发育过程中，全部依靠自身所含的卵黄提供营养。卵胎生则是一种介于卵生和胎生之间的繁殖方式，受精卵虽然在母体内发育，但营养仍依靠卵黄供给。胎生是指鱼卵在母体内受精和发育的一种繁殖方式，在胚胎发育的过程中，胚胎的营养既依靠卵黄供给，又依靠母体供给。由于与母体相联系的结构与哺乳动物有本质上的不同，所以这种繁殖方式被称作假胎生。胎生对于繁殖后代来说，是非常可靠的保证，但是鱼类每胎所产的幼鱼并不多，一般只有几条或几十条。胎生的繁殖方式在鱼类中是很少见的。

12

xiàn fù yú
鲐父鱼

原文

又东三百里，曰阳山，其上多玉，其下多金、铜……留水出焉，而南流注于河。其中有鲐父之鱼，其状如鲋鱼，鱼首而彘身。

——《山海经·北山经》

译文

再往东三百里是阳山，山上有丰富的玉石，山下有丰富的金和铜……留水发源于此，然后向南流入黄河。水中生长着鲐父鱼。这种鱼外形像鲫鱼，长着鱼的头和猪的身子。

大奇看着水底，发现有一只长着四条腿的“小猪”缓缓走进水草中去了。

大眼睛老师笑着说：“别看它长着腿，其实它也是一种鱼。这种鱼叫鮥父鱼，身子像野猪，但通身长有鱼鳞。它们不喜欢阳光照射，所以生活在黑暗的水底。四条腿能让它们在水底的泥沙上慢慢地走动，以便搜寻食物。”

鱼类害怕阳光吗？

鱼类中的大多数都是不惧怕阳光的，但因为栖息环境和习性的不同，有些鱼喜欢微弱的光，有些鱼对光不敏感，还有些鱼完全避光。

不同种类的鱼生活的水层也不一样吗？

不同种类的鱼因为对氧气的需求不一样，所以会选择生活在不同的水层中。例如鲫鱼生活在水的下层，草鱼、鲢鱼生活在水的中层，而翘嘴鲌、餐鲦则生活在水的上层。

幼年鮥父鱼图

13

hù

鳠

原文

又北百里，曰绣山，其上有玉、青碧。其木多栒，其草多芍药、芎（xiōng）䓖（qióng）。洧水出焉，而东流注于河，其中有鳠、黾。

——《山海经·北山经》

译文

再往北一百里是绣山，山上有玉石和青碧，山中有许多栒树和芍药、芎䓖等花草。洧水发源于此，然后向东流入黄河。水中有鳠鱼和黾蛙。

“啊，那条大鱼的嘴好大，像是要把我们都吞下去！”小山喊了起来。

大眼睛老师说道：“那是鳠，因为长得凶猛，大家都不喜欢它。它喜欢住在水底的淤泥或石缝里，用嘴边的长胡须探测路过的生物。你们仔细看，它有好几圈牙齿，牙齿虽然细小，却非常尖利，能轻松地咬碎食物。”

鱼类都有牙齿吗？

鱼类是否长牙主要取决于它们的食物。一般肉食性鱼类会长有牙齿，而以浮游生物和植物为食的鱼类则大多没有牙齿。鲤科鱼类虽然没有牙齿，却长有咽喉齿，咽喉齿也可以帮助它们磨碎食物。还有一些滤食性的大型海洋鱼类同样没有牙齿，例如世界上最大的鱼类——鲸鲨。

鱼嘴边的长胡须有什么用？

长胡须的学名叫口须。长口须的鱼类大多生活在水底层有淤泥的阴暗处，通常视觉都不太好。鱼类的口须可以用于探路，充当鱼类的手，帮助它们判断食物的位置。还有一点，某些鱼类对于味道的感应也来自它们的口须。口须上有大量的味蕾和触觉小体，具有感知味道的功能，相当于人的舌头。

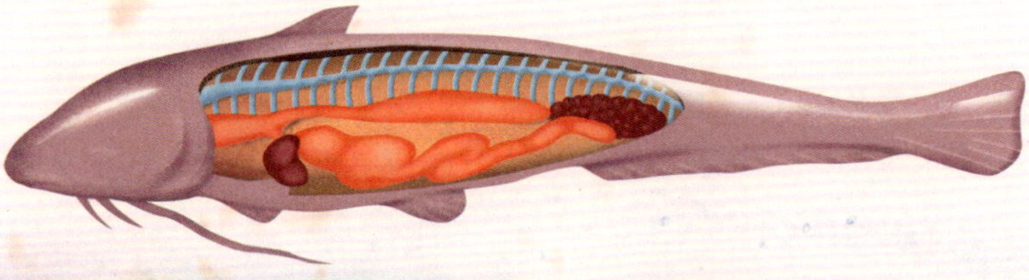

鳠的解剖图

14

yōng yōng yú
鳙鳙鱼

原文

《东山经》之首，曰樕（sù）螽（zhù）之山，北临乾昧。食水出焉，而东北流注于海。其中多鳙鳙之鱼，其状如犁牛，其音如彘鸣。

——《山海经·东山经》

译文

《东山经》所记录的东方第一列山系的第一座山叫樕螽山，北面与乾昧山相邻。食水发源于此，然后向东北流入大海。水中有很多鳙鳙鱼。这种鱼外形像犁牛，叫声如猪叫。

大奇在水底的乱石缝隙之间看到了许多身材臃肿的鱼，它们头上似乎还长着一对小小的角。

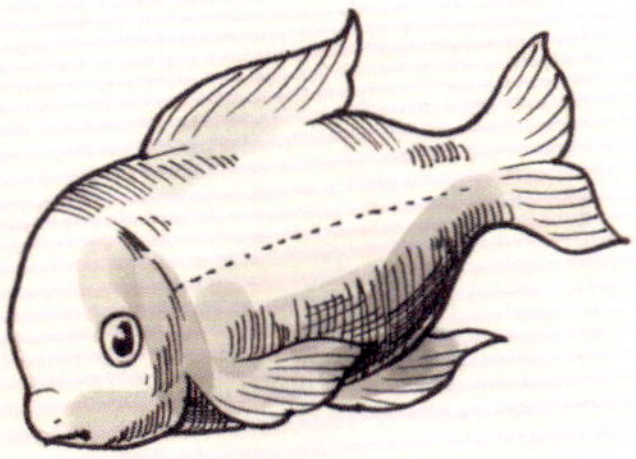

幼年鳙鳙鱼图

大眼睛老师说道：“那是鳙鳙鱼，它们喜欢群居。它们总是一起做同一件事，整齐划一，好像一支训练有素的军队。”

“可是现在它们为什么一动不动呢？”

“嘘，那是因为它们在睡觉啊！等到它们睡醒了，还会有小鱼从母鱼嘴里游出来呢，因为鳙鳙鱼是用嘴来孵化鱼卵的。”

鱼类也会按时睡觉吗？

很多鱼类都是按时睡觉的，只是鱼没有眼睑，我们看不出来而已。有时候，我们看到鱼停在水中不动，只有腮一张一合的，那可能就是在睡觉。

鱼类可以用嘴孵化小鱼吗？

大多数鱼类在产卵后并不会孵化小鱼。用嘴孵化鱼卵的习性只在少数鱼类身上存在，天竺鲷（diāo）科的鱼类被称为口育鱼，它们会把受精卵含在嘴里孵化，孵化出来的鱼苗还会继续待在母鱼嘴里发育一段时间，直到能够独立生活为止。

15

zhēn 箴 yú 鱼

原文

又南三百里，曰栒状之山，其上多金、玉，其下多青碧、石……沢水出焉，而北流注于湖水。其中多箴鱼，其状如儵，其喙如箴。

——《山海经·东山经》

译文

再往南三百里是栒状山，山上有丰富的金和玉石，山下有丰富的青碧和石头……沢水发源于此，然后向北流入湖水。水中有很多箴鱼。这种鱼外形像儵鱼，嘴巴像长针。

大眼睛老师给大家介绍不远处的箴鱼：“箴鱼有五彩斑斓的颜色，在不同的情绪作用下，其鳞片的颜色会发生变化。箴鱼在捕猎时，原本青蓝相间的鳞片会变黄，用变色方式达到恐吓对手的目的。”

鱼类也有情绪吗？

有。鱼类的情绪会随着周围环境的改变而发生变化。有的鱼受到惊吓时，身体的颜色会发生改变；有的鱼在感到焦虑时，身体的温度会变化。

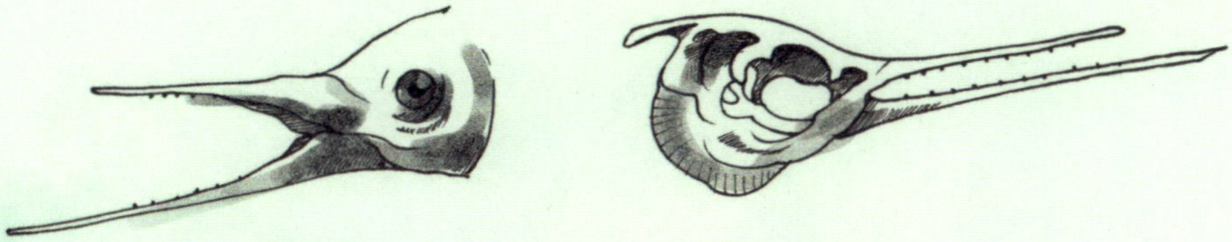

箴鱼头部（左）头骨（右）构造图

16

tiáo
鯈

yóng
鳙

原文

又南三百里，曰独山，其上多金、玉，其下多美石。末涂之水出焉，而东南流注于沔，其中多鯈鳙，其状如黄蛇，鱼翼，出入有光，见则其邑大旱。

——《山海经·东山经》

译文

再往南三百里是独山，山上有丰富的金和玉石，山下有很多美石。末涂水发源于此，然后向东南流入沔水。水中有很多鯈鳙。它们的外形与黄蛇相似，长着鱼一样的鳍，出入水面时会闪闪发光。它们在哪里出现，哪里就会有严重的旱灾。

小山看到一条蛇正在向上游，吓得立即打了个冷战。

大眼睛老师见状说道：“那是鲦鳙，它的尾部有上千个可以发电的细胞，会把猎物电晕后吃掉。我们千万不要靠近它。”

鱼类放出的电有多大的杀伤力？

鱼类中只有一小部分可以放电，例如电鳗。它们的大小不同，产生的电量也是有差异的，有的电鳗产生的电量大到足以将人击晕。它们输出的电压可以达到300～800伏，而且放电的频率可以达到每秒钟50次，有“水中的高压线”之称。但连续放电后，这些电鳗能产生的电量会逐渐减少，直至完全没有。

17

mèi yú
鮇鱼

原文

又南水行五百里，曰诸钩之山，无草木，多沙、石。是山也，广员百里，多鮇鱼。

——《山海经·东山经》

译文

再往南走五百里水路到诸钩山。山上没有花草树木，沙石遍地。这座山方圆百里，附近的水里生活着很多鮇鱼。

水底出现了一大群鱼，它们环绕在一起向上游去，但又不断有少数个体掉队。

“它们在做什么？”小遇问道。

大眼睛老师说道：“它们叫作鳡鱼，平日喜爱栖息在水底的泥沙中，以水下的虫、鱼为食。它们是一种洄游鱼类，经过洄游前的大吃大喝之后，就会像这样集合成群，停止进食，一心只想游到它们要去的地方。”

鳡鱼鳍图

洄游的鱼类还能活着回来吗？

洄游是指鱼类为了达到某种目的而进行的周期性定向迁移，主要分为生殖洄游、索饵洄游和越冬洄游三类。其中生殖洄游是鱼类为了繁殖而向繁殖地进行迁移。许多鱼会在产卵后不久就死去，因此无法活着回到出发地。索饵洄游和越冬洄游是为了寻找食物或越冬场所进行的洄游，其过程中并没有产卵这样巨大的消耗。相比之下，进行索饵洄游和越冬洄游的鱼类能够活着回来的概率要大很多。

18

wěi

鲔

原文

又南水行七百里，曰孟子之山，其木多梓、桐，多桃、李，其草多菌蒲，其兽多麋鹿。是山也，广员百里。其上有水出焉，名曰碧阳，中多鳣、鲔。

——《山海经·东山经》

译文

再往南行七百里水路，到了孟子山，山中有许多梓树和桐树，还生长着茂密的桃树和李树，草类大多是菌蒲。山中的兽类以麋和鹿居多。这座山方圆百里。有条河从山上流出，名叫碧阳河，河水中生活着很多鳣鱼和鲔鱼。

小遇看到了一群特别漂亮的鱼，它们快速游动，让水面映上了金黄色的光。

大眼睛老师告诉大家："那是鲔，它们长着尖尖的吻部，非常擅长游泳。因为它们总是成群结队地迁徙，为了保证速度，它们的鳞片会经常更换。新长出来的鳞片都是不规则的，慢慢才会替换掉原本的鳞片，紧密地覆盖住鲔的身体。"

鲔的不规则鳞片图

鱼鳞有哪些类型？

鱼类的鳞片主要有盾鳞、硬鳞、圆鳞和栉鳞四种类型。盾鳞是鲨鱼等软骨鱼类所具有的鳞片，与它们的牙齿同源。而硬鳞、圆鳞和栉鳞则为硬骨鱼类所有，来源于真皮。在硬骨鱼类中，鲟鱼等鱼类长着硬鳞，其特征是排列致密；鲤鱼等常见鱼类的鳞片属于圆鳞，呈圆形；鲈鱼等鱼类长的是栉鳞，栉鳞和圆鳞类似，与圆鳞统称为骨鳞。

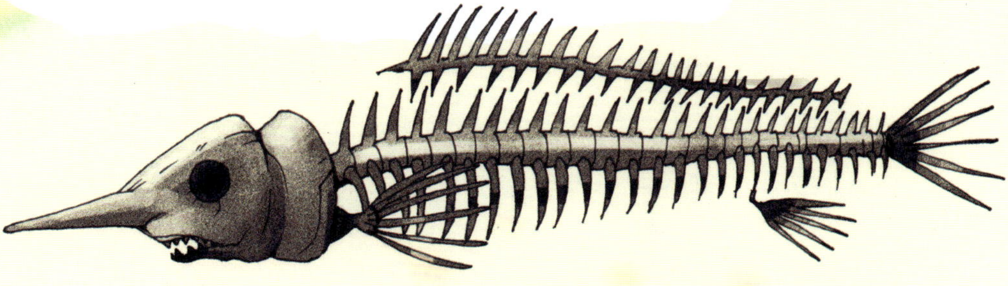

鲔骨骼图

19

qiū yú

鱃鱼

原文

又南三百里，曰旄山，无草木。苍体之水出焉，而西流注于展水。其中多鱃鱼，其状如鲤而大首。

——《山海经·东山经》

译文

再往南三百里是旄山，山上没有花草树木。苍体水发源于此，然后向西流入展水。水中生长着很多鱃鱼。这种鱼外形像鲤鱼，头很大。

前面是一片浅水区域。大家看到一群金黄色的鱼潜在淤泥里，把自己弄得脏脏的。

大眼睛老师说：“那是鳝鱼。鳝鱼不是不爱干净，只是因为它们是底栖鱼类，喜欢生活在淤泥中。”

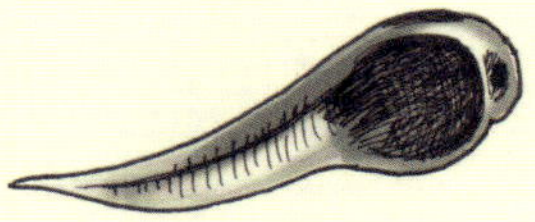
幼年鳝鱼透视图

为什么有的鱼喜欢生活在淤泥里？

不同的鱼类喜欢生活在淤泥里的原因不同。有些鱼喜欢生活在淤泥里是为了保证自身安全，以免被其他大鱼吃掉；有些鱼则是因为淤泥中有大量的无机盐和其他营养物质，在那儿它们比较容易找到食物。

鳝鱼栖息环境图

20

zǐ yú

茈鱼

原文

又南三百二十里，曰东始之山，上多苍玉……泚水出焉，而东北流注于海，其中多美贝，多茈鱼，其状如鲋，一首而十身，其臭如蘪芜。

——《山海经·东山经》

译文

再往南三百二十里是东始山，山上多出产苍玉……泚水发源于此，然后向东北流入大海。水中有许多美丽的贝类，还有很多茈鱼。茈鱼的外形像鲫鱼，长着一个脑袋、十个身子，它们的气味与蘼芜草的相似。

“那条鱼也是何罗鱼吗？”小山指着一条古怪的鱼说道，“它看上去只有一个大头，却像是有好多个身子啊。”

大眼睛老师告诉他：“这是茈鱼，它用一个身体承载着好多条生命。其实，在中间的大鱼是妈妈，它的孩子们会附在它身上，看上去就像一条鱼有好多个身体似的。为了供应一大家子的营养，作为主体的大鱼会不停地进食，水草、虾蟹……什么都吃，一点儿也不挑食。”

鱼类会吃一样的食物吗？

不同的鱼类占据着不同的生态位，所以它们的食物也不相同。肉食性鱼类，例如鲨鱼，会猎杀其他动物为食。杂食性鱼类，例如鲤鱼，其食物包含藻类等植物、浮游生物、软体动物、节肢动物等多种类型。植食性鱼类，例如草鱼，主要以植物为食。从以浮游生物为食的沙丁鱼等小型鱼类，到以磷虾等节肢动物为食的鲸鲨等大型海洋鱼类都属于滤食性鱼类。此外还有少数寄生性鱼类通过寄生的方式取食，例如牙签鱼，就是以寄主的血液和组织为食的。

茈鱼全身图

21

bó o

薄鱼

原文

又东南三百里，曰女烝之山，其上无草木。石膏水出焉，而西注于鬲水，其中多薄鱼，其状如鳣鱼而一目，其音如欧，见则天下大旱。

——《山海经·东山经》

译文

再往东南三百里是女烝山，山上没有花草树木。石膏水发源于此，然后向西流入鬲水。水中有很多薄鱼。这种鱼外形像鳣鱼，长有一只眼睛，叫声如同人的呕吐声。它们一旦出现，天下就会发生严重的旱灾。

小遇惊奇地叫道："那里的鱼只有一只眼睛！"

大眼睛老师笑着告诉她："这是薄鱼。虽然它只有一只眼睛，看上去笨笨的，其实它对周围的环境十分敏感。它的吻部下方的一对口须是它感应周围水域环境的重要工具，不仅可以探测出周围水量的变化，还可以感应水流温度的变化，并将信息传达给大脑，让它的身体可以随着水温的变化进行调整。"

鱼类的两只眼睛一般都长在身体两侧，它们能看到正前方的东西吗？

鱼类的眼睛虽然长在身体的两侧，但是眼球结构非常特殊，每只眼睛的单眼视野都特别大，接近180度，正前方也在鱼类的视野范围内，因此它们是能看到正前方的。不过，因为两只单眼视野的重合区域很小，能形成立体视觉的范围就很小，所以鱼类并不擅长判断距离的远近。

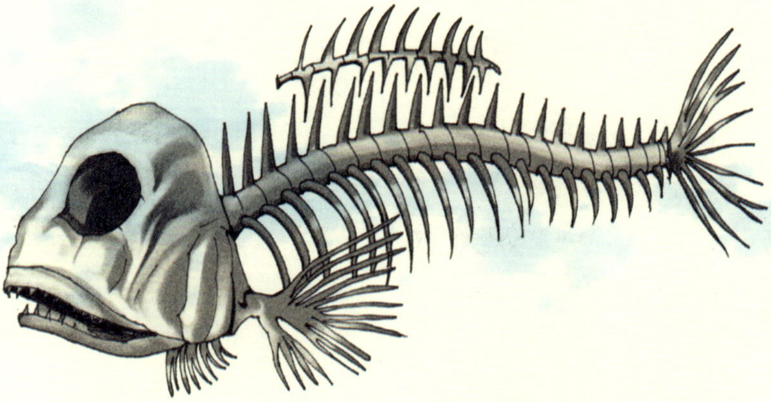

薄鱼骨骼图

22

huá yú
鲭鱼

原文

又东南二百里，曰子桐之山。子桐之水出焉，而西流注于余如之泽。其中多鲭鱼，其状如鱼而鸟翼，出入有光，其音如鸳鸯，见则天下大旱。

——《山海经·东山经》

译文

再往东南二百里是子桐山。子桐水发源于此，然后向西流入余如泽。水中有很多鲭鱼。这种鱼外形与普通鱼相似，却像鸟一样长着翅膀。它们出入水面时会闪闪发光，叫声如鸳鸯的鸣叫。它们一旦出现，天下就会发生严重的旱灾。

“那儿又有一条长翅膀的鱼！”小海兴奋地叫道，他要把那条鱼画到自己的小本子上。

大眼睛老师解释道：“那是鲳鱼，它可没有长翅膀，那其实是一对特别大的胸鳍，看上去就和翅膀一样。它生活在子桐山下的溪水中，那里气候温和，是动物们栖息的绝佳地。鲳鱼经常成群地飞跃而起，每当它们离开水面时，就会发出耀眼的光芒。”

鱼类可以利用自己的鳍滑翔吗？

鱼类中当然有滑翔高手，例如飞鱼。飞鱼的胸鳍很大，张开后就像鸟的翅膀一样。当飞鱼快速跃出水面后，它们就可以利用这对胸鳍，像展开滑翔翼一样在水面滑翔。除了飞鱼之外，蝠鲼（fèn）等也可以利用自己宽大的胸鳍滑翔，只是它们的滑翔能力不如飞鱼强。

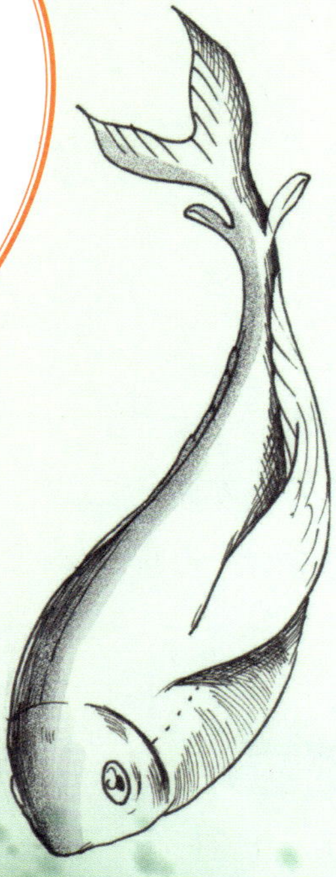

鲳鱼入水图

23

háo yú
豪鱼

原文

又东十五里，曰渠猪之山，其上多竹。渠猪之水出焉，而南流注于河。其中是多豪鱼，状如鲔，而赤喙尾赤羽。

——《山海经·中山经》

译文

再往东十五里是渠猪山，山上有茂盛的竹子。渠猪水发源于此，然后向南流入黄河。水中有很多豪鱼。这种鱼外形像鲔鱼，但长着红嘴巴和带羽毛的红尾巴。

这时，一条非常漂亮的鱼游入了大家的视野。

大眼睛老师告诉大家：“那是豪鱼。它是一种爱漂亮的鱼，你们看它的红尾巴，像不像一簇羽毛正在飘动？豪鱼并不是一出生就这么漂亮的，它的尾巴随着年龄的增长才慢慢发育成这种形态，可是这样复杂的尾巴太沉重了，会影响它游动的速度。对了，豪鱼还会变色，它争夺地盘的时候，身上的颜色会变成蓝色或绿色，鲜艳无比，很有威慑力。”

鱼类也会为了领地进行争斗吗？

有些鱼性格温和，有些鱼则有很强的攻击性。同一种鱼之间也会因为领地等进行争斗，这种状态在水域较小或者在繁殖和保护幼鱼的时候表现得尤其明显。

24

lù

鯥

原文

又东三百里柢山。多水，无草木。有鱼焉，其状如牛，陵居，蛇尾有翼，其羽在魼下，其音如留牛，其名曰鯥，冬死而夏生。

——《山海经·南山经》

译文

再往东三百里是柢山，山间多水流，没有花草树木。这里有一种鱼，其外形像牛，栖息在山坡上，长着蛇一样的尾巴，并且肋骨下长有翅膀。它的叫声像牦牛叫，名字叫鯥。它在冬天蛰伏，在夏天复苏。

“那条鱼长得太奇怪了，真像一头没有腿的牛。”小海笑着说。

大眼睛老师解释道：“那是鲑。它确实是最不像鱼的鱼类，就连栖息的地方也不全在水里，它大部分时间生活在丘陵地带，甚至还会在山坡上的洞穴中冬眠。只有在寻找食物的时候，鲑才会飞到水面附近，或是潜到水底吃些水草。”

鱼类也可以不住在水里吗？

大部分鱼类的一生都必须生活在水里，因为它们只能通过鳃来呼吸，离开了水，鳃就不起作用了，它们也就无法呼吸无法生存。但是有一些鱼的皮肤和口腔黏膜同样具有摄取氧气的能力，例如弹涂鱼，这使得它们可以短暂地离开水，到陆地上活动。此外，肺鱼可以利用鱼鳔来呼吸，这能让它们在陆地上生存一段时间。但是要想活得更好、更长久，鱼还是得回到水里。

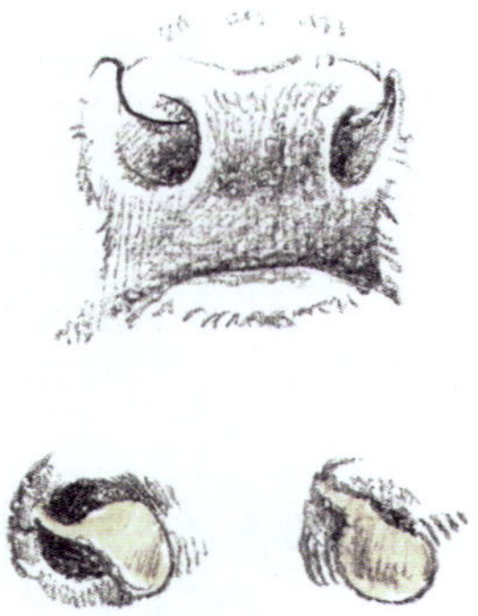

鲑入水时鼻孔闭合过程示意图

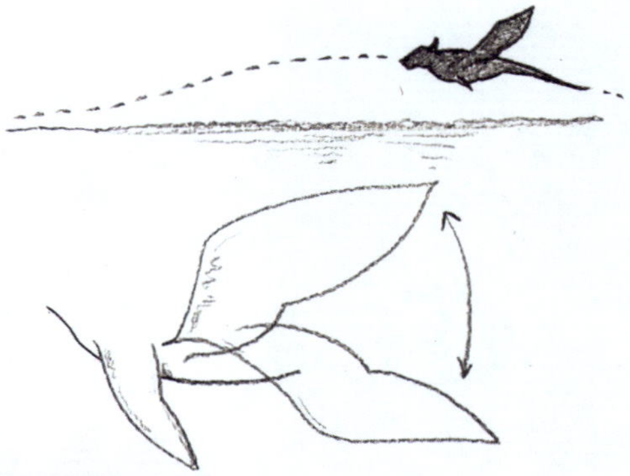

鲑滑翔轨迹与翅膀运动轨迹示意图

鲑角牴示意图

25

cǐ

鮆

yú

鱼

原文

又东五百里，曰浮玉之山，北望具区，东望诸毗……苕水出于其阴，北流注于具区。其中多鮆鱼。

——《山海经·南山经》

译文

再往东五百里是浮玉山，向北可以望见具区泽，向东可以望见诸毗水……苕水发源于此山北麓，向北流入具区泽。水里有很多鮆鱼。

“这条鱼长得好酷啊！”小山盯着一条鱼不由自主地感叹道，“就像一把银色的尖刀。”

大眼睛老师对大家说：“它是鲚鱼。小山说得对，这种鱼体形狭长，鳞片带有金属光泽，人们给它取了个外号，叫刀鱼。鲚鱼能适应咸水和淡水两种水域环境，可以自由地在江河与大海之间洄游。”

海洋鱼类和淡水鱼类交换环境后还能生存吗？

由于海水和淡水的含盐量不同，海洋鱼类和淡水鱼类体液的渗透压存在明显差异。海洋鱼类的体液渗透压较高，且通常海洋鱼类长有分泌盐分的器官，可以排出体内多余的盐分，从而保证体内渗透压的平衡。淡水鱼类的体液渗透压较低，一般也不具有分泌盐分的器官。因此，淡水鱼进入海水后会逐渐失水，而海鱼进入淡水中则会吸水，最终两者都会死亡。但是，某些鱼类可适应的渗透压范围较广，在海水和淡水中都能生存，例如能在海洋与河流间洄游的大马哈鱼。

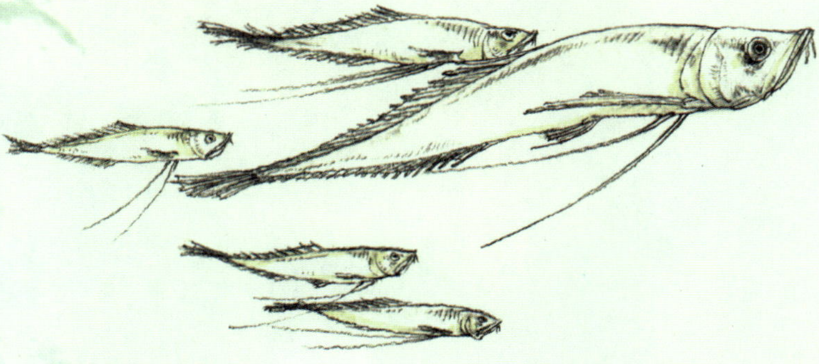

鲚鱼带幼鱼图

26

gǔ diāo
蛊雕

原文

又东五百里，曰鹿吴之山，上无草木，多金、石。泽更之水出焉，而南流注于滂水。水有兽焉，名曰蛊雕，其状如雕而有角，其音如婴儿之音，是食人。

——《山海经·南山经》

译文

再往东五百里是鹿吴山，山上没有花草树木，但有丰富的金和石。泽更水发源于此，然后向南流入滂水。水中有一种野兽，它的名字叫蛊雕，外形像雕鹰，头上长角，叫声如婴儿的声音，能吃人。

小海又看见一只半鸟半鱼的动物，它从水面上飞起，又一头扎进水中，嘴里似乎还叼着什么。

大眼睛老师向大家介绍道：“这是蛊雕，它非常凶猛，捕食时会攻击岸边的人或动物，并将猎物拖入水底。”

食肉的鱼类会捕捉岸边的动物吗？

当然会。鱼类可不在乎食物是来自岸边还是来自水里，只要能吃，它们就不会放过。当水里的鱼类发现有动物靠近岸边时，它们会悄悄潜泳到岸边，然后一跃而上把动物咬住，拖进水里。等到猎物不再挣扎，它们再慢慢享用。

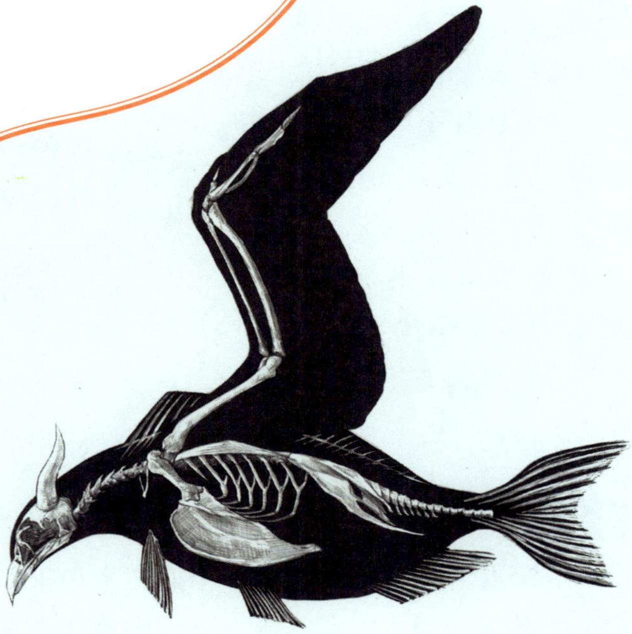

蛊雕全身骨骼图

27

hǔ jiāo
虎蛟

原文

东五百里，曰祷过之山，其上多金、玉，其下多犀、兕，多象……泿（yín）水出焉，而南流注于海。其中有虎蛟，其状鱼身而蛇尾，其音如鸳鸯。

——《山海经·南山经》

译文

往东五百里是祷过山，山上盛产金和玉石，山下到处是犀、兕，还有很多大象……泿水发源于此，然后向南流入大海。水中有一种虎蛟，它长着鱼的身子、蛇的尾巴，叫声和鸳鸯的鸣叫声很像。

临近水面，大家突然被一个庞然大物吓了一大跳。那是一条巨大的鱼，一半身子浮在水面上，鱼头则像一个圆滚滚的狮子脑袋，而水面以下的部分又像蛇一样盘着。

大眼睛老师说道：“这是虎蛟。它的头很大，嘴也能像狮子、老虎一样张开，它还像鲨鱼似的长着好几排牙齿，看上去非常凶猛恐怖。虎蛟是水下的猎食者，但它的胸鳍和腹鳍之中已经出现了硬化分节的骨骼，也就是四肢和爪子的雏形。这说明它即将离开水中，到陆地上去生活了。因此它逐渐拥有了两套呼吸系统，即使在水面以上也能直接获取氧气。”

所有鱼类都离不开氧气吗？

氧气是世界上绝大部分生物生长必不可少的物质之一，生活在水中的鱼类也不例外。水中含氧量的多少，直接影响到鱼类进食、生长发育、繁殖等。水中含氧量适宜，鱼类摄食多、生长速度快，就能正常产卵繁殖；水中含氧量不足，鱼类会出现不吃食，甚至浮头现象，进而影响鱼的正常生长和鱼的种群数量。

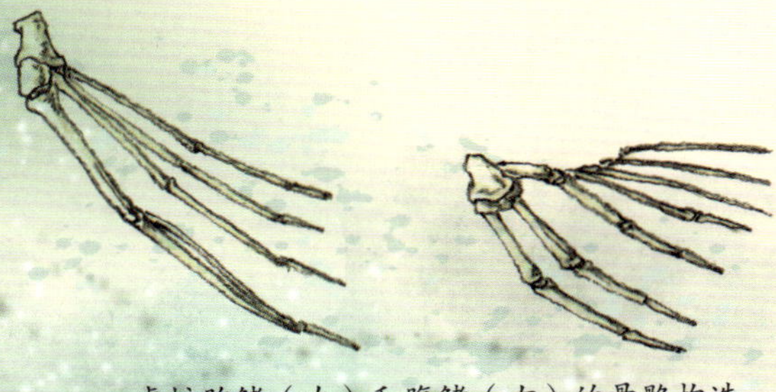

虎蛟胸鳍（左）和腹鳍（右）的骨骼构造

28

tuán yú
鱄鱼

原文

又东五百里，曰鸡山，其上多金，其下多丹雘（huò）。黑水出焉，而南流注于海。其中有鱄鱼，其状如鲋而彘毛，其音如豚，见则天下大旱。

——《山海经·南山经》

译文

再往东五百里是鸡山，山上有丰富的金，山下盛产丹雘。黑水发源于此，然后向南流入大海。水中有一种鱄鱼，其外形像鲫鱼，却长着猪毛，声音如同小猪叫。它们一旦出现，天下就会大旱。

“咦，哪里有小猪的叫声？”大奇听到了又尖又细的哼唧声。他回头看去，只见一只浑身长满毛的小鱼嘴巴一张一合，正在发出古怪的叫声。

大眼睛老师说道：“那条鱼的名字叫鲑鱼，它身上长着的毛其实是刺状的鳞片，能帮助它在接近干涸的环境下保留水分。对了，你们刚刚听到的叫声，是鲑鱼通过迅速扩张和收缩鱼鳔发出来的。”

鱼类都会发出叫声吗？

由于身体结构存在差异，鱼类是无法像人类那样通过声带发出叫声的，但有些鱼类可以通过身体的某些特定器官来发声。鱼鳔是鱼类常见的发声器官之一，例如大黄鱼等石首鱼科的鱼类可以通过鼓肌震动带动鱼鳔震动，从而发出声音。此外，有些鱼可以通过鳃盖或骨骼之间的摩擦发出声音。

鲑鱼鱼鳔

观光车浮出水面，从鱼形大船又变回了有轮子的大巴车，重新在地面上行驶。道路两边仍然是茂密的树林和五彩的野花。大家意犹未尽，不断谈论着之前观赏到的神奇动物。大眼睛老师掏出相机，对大家说道："好了，这次的山海经野生动物园游览活动结束了，我们拍张合影吧。"

咔嚓一声，大眼睛老师与大家一起拍下了一张大合影。观光车上的每一个人都露出了灿烂的笑容，高举双手表达着自己快乐的心情。大奇和小遇还想问问大眼睛老师前方会到哪里，车身突然出现一阵颠簸，大奇和小遇差点儿坐不稳。就在即将跌倒的时候，恍惚间，兄妹俩突然听到了爸爸妈妈说话的声音："这里的山路有点儿崎岖，孩子们都醒了吧？还想让他们多睡一会儿呢！"

大奇和小遇揉了揉眼睛，往周围看了看，原来爸爸妈妈正开着车行驶在回家的路上。可是，刚才的山海经野生动物园，那些奇妙的动物，大眼睛老师和小山、小海他们，怎么都消失不见了？

他们对视着，心中充满了疑惑，难道刚才的经历都是做梦吗？他们想，等回家之后，要好好地问问爸爸妈妈。还有，《山海经》里的动物们到底是怎样的呢？他们要好好地读一读这本书……

SHAN HAI JING LI DE SHENQI DONGWU 6.LINMEN GUAN
山海经里的神奇动物 6.鳞门馆

出版统筹：汤文辉　　封面设计：苏　玥
质量总监：李茂军　　内文制作：高巧玲
选题策划：张国辰　　视觉绘制：吕　洋　茶水间工作室
　　　　　兰心仪　　　　　　　秦　卓
责任编辑：戚　浩　　内容顾问：师　旭　程超源
特约编辑：兰心仪　　　　　　　俞永祥　陈之旸
营销编辑：宋婷婷　　　　　　　马雪云
　　　　　金　梦　　责任技编：郭　鹏

图书在版编目（CIP）数据

山海经里的神奇动物. 6, 鳞门馆 / 五色神石编著. --桂林：广西师范大学出版社，2022.7
ISBN 978-7-5598-5010-2

Ⅰ. ①山… Ⅱ. ①五… Ⅲ. ①历史地理－中国－古代－青少年读物②动物－青少年读物 Ⅳ. ①K928.626-49②Q95-49

中国版本图书馆 CIP 数据核字（2022）第 090964 号

广西师范大学出版社出版发行
（广西桂林市五里店路 9 号　邮政编码：541004
网址：http://www.bbtpress.com）
出版人：黄轩庄
全国新华书店经销
北京博海升彩色印刷有限公司印刷
（北京市通州区中关村科技园通州园金桥科技产业基地环宇路 6 号
邮政编码：100076）
开本：787 mm × 1 092 mm　1/16
印张：4.25　　字数：80 千字
2022 年 7 月第 1 版　　2022 年 7 月第 1 次印刷
定价：198.00 元（全 6 册）